ENZYKLOPÄDIE
DEUTSCHER
GESCHICHTE
BAND 55

ENZYKLOPÄDIE
DEUTSCHER
GESCHICHTE
BAND 55

HERAUSGEGEBEN VON
LOTHAR GALL

IN VERBINDUNG MIT
PETER BLICKLE
ELISABETH FEHRENBACH
JOHANNES FRIED
KLAUS HILDEBRAND
KARL HEINRICH KAUFHOLD
HORST MÖLLER
OTTO GERHARD OEXLE
KLAUS TENFELDE

ADEL IM 19. UND 20. JAHRHUNDERT

VON
HEINZ REIF

2., um einen Nachtrag erweiterte Auflage

**OLDENBOURG VERLAG
MÜNCHEN 2012**

Bibliografische Information der Deutschen Nationalbibliothek

Die Deutsche Nationalbibliothek verzeichnet diese Publikation in der Deutschen Nationalbibliografie; detaillierte bibliografische Daten sind im Internet über <http://dnb.d-nb.de> abrufbar.

© 2012 Oldenbourg Wissenschaftsverlag GmbH
Rosenheimer Straße 145, D-81671 München
Tel.: 089 / 45051-0
www.oldenbourg-verlag.de

Das Werk einschließlich aller Abbildungen ist urheberrechtlich geschützt. Jede Verwertung außerhalb der Grenzen des Urheberrechtsgesetzes ist ohne Zustimmung des Verlages unzulässig und strafbar. Das gilt insbesondere für Vervielfältigungen, Übersetzungen, Mikroverfilmungen und die Einspeicherung und Bearbeitung in elektronischen Systemen.

Umschlagentwurf: Dieter Vollendorf
Satz: Schmucker-digital, Feldkirchen b. München
Druck und Bindung: Grafik+Druck GmbH, München

Dieses Papier ist alterungsbeständig nach DIN/ISO 9706

ISBN 978-3-486-70700-7
eISBN 978-3-486-71689-4

Vorwort

Die „Enzyklopädie deutscher Geschichte" soll für die Benutzer – Fachhistoriker, Studenten, Geschichtslehrer, Vertreter benachbarter Disziplinen und interessierte Laien – ein Arbeitsinstrument sein, mit dessen Hilfe sie sich rasch und zuverlässig über den gegenwärtigen Stand unserer Kenntnisse und der Forschung in den verschiedenen Bereichen der deutschen Geschichte informieren können.
Geschichte wird dabei in einem umfassenden Sinne verstanden: Der Geschichte in der Gesellschaft, der Wirtschaft, des Staates in seinen inneren und äußeren Verhältnissen wird ebenso ein großes Gewicht beigemessen wie der Geschichte der Religion und der Kirche, der Kultur, der Lebenswelten und der Mentalitäten.
Dieses umfassende Verständnis von Geschichte muß immer wieder Prozesse und Tendenzen einbeziehen, die säkularer Natur sind, nationale und einzelstaatliche Grenzen übergreifen. Ihm entspricht eine eher pragmatische Bestimmung des Begriffs „deutsche Geschichte". Sie orientiert sich sehr bewußt an der jeweiligen zeitgenössischen Auffassung und Definition des Begriffs und sucht ihn von daher zugleich von programmatischen Rückprojektionen zu entlasten, die seine Verwendung in den letzten anderthalb Jahrhunderten immer wieder begleiteten. Was damit an Unschärfen und Problemen, vor allem hinsichtlich des diachronen Vergleichs, verbunden ist, steht in keinem Verhältnis zu den Schwierigkeiten, die sich bei dem Versuch einer zeitübergreifenden Festlegung ergäben, die stets nur mehr oder weniger willkürlicher Art sein könnte. Das heißt freilich nicht, daß der Begriff „deutsche Geschichte" unreflektiert gebraucht werden kann. Eine der Aufgaben der einzelnen Bände ist es vielmehr, den Bereich der Darstellung auch geographisch jeweils genau zu bestimmen.
Das Gesamtwerk wird am Ende rund hundert Bände umfassen. Sie folgen alle einem gleichen Gliederungsschema und sind mit Blick auf die Konzeption der Reihe und die Bedürfnisse des Benutzers in ihrem Umfang jeweils streng begrenzt. Das zwingt vor allem im darstellenden Teil, der den heutigen Stand unserer Kenntnisse auf knappstem Raum zusammenfaßt – ihm schließen sich die Darlegung und Erörterung der Forschungssituation und eine entsprechend gegliederte Auswahlbiblio-

graphie an –, zu starker Konzentration und zur Beschränkung auf die zentralen Vorgänge und Entwicklungen. Besonderes Gewicht ist daneben, unter Betonung des systematischen Zusammenhangs, auf die Abstimmung der einzelnen Bände untereinander, in sachlicher Hinsicht, aber auch im Hinblick auf die übergreifenden Fragestellungen, gelegt worden. Aus dem Gesamtwerk lassen sich so auch immer einzelne, den jeweiligen Benutzer besonders interessierende Serien zusammenstellen. Ungeachtet dessen aber bildet jeder Band eine in sich abgeschlossene Einheit – unter der persönlichen Verantwortung des Autors und in völliger Eigenständigkeit gegenüber den benachbarten und verwandten Bänden, auch was den Zeitpunkt des Erscheinens angeht.

Lothar Gall

Inhalt

Vorwort... V

I. *Enzyklopädischer Überblick* 1

   1. Grundzüge der Adelsstruktur zu Beginn des 19. Jahrhunderts.. 1

   2. Landbindung, Landbesitz, Vermögen 9

   3. Vom Amt zur Profession 15
      3.1. Militärlaufbahnen 17
      3.2. Regierungs- und Verwaltungsämter............. 19
      3.3. Der Weg in die bürgerliche Berufswelt 25

   4. Der Adel in der bürgerlichen Gesellschaft 29

   5. Adel und Politik im 19./20. Jahrhundert.............. 39

II. *Grundprobleme und Tendenzen der Forschung* 57

   1. Forschungsansätze und Forschungskontroversen 57

   2. Lage und Alltagsverhalten des Adels – Empirische Befunde 59

   3. Ämter und Berufe – Ergebnisse der Positionsanalysen.... 74
      3.1. Regierung und Verwaltung.................... 74
      3.2. Militär..................................... 78
      3.3. Hofchargen, Hofgesellschaft, Diplomatie 82
      3.4. „Neue" Berufe 85
      3.5. Parlamentsmandate.......................... 87

   4. Stabilisierung im „Land" – Adliger und bäuerlicher Grundbesitz im 19./20. Jahrhundert....................... 89

   5. Die „Krise" der Landwirtschaft und des adligen Großgrundbesitzes in Kaiserreich und Weimarer Republik 96

6. Adel und Politik im 19. und 20. Jahrhundert 99
   6.1. Adelskritik, Adelsreform 99
   6.2. Adel zwischen Konservatismus und Liberalismus ... 102
   6.3. Der Weg in die Parteien und Verbände 108
   6.4. Republik oder Diktatur? Adelspolitik in Weimarer
        Republik und Nationalsozialismus 112

7. Perspektiven künftiger Adelsforschung 119

8. Entwicklung der Forschung seit 1999. Nachtrag zur
   1. Auflage 120

III. Quellen und Literatur 135

Abkürzungsverzeichnis 135

A. Quellen
   1. Archivalische Quellen 135
   2. Gedruckte Quellen 136

B. Literatur
   0. Adel allgemein: Übersichten und Gesamt-
      deutungen 137
   1. Grundzüge der Adelsstruktur zu Beginn des
      19. Jahrhunderts 142
   2. Landbindung, Landbesitz, Vermögen 143
   3. Vom Amt zur Profession 146
   4. Der Adel in der bürgerlichen Gesellschaft 149
   5. Adel und Politik im 19./20. Jahrhundert 152
   6. Nachtrag 2012 161

Personenregister 165

Ortsregister 167

Sachregister 168

Themen und Autoren 171

I. Enzyklopädischer Überblick

1. Grundzüge der Adelsstruktur zu Beginn des 19. Jahrhunderts

Der deutsche Adel besaß eine in Europa einzigartige Vielfalt und Strenge der internen Gliederung. Der Übergang ins lange 19. Jahrhundert mit seinen zahlreichen Umbrüchen hat diese Vielfalt zunächst noch erweitert, erst im Laufe des Jahrhunderts wurde sie dann sukzessiv eingeebnet. Das deutsche Reich war in der Frühen Neuzeit ein Land der schwachen kaiserlichen Zentralmacht, der starken Fürstenstaaten, der konfessionellen Zersplitterung und des krassen Ost-West-Gegensatzes. Diese Traditionen hatten seinem Adel ein ganz eigenes Gesicht gegeben. Auch für das 19. und frühe 20. Jahrhundert muß der Historiker von einer großen Zahl im Denken wie im Handeln relativ eigenständiger Adelsgruppen ausgehen. Das macht eine Übersichtsdarstellung der deutschen Adelsgeschichte nicht einfach. Für die innere Differenzierung dieses Adels waren zunächst, wie überall in Europa, Unterschiede des Reichtums, der bevorzugten Praxisbereiche, der Herkunft, der Adelsqualität (Feudaladel vs. monarchischer Dienstadel) und der Rechtsstellung von Bedeutung. Schon die rechtliche Abstufung des Adels war in Deutschland komplizierter als in anderen Ländern, und in wohl kaum einem europäischen Territorium spielte die Gliederung nach dem Alter des Adels, die reine Ahnenkette, eine so bedeutende Rolle wie hier. Am nachhaltigsten wirkte sich jedoch die territoriale Vielfalt des Reiches aus. Der Adel war ein Stand der Herrschaft. Der zahlenmäßig stark dominierende landsässige Adel strebte stets nach Teilnahme an der Landesherrschaft und wurde durch die Art dieser Teilnahme geprägt. Da die staatlichen Strukturen der Reichsterritorien aber alles andere als einheitlich waren, im Gegenteil große Unterschiede und gravierende Ungleichzeitigkeiten im Entwicklungsstand staatlicher Institutionalisierung aufweisen, ist auch noch für das 19. Jahrhundert von zahlreichen, nebeneinander bestehenden, regionalen Adelstraditionen auszugehen.

Vielfalt des deutschen Adels

Adelsgruppen, Adelslandschaften

Die wichtigsten Adelsgruppen seien kurz vorgestellt: das Adelsrecht des Reiches unterschied grundlegend zwischen dem hohen Adel der regierenden, zum Reichstag berechtigten Häuser und dem niederen Adel, der den verschiedenen Landesherren untergeordnet, in ihren Territorien landsässig war. Nach dem Wiener Kongress, der – entgegen allen Hoffnungen und Kämpfen des Adels – weder Säkularisationen noch Mediatisierungen rückgängig gemacht hatte, gab es im Gebiet des Deutschen Bundes nur noch 36 regierende Häuser. Bis 1918 sank diese Zahl auf 19. Daneben schuf die Bundesakte (Artikel XIV) eine neue Gruppe des Hochadels: Die ehemals regierenden, nun mediatisierten Häuser (ca. 70) wurden aus Landesherren zu „Standesherren" umdefiniert. Man erklärte sie den regierenden Häusern ebenbürtig, obwohl sie in deren Staaten – insbesondere in Bayern, Baden, Württemberg und beiden Hessen, aber auch in Preußen – integriert, deren Herrschaft untergeordnet waren, also keine Landeshoheit mehr besaßen. Den Standesherren wurden durch die Bundesakte erhebliche Herrschafts- und Ehrenrechte belassen, u.a. umfassende richterliche und verwaltungsmäßige Befugnisse, eine bevorzugte Stellung in den Kammern bzw. Landständen, Autonomie in Familien- und Vermögenssachen, privilegierter Gerichtsstand der ersten und zweiten Instanz, Verwaltungs- und Finanzhoheit, Freiheit von Militärpflicht, Einquartierung und Steuern, Kirchen- und Schulpatronat, Kirchengebet und „Landestrauer", nicht zuletzt bestimmte Anredeformen (z. B. Durchlaucht oder Erlaucht).

hoher Adel, die Standesherren

Die Weimarer Verfassung reduzierte den hohen wie den niedrigen Adel auf einen reinen Namensbestandteil. Nach 1866, der Einordnung Hannovers, Kurhessens und Nassaus in den preußischen Staat, traten 1918 die letzten regierenden Häuser ab. Die Standesherren verloren ihre Zwischenstellung. Der Hochadel wurde wieder einheitlicher, die Abgrenzung nach unten zugleich schwieriger, weil es fortan einen rechtlichen Unterschied zwischen Hoch- und Niederadel nicht mehr gab. Die Titel eines Herzogs, Fürsten oder Grafen zeigten schon lange, im Grunde schon seit dem Ausgang des Ancien Régime, keine Grenze mehr zwischen hohem und niederem Adel an, weil der Kaiser, der König von Preußen und nach 1815 auch die übrigen Landesherren im Niederadel Titularfürsten, -herzöge und -grafen in beträchtlicher Zahl geschaffen hatten.

innere Differenzierung der Standesherren

Für die innere Gliederung und Hierarchisierung der stark europäisch vernetzten Standesherren waren vor allem regionale Verwurzelung, Konfession, Alter und Herkunft der Familie von Bedeutung; und natürlich gab es deutliche Unterschiede der Dienstradition (z. B. Österreich vs. Preußen) und des Reichtums. Standesherren, die sich auf

1. Grundzüge der Adelsstruktur

uralte Dynasten- oder Ministerialengeschlechter zurückführten, standen in dieser Gruppe neben relativ jungen Aufsteigerfamilien aus dem niederen Adel, selbst aus dem Bürgertum. Daneben, und nicht zuletzt, gab es die Ableger unstandesgemäßer landesfürstlicher Heiraten und Beziehungen. Die Konfession der Standesherren war häufig eine andere als die der größeren benachbarten Staaten, in die sie nach 1815 einbezogen wurden. Katholische Standesherren in Württemberg und Baden und evangelische in Bayern (Franken) bescherten ihren neuen Landesherren erhebliche Integrationsprobleme. Das gleiche gilt für diejenigen Standesherren, die für ihre linksrheinischen Verluste entschädigt und 1803/06 ins Rechtsrheinische „importiert" wurden (z. B. v. Croy, v. Aremberg und v. Salm in Westfalen). Zumeist waren und blieben die standesherrlichen Familien über Jahrhunderte in ihrer Landschaft verwurzelt. Eine Ausnahme bilden allerdings die schwäbischen Hohenlohe, von denen drei Häuser (Ingelfingen, Oehringen und Schillingsfürst) ihren Besitzschwerpunkt nach Oberschlesien verlagerten.

Wesentlich schneller als der hohe Adel verlor der niedere in Deutschland im Verlauf des 19. Jahrhunderts seine Vorzugsstellung. niederer Adel
Nach 1848 blieben ihm, wenn überhaupt, nur noch einige wenige, allerdings nicht unwichtige Privilegien und (staatlich delegierte) Herrschaftsrechte. Zum Niederadel gehörte jede anerkannte Adelsfamilie jenseits des Hochadels. Kerngruppe dieses niederen Adels war jedoch der landsässige Adel mit Grundbesitz und mehr oder weniger starken landständischen Rechten. Zwei Adelstraditionen flossen im landsässigen Niederadel zusammen: Ein älterer Adel, der seine Familien in der Regel bis auf den mittelalterlichen Ministerialenadel zurückführte, und ein Briefadel, der im Laufe des Ancien Régime durch Nobilitierung aus dem Bürgertum aufgestiegen und vom alten Adel, zumeist relativ problemlos, integriert worden war.

Der niedere Adel war – gemessen am Hochadel – außerordentlich zahlreich, genoß, wenn Grundbesitz in der Familie war, ständische Mitherrschaftsrechte, war aber – da das Einkommen aus Grundbesitz zum standesgemäßen Leben aller Familienangehörigen in der Regel nicht ausreichte – gezwungen, in den Dienst seines oder eines auswärtigen Landesherrn zu treten. Dies galt insbesondere für den evangelischen Adel, dem seit der Reformation die gutdotierten Ämter und Versorgungsstellen der katholischen Kirche nicht mehr zugänglich waren. Trotz erheblicher Konkurrenz von gebildeten, vermögenden Bürgern hat dieser Adel in Staats-, Militär- und Hofämtern bis 1803/15 seine bedeutende Stellung verteidigt. Die Titulatur war im niederen Adel recht unterschiedlich und nur von relativ geringer Bedeutung. Zwar wuchs im 19. Jahrhundert, in Reaktion auf die nun zahlreicher werdenden Nobilitierungen, im älteren Adel das Interesse an Rangerhöhungen zum Freiherrn und Grafen. Aber viele alte Landadelsfamilien Kernpreußens, selbst sehr begüterte, hielten mit Stolz am einfachen „von" fest und zollten den zahlreichen zugewanderten, häufig grundbesitzlosen Grafen und Freiherrn wenig Respekt.

Reichsritter und Stiftsadel
Zwei Teilgruppen des Niederadels hatten sich im Alten Reich durch rechtliche Unterschiede von der großen Zahl des übrigen Niederadels abgehoben: die Reichsritter und der Stiftsadel. Gegen den Druck der mächtigen umliegenden Landesherren, die seit dem Ausgang des Mittelalters geschlossene Flächenstaaten anstrebten und kleinere Herrschaftsgebilde aufzusaugen suchten, hatte sich in Schwaben, Franken und im Rheintal ein „archaischer Personenverband" stark defensiver Lebenslogik erhalten und mit der Zeit „Lebensräume eigener Prägung" (V. PRESS) ausgebildet. Diese Reichsritter blieben „Pfähle im Fleische der Landesherren". Ihr Überleben verdankte diese „Adelsrepublik" aus einer Vielzahl von Gebieten und Familien (um 1500: 500; um 1800: 350) ihrem bündischen, überkonfessionellen Zusammenschluß in Personen- und Güterverbänden, einer überlegten überlokalen Organisation (nach „Orten", Kantonen und Kreisen) und einer geschickten Politik personaler Ergänzung wie ständischer Interessenvertretung. Das hatte zwar nicht zu Landeshoheit und Reichsstandschaft, aber doch zumindest zur Wahrung einer Reihe gewichtiger Hoheitsrechte und zu einer unmittelbaren Stellung zu Kaiser und Reich geführt. Diese Vorzüge wurden reichsrechtlich konfirmiert und, trotz wachsenden Außendrucks, bis 1806 über Reichsgerichte und Interessendiplomatie zäh verteidigt. Die im Südwesten Deutschlands so zahlreichen geistlichen Staaten hatten den Reichsrittern besonders günstige Überlebensmöglichkeiten geboten. Adelskirche, Deutschritterorden und Reichsritterschaft gingen hier eine enge Symbiose ein. Man stützte den Kaiser, diente ihm in Wien und wurde andererseits vom Kaiser gestützt. Dieser verlieh um 1700 allen Familien der Reichsritterschaft den Titel eines Reichsfreiherrn. Durch Ahnenprobe und Herkunftsregel dominierten die in ihrer Mehrzahl katholischen Reichsritter die Domkapitel der südwestdeutschen Fürstbistümer Mainz, Würzburg, Bamberg, Trier, Worms und Speyer. Mit dem Ende des Reiches kam scheinbar das plötzliche Ende: Okkupation, Mediatisierung und Einordnung in die Rheinbundstaaten.

Der Stiftsadel des katholischen Westens und Südens Deutschlands konnte sich mit einigem Recht im Alten Reich ebenfalls als eine Art Reichsadel und damit als „Oberschicht des landsässigen Adels" (K. S.

1. Grundzüge der Adelsstruktur

BADER) verstehen, beherrschte er doch von Salzburg bis Osnabrück und Hildesheim bis 1803 diejenigen geistlichen Staaten, die jenseits des engeren reichsritterschaftlichen Interesses lagen, und selbst in die südwestdeutschen Bistümer ist er immer wieder eingedrungen. Das Ausschlußkriterium, mit dem er sich die hochdotierten Pfründen in Domkapiteln, Stiftern und Abteien, aber auch die Ämter des Deutschen Ordens sicherte, die – stetig gesteigerte – Ahnenprobe, gründete auf kaiserlicher Bestätigung. So manchen Stiftsadligen hat die Wahl zum Fürstbischof, Fürstabt oder Deutschordenskomthur sogar in die Landesherrschaft und damit in den Hoch- und Reichsadel geführt, ohne daß er allerdings diesen Status in der Familie weitervererben konnte.

Innerhalb des niederen Adels akzentuierten Reichsritter und Stiftsadel am auffälligsten die Adelsqualität eines generationentiefen Alters. Die Ahnenproben, sichtbarer Ausdruck dieses Prinzips, hatten zum einen zunehmend restriktiver die bürgerliche Heirat stigmatisiert, richteten sich zum anderen und primär aber gegen das neue Adelsprinzip, das seit dem 16. Jahrhundert bedrohlich an Macht gewann: die Bildung eines Amtsadels durch Nobilitierung. Da nur der Kaiser, wenige Reichsvikare und einzelne Fürsten (als Inhaber des sog. Großen Palatinats) den Adel verleihen durften, blieb dieser Briefadel zahlenmäßig relativ begrenzt. Deshalb erfolgte die Angleichung der Nobilitierten an den alten Adel, gestützt durch den Erwerb von Grundbesitz und den Übergang zu adligem Landleben, lange Zeit ohne allzu große Probleme. Im 18. Jahrhundert wurden zwar erste Krisenzeichen unübersehbar, doch erst 1815 wurde die Lage dramatisch. Nun besaßen alle 36 Fürsten des Deutschen Bundes das Recht, den Adel zu verleihen. Und insbesondere die süddeutschen ehemaligen Rheinbundstaaten, Württemberg und Bayern, schufen nicht nur den bisher bekannten Briefadel, sondern, an Napoleons Adelspolitik anknüpfend, einen (zunächst) äußerst zahlreichen Personaladel. Die Politik, verdienten Staatsdienern einen Amts-Adel zu verleihen, hatte sich in engem Zusammenhang mit dem Aufstieg des zentralisierten, bürokratischen Fürstenstaates entwickelt. Der Fürst relativierte auf diese Weise die ständisch-autonomen Ansprüche des Feudaladels auf Mitherrschaft und sicherte sich eine loyale, eng staatsgebundene Funktionselite. Mit Napoleons Kreation eines imperialen Neuadels hatte diese Adelspolitik in Deutschland neue Attraktivität gewonnen. Württemberg und Bayern, beide unter dem Rheinbund zu Königreichen aufgestiegen, gingen noch einen Schritt weiter. Sie verbanden seit 1808/12 die Adelsqualität auf Lebenszeit, d.h. ohne die Möglichkeit zur Weitervererbung, an das Erreichen einer bestimmten Rangstufe in staatlichen, zivilen wie militäri-

die Nobilitierten

neue Dynamik der Nobilitierungspolitik

schen Laufbahnen sowie an die Verleihung bestimmter Verdienstorden. Eine neue, zahlreiche Adelsformation entstand, die nur in Bayern (am Titel „Ritter"), nicht aber in Württemberg als reiner Personaladel zu erkennen war. Ein mit dieser Personaladelspolitik verknüpftes zweites Ziel wurde dagegen von beiden Neu-Monarchen nicht erreicht: Die Auffrischung und Neuorientierung des in beiden Ländern nicht allzu zahlreichen Geburtsadels durch Nobilitierung und die Erlaubnis für einen Teil dieser Staatsdiener, ihren Personaladel zu vererben.

    In fast allen deutschen Adelslandschaften gab es Familien des niederen Adels, die sich durch großen Reichtum, Lebensstil und Titel von der großen Mehrzahl ihrer Standesgenossen abhoben und dem hohen Adel sehr nahe kamen. Am auffälligsten aber konzentrierte sich der durch Reichtum brillierende „niedere" Adel Deutschlands im katholischen Oberschlesien. Die Zeitgenossen sprachen von „Magnaten" und stellten diese Adelsgruppe damit auf eine Ebene mit der Oberschicht der mitteleuropäischen, insbesondere der polnischen und ungarischen Aristokratie. Ihr immenser Reichtum erwuchs seit dem 18. Jahrhundert aus der Verknüpfung von Ressourcen der Gutswirtschaft (Erz, Holz und gebundene Arbeitskräfte) mit schwerindustriellen Unternehmungen (Kohle, Eisen, Zink). Den Kern dieses Adels bildeten sechs Familien (v. Donnersmarck, v. Hohenlohe-Oehringen, v. Pleß, v. Schaffgottsch, v. Ballestrem und v. Ratibor) mit durchweg sehr hohen Titeln: Herzöge, Fürsten, Grafen, Prinzen. Die Hohenlohes waren sogar echte, aus Südwestdeutschland zugewanderte Standesherren.

    Dieser deutsche Adelstypus nutzte flexibel die vielfältigen industrie- und finanzkapitalistischen Reichtumschancen und hatte einen entspannten Umgang mit dem großen Industrie- und Finanzbürgertum. Damit erinnerte er am ehesten an den reichen Adel Englands, eines Landes, das er, wie viele Reisen und Verwandtschaftsbeziehungen anzeigen, auch besonders schätzte.

    Die Charakterisierung des Adels in Deutschland nach historischen Landschaften muß sich, wegen der bisher sehr ungleichgewichtigen Erforschung der verschiedenen Territorien, auf einige vergleichende Beobachtungen beschränken. Doch schon dieses Verfahren macht die gravierenden Unterschiede sichtbar. Da ist z. B. der Gegensatz zwischen dem relativ homogenen Adel Nordostdeutschlands und dem komplexen Adelsmosaik der Rheinbundstaaten, wie Baden, Württemberg und Bayern, die nach 1815 disparate Landesteile und deren Adel politisch zu integrieren hatten. Der in Südwestdeutschland wenig zahlreiche, in Württemberg sogar kaum nachweisbare landsässige Adel der alten Kernlande stand hier neben einer nur selten begüterten

1. Grundzüge der Adelsstruktur

Gruppe von Hof- und Dienstadligen „auswärtiger" Herkunft. Daneben dann Reichsritter und Standesherren, Patrizier der Reichsstädte und neuer Personaladel. Stets war ein Teil dieses Adels anderer Konfession als der Landesherr, was die Loyalität zur Regierung ebenso belastete wie der große, vor allem auf Forstbesitz gegründete Reichtum der grollenden Standesherren, der nicht selten an den Reichtum der neuen Könige heranreichte. In den beiden Mecklenburg dagegen ein rechtlich und konfessionell homogener, alter, landsässiger Adel mit starker Loyalität zum regierenden Fürsten, mit besten Chancen auf Regierungs- und Hofstellen, abgesichert durch riesige monokulturelle Getreide-Gutswirtschaften. In den südwestdeutschen Territorien wiederum ein in sich sehr heterogener Adel in relativ modernen Verfassungsstaaten, bedrängt von einem dynamischen, zum Teil äußerst adelskritischen Bürgertum, in mißtrauischer Distanz zum Monarchen, zur Agrarreform gezwungen; in Mecklenburg, der rückständigsten aller Adelslandschaften, dagegen ein homogener Adel, der im Zusammenwirken mit den Fürsten bis 1918 die feudal-ständische Agrar- wie Landesverfassung beibehielt.

Noch ein weiteres Beispiel mag die erheblichen Gegensätze zwischen den vielfältigen deutschen Adelslandschaften um 1800 verdeutlichen. Dieses Mal richtet sich der Vergleich auf die unterschiedliche Qualität von ökonomischer Grundlage und Familienpolitik des Adels: Der katholische Stiftsadel in den geistlichen Fürstentümern westlich der Elbe, von Hildesheim bis Salzburg, dominierte bis 1803 die Domkapitel und Höfe, die Regierungen und Landstände dieser Territorien. Eine komplexe Familienpolitik (Majorat, Fideikommiß, vgl. dazu S. 30f) auf der Grundlage strenger Ahnenproben sicherte Ämter, Grundbesitz und zahlenmäßigen Bestand. Die Kombination von Einkommen aus Grundherrschaft und Ämtern garantierte eine stabile, standesgemäße Vermögensgrundlage aller Familienangehörigen. Eine große Zahl armer Adliger wurde damit ebenso vermieden wie eine gefährliche Mobilisierung, Verschuldung und Zersplitterung der Güter. Zwar brachte der Umbruch um 1800 gravierende Verlusterfahrungen. Doch langfristig bewährte sich auch im 19. Jahrhundert die Organisationsfähigkeit und Lebensklugheit dieses Adels in der Sicherung des Obenbleibens. Adlige Exklusivität verband sich mit flexibler Transformation zum Großverpächter bäuerlicher Güter und zum „Ökonomen" auf stetig wachsenden Eigenwirtschaften. Dem ostelbisch-altpreußischen Adel hatte – im Gegensatz dazu – die Reformation die reichen kirchlichen Ämter genommen. Dies zwang zur Konzentration auf die Grundherrschaft, die früh zur Gutsherrschaft mit monokultureller Ge-

Unterschiede nach Einkommensstruktur und Familienorganisation

treideproduktion für westliche Fernmärkte umgeformt wurde. Die Durchsetzung einer bestandssichernden Familienpolitik gelang hier nicht. Die frühe ständische Entmachtung und die Umformung zum staatlichen Funktionsadel, im Kern zum Militäradel, bot diesem Adel kein Äquivalent für die verlorengegangenen hochdotierten Ämter der Reichskirche. Der Lehnsbesitz zur gesamten Hand, und damit das Erbrecht aller männlichen Agnaten, blieb vorherrschend mit gravierenden Folgen selbst im konjunkturell so günstigen 19. Jahrhundert: Güterzirkulation, Güterteilung, Güterverlust an Bürgerliche, relativ weite Öffnung zum Bürgertum, und eine große Zahl von adligen Familien ohne Vermögen, insbesondere in Ostpreußen, Pommern, aber auch Brandenburg.

weitere Linien interner Differenzierung

Weitere Faktoren, die den Adel in Deutschland prägten, wären der Erwähnung wert; zum Beispiel das Verhältnis zum Landesherrn, das besonders in Hannover und Schleswig-Holstein (wegen der Bindung an England bzw. Dänemark) zu besonders eigenständigen Adelstraditionen führte, oder der unterschiedliche Glanz der Höfe, der nur in wenigen Residenzen (Dresden, München, Hannover) zur Ausprägung eines eigenen, stark von „Auswärtigen" geprägten Hofadels geführt hatte; die Ämtertradition, die vor allem im katholischen Adel Südwestdeutschlands im 19. Jahrhundert noch lange auf Wien orientiert war; das alles in allem eher seltene Engagement von Adelsgruppen in der Industrie und im Gewerbe, das dem oberschlesischen, aber auch dem sächsischen und dem bergisch-märkischen Adel sein spezifisches Profil verlieh; und nicht zuletzt natürlich auch der, im Vergleich dazu eher überbetonte und ungenau bleibende, Unterschied zwischen der Grundherrschaft östlich und der Gutsherrschaft westlich der Elbe als Herrschafts- und Vermögensgrundlage. Doch aufs Ganze gesehen fehlen für eine solche resümierende Übersicht noch die entsprechenden Studien zum Adel in den einzelnen deutschen Ländern.

Zahl der adligen Familien und Personen

Über die Zahl der adligen Familien und Personen in Deutschland sind wir zur Zeit nur äußerst unvollkommen unterrichtet. Doch läßt sich für die Jahre kurz nach 1815 aus regionalen Adelsstudien, verstreuten statistischen Daten und kontrollierten Schätzungen in groben Umrissen ein erstes Bild erarbeiten. Danach gab es auf dem Gebiet des späteren Deutschen Reiches am Beginn des 19. Jahrhunderts 36 regierende Fürstenhäuser, ca. 70 standesherrliche Häuser, ca. 350 ehemalige Reichsritterfamilien und – einschließlich der Nobilitierten, aber ohne den süddeutschen Personaladel und die polnischen Adelsfamilien in den preußischen Teilungsgebieten – ca. 28 000 Familien des landsässigen niederen Adels. Das waren schätzungsweise 140 000 Personen.

Eine sehr schmale Gruppe von Hochadligen, etwa 0,4% des gesamten Adels, erhob sich über einer äußerst breiten Basis von Niederadligen. 1925 lebten im gleichen Gebiet – einschließlich der Nobilitierten, aber ohne den Personaladel ca. 60–70000 adlige Personen. Die Gesamtzahl des Adels hat sich also, sollte sich diese Schätzung bestätigen, im „langen" 19. Jahrhundert, trotz der nun so zahlreichen Nobilitierungen, mehr als halbiert. Und da gleichzeitig die Gesamtbevölkerung dramatisch wuchs, sank der Anteil des Adels drastisch, von etwa 0,5% (1815/30) auf weniger als 0,1% (1925). Diese permanente Verschärfung seiner Minderheitenposition gehört zweifellos zu den Grunderfahrungen des Adels im 19. Jahrhundert. Schon rein zahlenmäßig war das Ende des alten Standes abzusehen. Diese globalen Zahlen überdecken zudem noch große Unterschiede in der Adelsdichte der einzelnen Länder und Adelslandschaften.

2. Landbindung, Landbesitz, Vermögen

Grundlegende Voraussetzung für die Selbstbehauptung des Adels in der modernen Welt war die Bewahrung seines Landbesitzes, die Sicherung seiner Verbindung zum Land und damit seines alten Vorrangs in der ländlichen Gesellschaft. Auf dieser Grundlage konnte man dann, die traditionell ständischen Vorbehalte gegen Handel, Gewerbe und Geldgeschäfte überwindend, auch an die Nutzung der neuen Reichtumschancen denken. Doch sind auf den ersten Blick zunächst einmal gravierende Verluste zu konstatieren. Die Statistik des Eindringens Bürgerlicher in den einst ausschließlich adligen Rittergutsbesitz suggeriert, naiv gelesen, den Eindruck eines unaufhaltsamen langen Abstiegs. Noch ungünstiger wird dieses Bild, wenn man statt der Rittergüter den großen Grundbesitz als Bezugsgröße wählt. In Preußen besaß der Adel um 1880/90 Jahre nur noch einen Anteil von 36%. Ähnlich krass waren die Zahlen für das Kurfürstentum, seit 1806 Königreich Sachsen, in welchem es schon im Ancien Régime Bürgerlichen freistand, Rittergüter zu erwerben. Für die Rittergüter westlich der Elbe verfügen wir bisher nur über wenige Daten. Doch waren hier die Landverluste des Adels im Laufe des 19. Jahrhunderts weitaus geringer als östlich der Elbe.

Verluste an Landbesitz

Die langfristigen Einbußen des ostelbischen Adels an Rittergutsbesitz waren bedeutend; aber das häufig anzutreffende Urteil einer dramatisch schnellen Verdrängung dieses Adels aus dem Gutsbesitz läßt

„Verdrängung" aus dem Großgrundbesitz?

sich nicht halten. Bei genauerem Hinsehen ergibt sich ein deutlich günstigeres Bild. Ein Kern von Familiengütern blieb selbst in den krisengeschüttelten 1820er Jahren dem Gütermarkt faktisch entzogen. Nach der Jahrhundertmitte gingen dem Adel auch hier kaum noch Güter verloren. Zumeist besaß er mehrere und durchweg die größeren Güter, die Bürger dagegen in der Regel nur ein Gut von einer wesentlich geringeren Durchschnittsgröße. Die unreflektierte Gegenüberstellung der hohen Besitzwechselquoten auf dem ostelbischen Gütermarkt und der offensichtlich so viel größeren Besitzkontinuität im Westen und Süden hat die Adelsverluste östlich der Elbe unzulässig dramatisiert, weil sie zum einen das Aussterben von Familien, vor allem aber, weitaus wichtiger, die unterschiedlichen Familien- und Vererbungsmuster in Ost und West nicht berücksichtigt hat. Der Lehnsbesitz zur gesamten Hand (vgl. dazu S. 31) erzwang eine viel größere Gütermobilität als das Majorats- und Fideikommißprinzip, das westlich der Elbe vorherrschte. Im Ostelbischen wechselten mehr Güter als im Westen, und nicht selten selbst die großen, bedeutenden Güter einer Familie. Aber dieses Phänomen darf nicht automatisch mit Adelsschwäche gleichgesetzt, gleichsam als Vorstufe zum Besitzverlust interpretiert werden. Spekulation und Güterschacher, unterstützt von den Vorzugskrediten der adligen „Landschaften", haben gewiß zur Gütermobilisierung beigetragen. Aber häufig verblieben die verkauften Rittergüter im Adel und kehrten auf verwickelten Wegen wieder zur ursprünglichen Adelsfamilie, wenn auch nicht zum selben Zweig dieser Familie zurück.

Eine stärker positive Sicht der Entwicklung adligen Landbesitzes legen auch die überall, im Osten wie im Westen und Süden Deutschlands, beobachtbaren Ergebnisse des Adelsbemühens, den Rittergutsbesitz zu arrondieren, nahe. Durch Ablösung in Land (nur im ostelbischen Preußen), durch das Einziehen von Bauernstellen ungünstigen Besitzrechts (z. B. in Hessen), durch die – zumeist sehr großen – Länderquoten aus den Markenteilungen und nicht zuletzt durch den Zukauf von Boden, von Säkularisationsgut, von versteigerten, in Konkurs gegangenen Bauerngütern oder von freien Angeboten des Bodenmarkts (die allerdings immer seltener und knapper wurden), haben sehr viele Adelsfamilien ihren Grundbesitz im Laufe des 19. Jahrhunderts wesentlich erweitert. Die südwestdeutschen Standesherren, die zweimal – in den dreißiger und in den fünfziger Jahren, durch die Ablösung ihrer staatlichen und feudalen Vorrechte – erhebliche Mengen an Ablösungskapital erhielten, waren in dieser Expansionsbewegung zweifellos führend. Aber auch für Westfalen, Bayern, Hessen sowie die altpreußischen Kernlande lassen sich beachtliche Arrondierungserfolge nachweisen.

Marginalien:
unterschiedliche Bedeutung der Besitzwechselquote

Arrondierung des Besitzes

Zieht man diese Befunde zu einem vorläufigen Gesamtbild zusammen, dann läßt sich resümieren, daß der Adel im Westen und Südwesten Deutschlands seine Güter zügig, im Falle der meisten Standesherren sogar rasant ausbaute und sich zudem durch die Verpachtung zahlreicher Bauerngüter wirtschaftlich konsolidierte. Natürlich gab es auch hier Adelsfamilien, die ihren Grundbesitz verloren. Aber die weitaus meisten haben ihre Bindung an den Boden und das Land erfolgreich verteidigt. Durch Gründung von Nebenlinien ohne Grundbesitz haben allerdings auch sie zum Anwachsen des landfernen, grundbesitzlosen Adels beigetragen.

beachtliche Erfolge im Westen und Südwesten

Im ostelbischen Deutschland kam es vor allem im kritischen ersten Drittel des 19. Jahrhunderts zur Verdrängung eines beträchtlichen Teils des alten Adels aus dem Rittergutsbesitz. Aber schon damals und danach stabilisierte sich auch in diesen Adelsregionen ein fester Kern grundbesitzender Adelsfamilien, der seinen Gutsbesitz Schritt für Schritt erweiterte. Für den größten Teil des Gutsadels war das 19. Jahrhundert eine Zeit der ökonomischen Erholung und des Aufstiegs. In fast allen deutschen Ländern stand der Adel an der Spitze der Grundbesitzer. Je größer das Gut, desto eher war es adliger Gutsbesitz; je erfolgreicher ein adliger Gutsherr, desto größer seine Neigung, den Landbesitz auszudehnen. Seit der Jahrhundertwende tobte der Streit um diese „Latifundien". Güter über 5000 ha gab es in fast allen deutschen Ländern, aber ihre Schwerpunkte lagen eindeutig im Ostelbischen, insbesondere in Schlesien, Ostpreußen, Brandenburg, Pommern und Mecklenburg. Insofern gilt auch noch 1925 der allgemeine Befund: Im Osten Deutschlands gab es viele kleine, im Westen auch zahlreiche sehr große Güter. Aber die ostelbische Gutsherrschaft vermachte dem 19. Jahrhundert die riesigen, geschlossenen Gutsbezirke. Die Rentengrundherrschaft des Westens dagegen verwandelte sich in ein Ensemble von zumeist eher kleinen oder mittelgroßen, selbstbewirtschafteten adligen Gütern und zahlreichen, an Bauern verpachteten Höfen. Die relativ wenigen „Latifundien" des Westens befanden sich überwiegend im Besitz der Standesherren und waren in der Regel riesige Forstwirtschaften.

Verluste und Restabilisierung im Osten

„Latifundien"

Landreichtum war natürlich nicht gleichbedeutend mit Reichtum insgesamt, und Land war auch nicht gleichwertig mit anderem Land. Dennoch standen 1914 viele dieser großen adligen Landbesitzer an der Spitze der allgemeinen Reichtumsskala Deutschlands, drängten den Reichtum aus Handel, Bankwesen und Industrie noch immer an die zweite Stelle. Unter diesen adligen Millionären war die Zahl der Hochadligen wie der reichen nobilitierten Finanz-, Handels- und Industriekapitalisten erstaunlich groß. Gleichwohl stellte der altansässige Nie-

Adel an der Spitze der Reichtumsskala

deradel in allen Reichsländern den größten Anteil. Das unangefochtene Wachstumszentrum adligen Reichtums blieb aber das ganze Jahrhundert hindurch Schlesien. Der Adel in Westfalen, Rheinland und Hessen besetzte in der Reichtumshierarchie beachtliche Mittel- und sogar Spitzenplätze. Zwar waren seine Güter im Durchschnitt kleiner, aber sie waren auch in der Regel deutlich ergiebiger als die ostelbischen.

Der reiche Adel Deutschlands hat bis 1914 Schritt für Schritt an Reichtum und Glanz noch gewonnen; er brauchte den Vergleich mit dem reichen Adel anderer europäischer Länder keineswegs mehr zu scheuen. Die Kostenseite dieses Aufstiegs aus der Sicht des Adels liegt aber ebenfalls auf der Hand. Mit der langfristigen wirtschaftlichen Erholung wuchsen auch die Reichtumsunterschiede in der kleinen, weiter schrumpfenden Adelsgruppe immens. Die innere Distanz zwischen dem zahlreichen besitzlosen bzw. grundbesitzschwachen Adel und den relativ wenigen reichen Latifundienbesitzern war gewaltig. Innere Gegensätze bedrohten die Einheit des Adels und damit seine politische und gesellschaftliche Handlungsfähigkeit.

wachsende Reichtumsunterschiede im Adel

Sucht man nach den Reichtumsquellen, die einem erheblichen Teil des alten Adels im Laufe des Jahrhunderts die Sicherung und Erweiterung von Landbesitz wie Vermögen ermöglicht haben, so findet man an erster Stelle eine Jahrzehnte währende günstige Agrarkonjunktur, die nach der Agrarkrise der 1820er Jahre einsetzte und sich im Grunde nur noch einmal, in den frühen 1890er Jahren, gravierend abschwächte. Noch vorteilhafter verlief die forstwirtschaftliche Konjunktur, die vor allem im west- und südwestdeutschen Adel Reichtum schuf, während der ostelbische Adel diese Profitchance nur begrenzt zu nutzen verstand. Rationelle Landwirtschaft und intensive Forstwirtschaft, steigende Erträge bei stabilen bzw. steigenden Preisen bildeten die erste Säule adliger Restabilisierung. Die frühe Mitgliedschaft in landwirtschaftlichen Vereinen und Verbänden zeigt an, daß der Adel im Osten wie im Westen Deutschlands die Möglichkeiten, durch die Förderung agrarischen und forstwissenschaftlichen Fortschritts sein Einkommen zu steigern und seine Position als ländliche Führungsschicht neu zu legitimieren, schnell erkannte und entschieden nutzte.

Quellen adligen Reichtums

Land und Forstwirtschaft

Ende des 19. Jahrhunderts mehrten sich die Anzeichen einer strukturellen Krise der deutschen Landwirtschaft, insbesondere der ostelbischen Getreidewirtschaft. Der Druck des Weltagrarmarkts, der sukzessive Bedeutungsverlust der Landwirtschaft gegenüber Industrie und Dienstleistungssektoren verlangten neue, effektivere Anpassungsleistungen, die von einem Teil vor allem der altadligen Gutsbesitzer der altpreußischen Kernprovinzen nicht erbracht wurden. Statt weiter zu

Agrarkrise und Krisenreaktionen

2. Landbindung, Landbesitz, Vermögen

intensivieren und rationalisieren, beruhigten sie sich mit den langfristig trügerischen Zusagen des Agrarprotektionismus auf direkte wie indirekte Agrarsubventionen, die durch formellen und informellen Einfluß in Berlin durchgesetzt wurden. In der schweren Agrarkrise seit 1927/28 stand dieser inflexiblere Teil faktisch vor dem Bankrott und der Zwangsversteigerung, während den west- und südwestdeutschen Adligen mit ihren weitaus flexibleren Systemen aus Kleinverpachtung, Veredlungs- und Forstwirtschaft auch jetzt noch Spielräume blieben, die Ertragseinbrüche der Krisenjahre einigermaßen erträglich zu gestalten.

Ein zweites, eher indirektes als direktes Mittel adliger Reichtumssteigerung wird leicht übersehen: das in den verschiedenen Adelslandschaften praktizierte System der Besitz- und Statussicherung der Adelsfamilien. Wo solche Systeme nur schwach entwickelt waren, z. B. in protestantischen Ländern wie Alt-Preußen, Sachsen oder Hessen, hielten sich Besitzsicherung und Reichtumssteigerung des Adels auch im 19. Jahrhundert in Grenzen; wo sie außerordentlich differenziert waren, im katholischen Westen und Südwesten oder bei den Standesherren, stellten sich – wie z. B. im katholischen Westfalen – beachtliche Erfolge ein. Das im katholischen Westen und Südwesten weitverbreitete System des Fideikommiß mit Majorat und kargen Abfindungen für die nachgeborenen Söhne und die Töchter, das ohne die ergiebigen Ämter der Reichskirche und der vielen geistlichen Staaten nicht durchzusetzen gewesen wäre, schützte und förderte das Vermögen einer Adelsfamilie letztlich effektiver als das in den protestantischen Ländern praktizierte Lehen zur gesamten Hand, das nicht weiter ausgebaut werden konnte, weil dem Adel mit der Reformation die Kirchenpfründen verloren gegangen waren. Erst im letzten Drittel des 19. Jahrhunderts schritt der altpreußisch-protestantische Adel gezielt zur Fideikommißgründung, um die endgültige Aufhebung des Lehnswesens auszugleichen, den scheinbar wachsenden Druck des bürgerlichen Reichtums auf die Rittergüter zu kontern und der angeblich drohenden „Polonisierung des Ostens" zuvorzukommen. Eine neue, wirksame familiale Strategie der Besitzsicherung hat sich aus dieser Einzelmaßnahme jedoch nicht mehr entwickelt. Rein quantitativ gesehen war diese Bewegung zum Fideikommiß allerdings recht erfolgreich, war doch nach zuverlässigen Schätzungen 1918/19 etwa ein Viertel bis ein Drittel des großen Grundbesitzes in Deutschland gegen Veräußerung gesichert. Ein Großteil dieser Fideikommißfläche, in der Regel mehr als die Hälfte, war allerdings Waldbesitz.

Der dritte Reichtumsfaktor, am Erfolg der oberschlesischen Magnaten glänzend sichtbar, war das industrielle Engagement, das im

Besitzsicherungsstrategien und Reichtum

Fideikommiß und Majorat

Lehen zur gesamten Hand

Einkommen aus Industrie

Adel allerdings als äußerst risikoreich, im kleinen betrieben auch als nicht standesgemäß angesehen wurde. Dort, wo es zu solchem Engagement kam, in Schlesien, Sachsen, aber auch im bergisch-märkischen Industriegebiet, entwickelte sich die industrielle Dynamik in der Regel aus den Nebenbetrieben der Güter, d.h. aus den Ressourcen der Guts- und Grundherrschaft heraus: Bodenschätze, Holz, Wasserenergie, Arbeitskräfte. Aus zahlreichen kleinen Nebenbetrieben entstanden im Laufe des Jahrhunderts veritable mittelgroße Betriebe: Brennereien und Brauereien, Steinbrüche, Lehm- und Kalkgruben, Ziegeleien und Zementwerke, Sägewerke und Papierfabriken, Kali-, Erz- und Kohlegruben. Das industrielle übertraf dann zwar recht bald das agrarische Einkommen. Gleichwohl blieben auch für diesen Adel das Land und der ererbte Familiensitz weiterhin die identitätsstiftenden Zentren des alltäglichen Lebens.

Schwerpunkte und Grenzen ökonomischen Engagements

Dieser Befund verweist auf die bleibenden, für den Adel spezifischen Grenzen wirtschaftlichen Engagements in Deutschland. Die industriell besonders erfolgreichen Adligen waren zumeist nicht bereit, ihren Lebensschwerpunkt in städtische Industriezentren zu verlegen; sie folgten nicht einmal „ihrer" Industrie, wenn diese den Standort (z. B. vom märkischen Industriegebiet ins Ruhrrevier) verlagerte. Man bevorzugte eher die Rollen des Rentenbeziehers und des Aufsichtsratsmitglieds als des aktiven Unternehmers, tendierte weiterhin eher zu krisensicheren, weniger einbringenden Betriebssystemen als zu innovativen, risikoträchtigen, aber hochprofitablen Aktivitäten. Man produzierte Rohprodukte, z. B. die Zuckerrübe, mied aber das Engagement in den entfernteren Weiterverarbeitungsbetrieben. Großpacht und Großhandel auf dem Lande, in Preußen vor 1807 ohnehin bei Ehrverlust verboten, blieben für den Adel auch im weiteren Jahrhundert eine *terra incognita*. Auch die letzte große Reichtumschance, die das Jahrhundert bot, die Nutzung der rasanten Urbanisierung, der extrem hohen Profite durch Terrainerschließung und Wohnungs- bzw. Hotelbau in Hauptstädten und Seebädern, scheint am deutschen Adel vorbeigegangen zu sein. Im Bankwesen zeigt sich aufgrund der zum Teil riesigen Ablösungskapitalien und des Besitzes wertvoller Immobilien einige Bewegung; doch steht hier eine genauere Untersuchung noch aus. Schließlich liegt auf dieser Linie auch die geringe Bereitschaft nicht nur des west- und süddeutschen, sondern auch eines großen Teils des ostelbischen Adels, seine Güter, statt sie zu verpachten oder an einen Gutsdirektor zu geben, selbst zu bewirtschaften.

Resümee: kaum Verdrängung, sondern Differenzierung, und viel Erfolg

Der Adel, so unser Resümee, hat im Deutschland des 19. und frühen 20. Jahrhunderts, sofern er seinen Bodenbesitz über die Krisenjahre um 1800, insbesondere aber über die Agrarkrise der 1820er Jahre retten konnte, seine Landbindung bewahrt, seine ökonomische Basis stabilisiert und erweitert, sein Vermögen im Durchschnitt beträchtlich, in seinen Spitzen sogar extrem gesteigert. Und dies alles, obwohl er eine Vielzahl von neuen, finanz-, handels- und industriekapitalistischen Reichtumschancen nur sehr begrenzt oder gar nicht nutzte. Selbst in Ostelbien kann man nur sehr begrenzt von einer „Verdrängung" des Adels aus einem extrem mobilisierten Gutsbesitz, erst recht nicht von einer generellen Rückständigkeit oder gar Petrifizierung der adligen Güterbewirtschaftung sprechen. Und Max WEBERS Befund einer „Junkerklasse im Todeskampf" stellt eine erstaunliche Fehlwahrnehmung dar, die noch der Erklärung harrt. Was das Wirtschaftsverhalten angeht, so wuchsen allerdings hier, wie beim Vermögen, die internen Unterschiede im Adel auffallend: Neben dem „standesherrlich-multiindustriellen" Magnatenadel stand am Ende des 19. Jahrhunderts der adlige Grundherr mit ausgeprägten industriellen Interessen, daneben der fortschrittliche adlige „Ökonom" und Forstwirt und erst am Ende des Spektrums schließlich der schlecht wirtschaftende, auf Verpachtungsglück setzende Adlige, der nichts gelernt hatte, aber wie seine anderen Standesgenossen dem „Primat der Lebensführung" (H. WINKEL) folgte, einem Anspruch, den er aber, je später, desto weniger, ökonomisch abzusichern imstande war. Ständische mentale Barrieren haben somit in der ökonomischen Erfolgs- wie in der Verlustgeschichte des Adels im 19./20. Jahrhundert, trotz aller beobachtbaren Flexibilität, weiterhin eine große Rolle gespielt.

3. Vom Amt zur Profession

In den meisten Ländern des Alten Reiches, am schwächsten wohl im adelsarmen Württemberg und Baden, besetzte der Adel die Mehrzahl der höheren Stellen des Staates, die Regierungs-, Verwaltungs- und Militärämter, erst recht natürlich die glänzenden Hofämter. Zwar wuchs innerhalb der Aufklärungsbewegung überall die Kritik an diesen adligen Ämtervorrechten. Doch gerade im größten Land des späteren Deutschen Reichs, in Preußen, setzte der Monarch, den Adel schützend, einen spektakulären und folgenreichen Kontrapunkt zu dieser Entwicklung: Das 1794 publizierte „Allgemeine Landrecht für die preußischen Staaten" (ALR) verkündete trotzig und demonstrativ: „Dem Adel, als dem ersten Stande im Staate liegt nach seiner Bestim-

Anspruch auf hohe Staatsstellen

mung die Vertheidigung des Staats, so wie die Unterstützung der äußern Würde desselben, hauptsächlich ob" (ALR II,9, § 1). Der einstige Herrschaftsstand wurde zum ersten Funktions- und Berufsstand umdefiniert. Damit konnte der Adel im Schatten der Revolution gut leben. Die preußischen wie die rheinbündischen Reformen machten aber einer solchen weichen Umwandlung von Tradition in Moderne schon bald ein Ende. Ständische Qualitäten begründeten nun keine Ansprüche mehr. Das adlige Rittergut wurde zum marktgängigen großen Grundbesitz, das einst von der adligen Standesperson beanspruchte und persönlich gestaltete Amt zum Beruf mit allgemein definierten sachlichen Leistungsanforderungen, täglicher, zunehmend bürokratisierter Arbeit und lebenslanger Beschäftigungs- wie Karriereperspektive. In freiem Zugang und offener Konkurrenz, so das von den Reformern verkündete Prinzip, sollten die jeweils Besten in die bisher dominant vom Adel besetzten führenden Staatsstellungen gelangen. Aus dem adligen Lebenslauf verschwanden in der Folge die Ämterhäufung und der Wechsel zwischen verschiedenen standesgemäßen Tätigkeitsfeldern: Regierung, Militär, Hof, Diplomatie und Gutswirtschaft. Die neuen Einstellungs- wie Beförderungsprinzipien verlangten von den Adelsfamilien die Übernahme bürgerlicher Erziehungs- und Ausbildungsstandards: Gymnasium und Universität, Abitur und Staatsexamen, Fleiß und Ausdauer. Für den weniger leistungsfähigen oder anderweitig begabten Adligen öffneten die Reformer gleichzeitig die gesamte, bisher ständisch abgeschottete weite Welt der bürgerlichen Berufe, allerdings um den Preis des schrittweisen Verlusts von Adelsidentität, der Einschmelzung in die bürgerliche Gesellschaft.

Die realen Brucherfahrungen auf dem Weg des Adels vom Amt zum Beruf waren allerdings weniger hart, als diese Reformprinzipien es signalisierten. Zum einen hatte der in vielen deutschen Territorien wirksame aufgeklärte Absolutismus schon die Bildung einer neuen, adlig-bürgerlichen Staatselite auf den Weg gebracht und den Adel vom ständisch gedeuteten Amt auf die Ausführung von Staatsfunktionen, auf Fürsten- und Staatsdienst umorientiert, was sich exemplarisch am Adel im preußischen Heer und Beamtentum des 18. Jahrhunderts verfolgen läßt und im ALR, wie gezeigt, seinen Niederschlag gefunden hat. Und zum anderen wurden nach 1806/15 fast nirgendwo in Deutschland die staatlichen Führungspositionen als reine Berufe, sondern eher neuständisch als *persönlicher* Dienst von Individuen mit ständischem „Charakter" und entsprechenden Privilegien, vom Personaladel bis zur „Exemtion" von zahlreichen allgemeinen Staatsbürgerpflichten, konstruiert. Die modernen Beamten behielten eine große

Nähe zu alten Adelsprinzipien (L. GALL). Neben Leistungsstolz und Fachkompetenz traten schon bald auch bei den bürgerlichen Beamten und Offizieren Persönlichkeitskult, Herrschafts- und Herkunftsbewußtsein, Standesprestige. Neben dem erworbenen galt auch im neugeordneten Staatsdienst schon bald wieder informell der ererbte Stand. Leistung und Bildung vermählten sich erneut mit Erbe und Geburt.

3.1. Militärlaufbahnen

1806 versagte der preußische Adel, der 90% des Offizierskorps stellte, bei seiner Leistungsprobe: Der § 1 des ALR erwies sich als Chimäre. Die nachfolgende „Selbstreinigung" fiel zwar durchaus gravierend aus: Zwei Drittel aller Generale erhielten den Abschied; zweihundert Kriegsgerichtsverfahren wurden durchgeführt. Eine durchgreifende Modernisierung des Selbstverständnisses des Offizierskorps ergab sich daraus aber nicht. 1808 begann die liberale Heeresreform: Wegfall aller Standesvorzüge; Ende der Kompaniewirtschaft; „Anspruch auf Offiziersstellen" gewährten „in Friedenszeiten nur [noch] Kenntnisse und Bildung, in Kriegszeiten ausgezeichnete Tapferkeit und Überblick". Friedrich II. hatte die bürgerlichen Offiziere nach 1763 aus dem Heere hinausgedrängt; nun setzte die bürgerliche Konkurrenz wieder ein, zwang den Adel 1813 zu beachtlichem Opfermut und entzündete in den Folgejahren neue adlige Abwehrsolidarität. Im altpreußischen Adel waren die Staatsämter, insbesondere die Offiziersstellen, zu einem wichtigen Ausgleich für den Verlust fast aller adligen Kirchenpfründen in der Reformation geworden. Viele adlige Familien, vor allem die zahlreichen land- und vermögenslosen, die eine Art preußischen Schwertadels bildeten, waren auf diese Stellen dringend angewiesen. So war es kein Zufall, daß der Militärreformer Boyen schon 1819, also besonders früh, scheiterte. Mit der Revolution von 1830 hatte der altpreußische adlige Offizier seine langfristig wirksame, gegen die Militärreform gerichtete neue Selbstbestimmung gefunden. Bildung und Leistung wurden konsequent relativiert zugunsten von Tapferkeit, „blindem Gehorsam" und anderen militärischen Tugenden, die nach Meinung des Prinzen von Preußen „nur durch lange Gewohnheit erzeugt" würden, und gleiche Tugenden benötigte man für die neue Zukunftsaufgabe, die Krone gegen ein revolutionär gewordenes Volk zu schützen. Wer aus dem Volk konnte diese antirevolutionäre Loyalität garantieren, wenn nicht der Adel, der von jeder Revolution gleichermaßen gefährdet wurde wie der König? Die neue Aufgabe war gefunden

<small>Heeresreform in Preußen</small>

<small>die „Wiederkehr" des adligen Offiziers</small>

und auch das Lösungsmuster: Konservierung und Stärkung des militäradligen „Charakters", dessen Substrat in den Familientraditionen des friderizianischen „Schwertadels" lag. Die Mittel, dieses Ziel zu realisieren, hatten die Reformer zum Teil nicht beseitigen können, zum Teil aber auch – allerdings in anderer Absicht – selbst bereitgestellt: Kadettenanstalten, Auswahl der Offiziersanwärter durch den Regimentskommandeur, Kooptation neuer Offiziere durch das Offizierskorps, persönlichen Dienst und Eid fordernde oberste Kommandogewalt des Königs. Noch bevor die prägende Dynamik militärischer Professionalisierung richtig in Gang gekommen war, hatten sich in Preußen Strukturen etabliert, die das Offizierskorps auf Adel und König ausrichteten und gleichzeitig seine Bildung aus der Dynamik der Gesellschaft heraus, seine Integration in die Gesellschaft erschwerten. Wie schwierig es war, diese Strukturen wieder zu verflüssigen, zeigt die Entwicklung des Offizierskorps in Preußen, aber auch in anderen deutschen Ländern, die im Laufe des Jahrhunderts immer stärker in den Sog des preußischen Modells gerieten.

Ämtererfolge: Adel im Offizierskorps

Das preußische Militär beschäftigte das ganze 19. Jahrhundert hindurch weit mehr Offiziere als alle deutschen Mittelstaaten (z. B. Sachsen, Württemberg und Bayern) zusammen. Die Kriegserfolge der 1860er/70er Jahre verwandelten dieses zahlenmäßige Übergewicht in eine reichsweite Dominanz des preußischen Offiziersideals, das stark von Adelstraditionen geprägt war. Im Verlauf des 19. Jahrhunderts haben die preußischen Adelssöhne das 1806/14 verlorengegangene Terrain wieder zurück gewonnen. 1913 herrschten, was die absolute Zahl adliger Offiziere angeht, wieder friderizianische Verhältnisse (6664 vs. 6386 im Jahre 1806). Relativ gesehen verlor man mit der langfristigen Heeresexpansion, die in den 1860er Jahren einsetzte, Schritt für Schritt an Einfluß und Gewicht. Der Adel geriet unter den „Zwang der großen Zahlen" (M. MESSERSCHMIDT). Sein prozentualer Anteil sank kontinuierlich, obwohl zunehmend mehr Adelssöhne ins Militär gingen. Schon in den 1850er Jahren sah der Minister von Manteuffel dieses Dilemma voraus: „Unsere Macht findet dort eine Grenze, wo unser Junkermaterial zur Besetzung der Offiziersstellen aufhört." Trotz einer wachsenden Zahl adliger Offiziere geriet der Militäradel Preußens in eine Defensivposition, die sich Dekade für Dekade verschärfte. Im Ankämpfen gegen diesen schleichenden Positionsverlust erfuhr der alte Adelsstand in der zweiten Hälfte des 19. Jahrhunderts, was den Anteil dienender Adelssöhne angeht, einen neuen, massiven Militarisierungsschub. 60 bis 70% der Söhne dienten im Militär (ohne Reserveoffiziere). Nur 30 bis 40% standen damit für die Beamtenlaufbahnen und die vielfälti-

gen Angebote der bürgerlichen Berufswelt zur Verfügung, die dem
Adel seit 1807 offenstanden.

Diese extreme Militärorientierung besaß der überwiegend katholische Adel des Westens und Südwestens in Deutschland nicht. Hier hatten Reichskirche, Hof und Regierung in Wien sowie die zahlreichen kleineren Höfe des Alten Reiches für eine wesentlich vielfältigere Ämtertradition gesorgt; das Prestige des Militärdienstes war hier wesentlich geringer als in Preußen. Erst nach 1864/71 gewann der Militärdienst auch in diesen Ländern, vor allem in den national-konservativ gesinnten bürgerlichen Mittel- und Oberschichten, langsam an Ansehen. Preußens Militär stieg zum Vorbild auf.

schwächere Militärorientierung diesseits der Elbe

3.2. Regierungs- und Verwaltungsämter

Die höheren Beamtenstellen waren vom Adel weitaus schwerer zu verteidigen als die Offizierspositionen. Die Leistungsanforderungen waren hier deutlich höher als beim Militär und ließen dem königlichen Dispens nur äußerst geringe Spielräume. Die Ausbildung dauerte wesentlich länger, die Kosten lagen erheblich höher als beim Offiziersberuf. Nach dem Abitur und dem Universitätsexamen waren für den adligen Beamtenanwärter mit väterlichen Zulagen und Kautionen ca. acht bis zehn Jahre bis zur ersten Ratsstelle mit festem Gehalt zu überbrücken. Adlige Refugien und Schonräume analog zu den Garderegimentern im Militär gab es bei den Regierungs- und Verwaltungsbehörden kaum. Die bürgerliche Konkurrenz war hier auch wesentlich intensiver, denn der aufstiegsorientierte Bürger strebte traditionell über den Erwerb von Bildungspatenten in die höhere Beamtenschaft.

Beamtenpositionen schwerer zu verteidigen

Aufs Ganze gesehen hat sich der Adel unter diesem verstärkten Konkurrenzdruck das ganze 19. Jahrhundert hindurch recht erfolgreich in den höheren Beamtenpositionen behauptet. Einer nach Land und Region unterschiedlich harten Verlustphase kurz nach 1800 folgte spätestens seit den dreißiger Jahren eine spürbare Erholung; erst gegen Ende des Jahrhunderts verdichteten sich dann wieder die Anzeichen erneuter Positionseinbußen.

Positionsverluste, Posititionsbehauptung

In Preußen behauptete sich der Adel in Regierung und Verwaltung am stärksten. In den von ihm bevorzugten Ressorts (Innen-, Außen-, Kriegs- und Landwirtschaftsministerium) und in bestimmten Ämtern (Ober-, Regierungs- und Polizeipräsidenten, vor allem aber Landräte) sicherte er sich hohe Quoten, bei allerdings erheblichen Unterschieden zwischen dem überwiegend agrarischen Osten einerseits, dem stark urbanisierten und industrialisierten Westen andererseits. Bei den Landräten zeigte sich dieses Ost-West-Gefälle besonders deutlich: Die preußischen Kreis- und Provinzialverfassungen begünstigten bis zu ihrer Reform in den 1870er Jahren die adligen Gutsbesitzer. Das Recht der Rittergutsbesitzer, Kandidaten für die Landratsstellen vorzuschlagen, mußte dieses Amt fast zwangsläufig zu einer Domäne des Adels machen. Doch die Schere zwischen Ost und West öffnete sich weiterhin stetig: In Pommern waren z. B. kurz vor 1914 etwa 90%, in Rheinpreußen nur noch etwa 40% der Landräte adlig. Am ehesten konnte man also beim ostelbischen Landrat von einem Refugium des Adels sprechen, das dem der Garde beim Militär ähnlich war, zumal das Landratsamt im Osten nicht selten faktisch vom Vater auf den Sohn vererbt wurde. Doch würde eine solche Analogie die nicht unerhebliche Professionalisierungsdynamik unterschlagen, von der selbst dieses traditionell stark ständisch geprägte Amt im Laufe des Jahrhunderts erfaßt und verändert wurde. Der Landrat stieg auch im Osten Preußens zum Leiter der modernen Selbst- und Leistungsverwaltung des Kreises auf: Die Qualifikationsanforderungen wurden härter, die Dispense immer seltener; das Amt löste sich vom Erfordernis des Gutsbesitzes und der langjährigen (Vernetzung im konservativen agrarischen Milieu garantierenden) Ansässigkeit im Kreis, es wurde zur – räumliche Mobilität voraussetzenden – Station der höheren Beamtenlaufbahn. Doch konnte aufs Ganze gesehen dieser Verstaatlichungs- und Professionalisierungsprozeß, der sich nach der Kreisreform 1872 spürbar beschleunigte, im agrarischen Ostelbien zwar den ständischen Charakter dieses Amtes in den Hintergrund drängen und den Landrat wesentlich stärker als zuvor in die Anweisungskette der zentralstaatlich-bürokratischen Organisation einbinden, aber die stark adelsständische Grundbedeutung des Amtes ließ sich nicht so schnell auflösen. Die adligen Landräte Ostelbiens blieben bis 1918 „kleine Könige" auf dem Land und „Repräsentanten ihres Kreises" (Ch. EIFERT). Erst nach der Revolution 1918/19 ging der adelsständische Einfluß auf das Land auch hier zurück, wurde der Landrat ausschließlich zum Beruf.

Die starke Stellung des Adels in lokalen und regionalen Ämtern, in Kreis und Provinz, war ein weitgehend preußisches Phänomen. Der Landesdirektor, der 1876 eingeführt wurde, hat diese Ämtermacht weiter stabilisiert. Neben den Regierungspräsidenten, der in die zentralisierte Staatsbürokratie fest eingebunden war, wurde ein weiterer Spitzenbeamter gestellt, in dessen Amt sich Kompetenzen der zentralisierten Leistungsverwaltung und der regionalen Selbstverwaltung in enger Weise verschränkten. In den altpreußischen Kernprovinzen war

3. Vom Amt zur Profession

dieses Amt – in krassem Gegensatz zum überwiegend neupreußischen Westen – fast durchweg mit Adligen besetzt.

In Preußens Regierung und Verwaltung hat der Adel auch im 19. Jahrhundert eine bedeutende Rolle gespielt. Dabei war sein Einfluß in der Provinzialverwaltung (auch in den Westprovinzen) deutlich größer als in der leitenden Ministerialbürokratie Berlins. Andererseits blieb die Zahl der errungenen Stellen, gemessen am Einfluß in den Offizierskorps, relativ gering. Im Durchschnitt beschritt wohl nur jeder achte bis zehnte Sohn einer preußischen Adelsfamilie die entbehrungsreichere Beamtenlaufbahn, das heißt, die Offiziere drängten bei einem Familientreffen stets die Beamten an Zahl weit in den Hintergrund. *Ämtererfolge nach Tätigkeitsfeldern*

Auch in Süddeutschland mit seinem wesentlich weniger zahlreichen Adel blieb die Präsenz von Adligen in den höheren Regierungs- und Verwaltungspositionen beachtlich, wenngleich auf deutlich niedrigerem Niveau als in Preußen. Die standesherrlichen Familien, deren Güter zumeist über mehrere Länder verteilt lagen, verweigerten fast durchweg den Dienst in den neuen Mittelstaaten. Sie blieben fixiert auf das Unrecht der Mediatisierung und sahen in ihren neuen Landesherren ebenbürtige Standesgenossen, die eher durch Zufall als Verdienst im Umbruch um 1800 noch einmal davongekommen waren. Dienst nahmen sie deshalb zum einen, wie schon vor 1803/15, in Wien und nun zunehmend auch in Berlin. Da sie das Prüfungs- und Berechtigungswesen ebenso wie den professionell disziplinierten Arbeitsalltag als nicht standesgemäß ablehnten, führte sie dieser Weg weit eher in Hof-, Regierungs- und Militärstellen als in die höheren Verwaltungslaufbahnen. Die ehemaligen Reichsritter mögen wohl ähnlich gefühlt haben, konnten es sich aber finanziell nicht leisten, ihren neuen Herren derart die kalte Schulter zu zeigen. Schritt für Schritt rückten sie – wie auch der wenig zahlreiche, häufig zugewanderte und grundbesitzlose landsässige Adel – in württembergische, bayerische und selbst in badische Dienststellungen ein, zunächst in den Hof- und Militärdienst, dann auch in die höhere Beamtenschaft. Daneben blieb allerdings die Orientierung auf Wien bestehen. Die bürgerliche Konkurrenz um die Spitzenstellungen in Regierung und Verwaltung war in den deutschen Mittelstaaten zwar massiver als in Preußen. Gleichwohl konnten sich auch hier die Ämtererfolge der Adelssöhne durchaus sehen lassen. *geringere Selbstbehauptung in Süddeutschland*

In seiner Struktur ist der bisher für die süddeutschen Länder erarbeitete Befund dem preußischen, wenn auch auf deutlich niedrigerem Durchschnittsniveau, analog: Der Adel (ohne Personaladel) hielt sich in den Spitzenpositionen, und er konzentrierte sich dort, wo die Reprä- *ähnliche Prioritäten wie in Preußen* sentationsaufgaben und der persönliche Einfluß des Monarchen bzw. des Fürsten auf die Stellenbesetzung dominant war. Dieses Phänomen der „Adelspyramide", des größten Adelsanteils in den höchsten Stellen, gilt also gleichermaßen für Nordost- wie Süddeutschland, für Regierung und Verwaltung wie Militär. Die Grundtendenz ist dabei über das Jahrhundert hinweg allerdings zumeist fallend, zum Teil schon auf der Ebene der absoluten Zahlen, durchweg aber – wegen der erheblichen Expansion der Stellen – bei den prozentualen Anteilen. Unterhalb dieser mehr oder weniger weitgreifenden Adelspyramiden, d.h. in den zahlenmäßig schnell expandierenden Stellen jenseits des Regierungspräsidenten (Regierungsräte, vortragende Räte), sanken die Adelsquoten dann aber recht schnell ab, teils, weil die Zahl der Adelssöhne mit der Stellenexpansion nicht mithielt, teils aber auch, weil diese Söhne im Wettbewerb um die Stellen Boden an bürgerliche Konkurrenten verloren. Der wichtigste Unterschied zwischen Preußen (vor allem dem nordöstlichen Preußen) und den südwestdeutschen Ländern liegt aber offensichtlich in dem weit gravierenderen Einflußverlust des bayrischen, württembergischen und badischen Adels in den Stellen unterhalb der Adelspyramide, vor allem im Verlust der das Land konkret vor Ort regierenden Stellen. Die „adelsfeindliche Gründungsphase der Rheinbundstaaten" (B. WUNDER) ließ einen Preußen vergleichbaren Adelseinfluß auf die Stellenbesetzungen nicht zu. Bis zur Amtsebene hinunter wurden die Beamten allein vom Staat ernannt. Kreis- und Provinzialstände, die den Adelseinfluß bewußt stützten, gab es in den süddeutschen Reformstaaten nicht. Das Mißtrauen der Regierungen zumindest gegenüber den Anwärtern aus dem grundbesitzenden Adel sowie eine scharfe, offene Konkurrenz mit bürgerlichen Anwärtern sorgten dafür, daß die hier ohnehin nicht zahlreichen Adelssöhne in diesen Berufen nicht Fuß faßten. Die Selbstbehauptung des Adels in Spitzenämtern blieb in Süddeutschland relativ eng auf die Zentrale begrenzt. Ähnlich erfolgreich wie der preußische Adel war man darüber hinaus im Militär-, ähnlich erfolglos im Justizdienst.

Neben Hof, Militär, Regierung und Verwaltung strebte der Adel traditionell noch in zwei weitere Ämterbereiche: das Forstwesen und die Diplomatie. Neben dem Hofjagdamt galt der leitende Forstdienst in den Staatswäldern als standesgemäße Beschäftigung. Als Anfang des 19. Jahrhunderts die Ämtervorrechte auch hier wegfielen, die Ausbildung verwissenschaftlicht und die Laufbahn dem System von Leistungsnachweisen wie Kontrollen unterworfen wurde, sank der Adelsanteil an diesen Ämtern schnell ab, stabilisierte sich aber schon bald wieder auf einem allerdings deutlich niedrigeren Niveau.

3. Vom Amt zur Profession

Die Diplomatie blieb bis zum Ende des Kaiserreiches und darüber hinaus die fast unangefochtene Domäne des Adels, gerade auch des nichtpreußischen Adels, obwohl auch hier konsequent das System der Leistungsnachweise und Kontrollen eingeführt wurde. Die Länder des Reiches behielten 1871 zwar zum Teil ihr Gesandtschaftsrecht, gaben es aber mit Ausnahme Bayerns Schritt für Schritt fast ganz auf. Aber selbst die stark vom Liberalismus geprägten ehemaligen Rheinbundstaaten besetzten ihre Gesandtenposten im 19. Jahrhundert nahezu ausschließlich mit Adligen.

Die Erfolgsgeschichte des Adels in der Diplomatie gründet ganz wesentlich in traditionellen Strukturen von Adelsfamilie und Staat. Wohl für keine Berufslaufbahn – mit Ausnahme vielleicht des Militärs – brachte ein Adelssohn von zu Hause mehr Startvorteile mit als für die Diplomatie: Name und Rang, Sprachkenntnis, Selbstbewußtsein und gesellschaftliche Gewandtheit, Nähe zum Monarchen, der die höchsten Diplomatenposten persönlich besetzte, Beziehungen zu den deutschen wie internationalen Höfen, die immer noch stark die Zentren der Regierung waren, weit gespannte Verwandtschafts- und Bekanntschaftsnetzwerke, nicht zuletzt aber Vermögen, das man entschieden für Laufbahn und Amtsaufgaben einzusetzen bereit war.

In allen deutschen Ländern, am stärksten aber zweifellos in Preußen, gab es eine Adelstradition des „Dienstes vom Gut". Die preußische Umwandlung des feudal-ständischen Adels in einen Funktionsstand ging einher mit einer relativ knappen Bezahlung in den unteren Laufbahnstufen, die bewußt die Feudaleinkommen des Adels aus seinen Gütern ins Kalkül „innerer Staatsbildung" (O. HINTZE) mit einbezog. Auch im 19. Jahrhundert hielt man an dieser für den Staat günstigen Strategie fest. Die ständische Konstruktion des höheren Beamten und Offiziers als eines persönlichen Repräsentanten von Monarch und Staat erlegte jedem einzelnen die Pflicht zu standesgemäßem Leben und Verhalten auf, das nicht zuletzt durch finanzielle Vorleistungen der Kandidaten zu sichern war. Preußen vor allem forderte von Regiment zu Regiment unterschiedlich hohe elterliche Zulagen für Militäranwärter, band die vom Offizier einzuholende Heiratsgenehmigung an den Nachweis von Kautionen und ausreichendem Vermögen, verlangte von seinen höheren, auf eine feste Stelle wartenden Beamten nach einem schon recht kostenreichen Studium noch lange Warte- und Arbeitszeiten ohne festes Gehalt. Und die Spitzenämter mit umfassenden Repräsentationsaufgaben, insbesondere die Gesandtschaftsposten, waren ohne beträchtliche Zuschüsse aus dem Privatvermögen überhaupt nicht adäquat zu gestalten. Hier liegt ein gewichtiger Grund dafür, daß große

Adelstradition „Dienst vom Gut"

Teile des altpreußischen Adels aus ihrer Dienstpflicht in Militär- und Beamtenwesen ein Recht auf solche Stellen ableiteten und davon ausgingen, daß der preußische Staat ohne solchen „selbstlosen" Dienst der Adelsfamilien auf Dauer gar nicht bestehen könne.

Grundlagen und Folgen des Ämtererfolgs

Gemessen an seiner geringen und stetig abnehmenden Zahl hat sich der Adel in den höheren staatlichen Ämtern in bedeutendem Maße behauptet, im ostelbischen Preußen weitaus stärker als im westlichen, vor allem aber im süd- und südwestlichen Deutschland, wo allerdings die Inflation des Personaladels die Positionseinbußen des alten Adels kaschierte. Grundlage des adligen Ämtererfolges war zum einen die Akzeptanz der neuen Leistungsnormen von Berufs- und Arbeitsgesellschaft in den Adelsfamilien, daneben und gleichgewichtig aber auch die zum Teil erhebliche Stellenexpansion im 19. Jahrhundert und die Nutzung aller traditionellen Vorteile ständischer Beziehungen und Sozialisation. Der Adel verteidigte sein Übergewicht vor allem im Militär, in der Diplomatie und – weitaus weniger stark – in der höheren Beamtenschaft (der Zentrale und in Preußen auch der Provinz). Dabei wurde er durch die Professionalisierungsdynamik dieser Berufe allerdings selbst in erheblichem Maße verändert, zum „fonctionnaire" umgeprägt.

Konzentration auf repräsentierende Ämter

Zudem fällt auf, daß er sich in den von ihm bevorzugten staatlichen Handlungsfeldern auf wenige Schwerpunkte konzentrierte: auf die repräsentativen, kaum arbeitsteiligen, wenig bürokratisierten, stark sichtbaren und auf die natur- und landnahen Ämter. Damit „verlor" er aber – jenseits des Justizwesens – auch den Anschluß an die modernen, dynamischen staatlichen Berufsfelder: technische Truppengattungen, Leistungsverwaltung, Bildungs- und Kulturarbeit. Und gleiches gilt, wie noch zu zeigen sein wird, für die weite Welt der bürgerlichen Berufe.

Stellenverluste in der Weimarer Republik

Im Unterschied zu den Hof- und Militärämtern vollzog sich der Stellenverlust des Adels in Regierung, Verwaltung und Diplomatie nach 1918 eher in unmerklichen Schritten. Zwar waren die Reichskanzler-, Minister- und Staatssekretärsposten fortan – sieht man vom „Kabinett der Barone" 1932/33 als Episode einmal ab – nur noch schwer zu erreichen. Zwar mußten einige Regierungspräsidenten und zahlreiche Landräte ihre Sympathie für den Kapp-Putsch und die Gegenrevolution 1920 und 1922/23 mit dem Verlust ihrer Ämter bezahlen. Ansonsten aber ging die Republik äußerst behutsam mit der kaiserzeitlichen Beamtenschaft um. Fast alle höheren Beamten blieben 1918/19 im Amt. Nur vorsichtig baute die republikanische Personalpolitik die Adelspyramide ab, am zurückhaltendsten in der – vom ostelbischen Adel nur wenig gesuchten – Diplomatie. Aber auch diese Politik zeigte bald Wirkung. Schon 1924 sucht man adlige Ober- und Regierungspräsidenten in Preußen vergeblich, und 1930 finden sich unter 480 preußischen Landräten nur noch 14 Adlige. 1930 zählte man in der höheren Verwaltung Preußens nur noch 1636 (3,4%), in Bayern 480, Württemberg 34, Baden 51 und Sachsen 108 adlige höhere Beamte. Das kann zwar immer noch als beachtliche Selbstbehauptung des Adels in den Beamtenstellen angesehen werden, bedeutet aber doch unverkennbar zugleich auch – gemessen z.B. an den 3000 vergleichbaren Stellen 1912/13 – eine gravierende Einflußminderung auch dann, wenn man in Betracht zieht, daß – wie die Zahl von insgesamt ca. 4000 Adligen in Regierung und Verwaltung 1930 anzeigt – inzwischen mehr Adelssöhne als in der Kaiserzeit mit mittleren Beamtenstellen vorlieb genommen hatten.

3.3. Der Weg in die bürgerliche Berufswelt

Die Konzentration des Adels auf Staatsdienst, Militär, Regierung, Diplomatie und Verwaltung hatte durchaus ihre Logik. Konzentration garantierte Sichtbarkeit, und sichtbare Präsenz in leitenden staatlichen Funktionen bedeutete Macht und neue Legitimation. Auf diese Weise ließ sich – jenseits aller Anerkennung der neuen, professionellen, generell frei erwerbbaren Laufbahnvoraussetzungen – der Eindruck aufrecht erhalten, es seien letztlich die eigenen, traditionell-funktionsständischen Qualitäten des Adels, die seine Leistungsfähigkeit im Amt ausmachten: Familientradition, Diensttradition, Selbstlosigkeit und Opferfähigkeit, Gemeinwohlorientierung und Verpflichtungsbewußtsein, Dienst für Ehre und Ruhm statt Geld. Offizierskorps, Diplomatie und höhere Beamtenschaft waren unter diesen Adelseinflüssen – mit je unterschiedlichen Mischungslagen von bürgerlichen und adligen Leitbildern – in Preußen wie Deutschland zu gesellschaftlichen Formationen eigener Art geworden.

Logik der traditionellen adligen Ämterpräferenzen

Genuin bürgerliche Berufe boten dagegen für eine solche adlige Strategie der „Ämterveredlung" kaum noch Ansatzpunkte, und zugleich ging mit dem Übergang in diese Berufe der Vorsprung verloren, den Sozialisation und Beziehungen von adliger Familie und Stand im Staatsdienst garantierten. Der Anschluß an die neue, dynamische, hochgradig spezialisierte, solides Fachwissen und sorgfältige Ausbildung fordernde Berufswelt verlief entsprechend mühsam. Die Vorstellung einer lebenslangen, „ernährenden" Berufstätigkeit setzte sich – über quälende Diskussionsketten innerhalb des Standes – nur im säkularen Wandel, Schritt für Schritt, Berufsfeld für Berufsfeld durch, ob-

Anpassungsschwierigkeiten und Anpassungsdruck

wohl die zunehmende Ablösung vom Landbesitz, die hohen finanziellen Vorleistungen für die Leitungspositionen im Staatsdienst und die Vermögenslosigkeit eines immer größeren Teils der Standesgenossen diesen Weg dringend nahelegten. In die gleiche Richtung wirkte, daß der Adel – zumal im ostelbischen Deutschland – nach 1870 wieder verstärkt zur Gründung standesstabilisierender Fideikommisse überging, dabei allerdings zunehmend Schwierigkeiten hatte, die nicht erbenden Söhne und Töchter standesgemäß zu verheiraten und abzufinden. Auch diese waren deshalb, je später, desto mehr, auf die „Staatskrippe" und zunehmend auch auf „Brotberufe" verwiesen.

<small>neue, bürgerliche Berufe und alte Vorbehalte</small>

Als neue akzeptable Berufe wurden zunächst der Universitätsprofessor, der Gymnasiallehrer, der Geistliche und der Künstler im Adel diskutiert. Die Aura von Staatsnähe, Dienst für die Allgemeinheit, Selbstlosigkeit und „ganzer", nicht professionell deformierter Persönlichkeit ließ diese Tätigkeiten den bisherigen adligen Ämtertraditionen verwandt erscheinen. Der langfristige Erfolg blieb in diesen Berufsbereichen gleichwohl sehr begrenzt. Mit den freien akademischen Berufen – Arzt, Rechtsanwalt, Architekt, Journalist – verband sich dagegen das Stigma des Brotberufs, des Honorarschreibens, des Egoismus und Materialismus. Entsprechend schwer faßte der Adel dort Fuß. Noch gravierender wirkten die mentalen Vorbehalte gegen Handel, Gewerbe und Industrie. „Im Kleinen" betrieben, wurden diese Berufe noch 1794 mit Adelsverlust bestraft, eine Regel, die Friedrich Wilhelm IV. erneut ins Leben zu rufen suchte. Erst gegen Ende des Jahrhunderts mehrten sich die Anzeichen für eine langsame Wende auch hier.

<small>neue „Brotberufe" nach 1918</small>

Mit dem Wegfall von über 6000 Offiziersstellen 1918/20 wuchs der Druck auf die Adelssöhne, in neue Berufe zu gehen, schlagartig extrem an. Weniger beachtet wird demgegenüber, wegen der dort wesentlich geringeren Stellenzahl, daß der Adel auch mit den Kolonien ein Handlungsfeld verlor, das er jüngst erst zu besetzen begonnen hatte. Gerade für den verarmten oder beruflich gescheiterten Adelssohn hatten die Kolonien neue, leicht erreichbare Stellen bereit gehalten.

Die spürbaren Verluste an standesgemäßen Berufsperspektiven drängten viele Adelssöhne zurück aufs Land, wo sie, karg bezahlt, als Gutsverwalter, landwirtschaftlicher Beamter, Buchführer und Steuerberater, Redakteure von Verbandsschriften oder einfach als mithelfende Familienangehörige tätig wurden. Als Alternative bot sich die Zuwendung zu neuen Brotberufen in der Stadt an. Damit wurden der Rechtsanwalt und Notar, der Bank- und Versicherungsbeamte, nicht zuletzt dann der Ingenieur zu Berufen, die aus der Not heraus mit der Zeit standesintern an Akzeptanz gewannen.

3. Vom Amt zur Profession

Für die Töchter des Adels gab es traditionell nur zwei Möglichkeiten: Ehe und Familie, und damit umfassende repräsentative Funktionen im Haus, im Gutsbereich, am Hof und im Salon, später auch in den zahlreichen Ehrenämtern (z. B. des Johanniter-Ordens, des Vaterländischen Frauenvereins oder des DRK) einerseits, Heiratsverzicht und lebenslange zölibatäre Existenz im adligen Damenstift oder, im katholischen Deutschland, in einem Kloster andererseits. Da die adlige Familienpolitik im 19./20. Jahrhundert weiterhin in erheblichem Maße diesen Heirats- und Erbverzicht der Töchter forderte, blieb die Erhaltung bzw. Wiederbegründung von Damenstiftern eine Notwendigkeit, die adlige Tante im Haushalt des Bruders, im „Tantenflügel" des Gutshauses oder in karger städtischer Mietwohnung mit Dienstmädchen ein fester Bestandteil der Adelswelt.

alte und neue Berufsperspektiven der Adelstöchter

Obwohl der Druck, diese nicht heiratenden Adelstöchter mit einem Brotberuf zu versorgen, im Grunde früher und durchweg stärker auftrat als bei den Adelssöhnen, zumal im vermögenslosen Militär- und Beamtenadel, blieb der Widerstand gegen eine bürgerliche Berufswahl der nicht heiratenden Töchter wesentlich härter als bei den Söhnen.

Erste Ansatzpunkte auf dem Weg der Adelstöchter in die Berufe bot die Tradition. Die Damenstifter hatten wie die Klöster schon vor 1800 begrenzte Ausbildungs- und Pflegefunktionen übernommen. Zudem erhielten die Adelstöchter in der Regel eine relativ qualitätvolle Erziehung. Daraus ließ sich im 19. Jahrhundert zunächst einmal, relativ plausibel, ein Übergang in nützliche katholische Orden und (weniger stark nachgesucht) in die evangelische Diakonie, in Pflege- und Lehrberufe begründen. Und die qualitätvolle Erziehung führte, ebenfalls ohne spezielle Ausbildung, in die Künstlerberufe (Schriftstellerin, Malerin).

Pflege- und Lehrberufe

Erst die große Zahl unverheirateter Adelstöchter, die in nur noch wenig verborgener Armut, z. B. mit Heimarbeit (Sticken, Wappenmalen) oder als verkappte Dienstmädchen (Haustochter, Gesellschafterin), ihr Leben fristeten, regte seit den 1870er/80er Jahren dann erstmals zu ernsthafter Suche nach neuen akzeptablen Berufen an. Seit dem Ende des 19. Jahrhunderts wurde das „Instellunggehen" als ausgebildete Krankenpflegerin, Gemeindeschwester, Lehrerin und Gärtnerin Schritt für Schritt akzeptiert. Die neue Adelsarmut der zwanziger Jahre brachte dann einen gewissen Durchbruch: Gutssekretärin, Gutsbeamtin (mit Hauswirtschaftsausbildung), Privatsekretärin (bei renommierten Persönlichkeiten) wurden nun als weitere Berufe empfohlen, aber auch Lehrerin, Ärztin und Bibliothekarin. Die Mehrzahl der adligen Offizierstöchter wählte damals aber schon einen leichteren, weniger kostspieligen Weg und wurde Bürogehilfin.

Büroberufe nach 1918

adlige Funktionäre in Parteien und Verbänden

Mit dem Aufkommen von Parteien und Parlamenten, von agrarischen Interessenverbänden und Landwirtschaftskammern eröffneten sich den Adelssöhnen weitere Berufs- und Einkommensperspektiven, die allerdings mittelfristig den entschiedenen Schritt vom Ehrenamt zum modernen Funktionär verlangten, der Diäten (im Reichstag seit 1906), Partei- und Verbandsgelder bezog. Für den Adel war diese Wende zum parteigebundenen, modernen Berufspolitiker und -funktionär lange Zeit unvorstellbar, verlangte diese doch eine offene Orientierung an partikularen Interessen statt am Gemeinwohl, an Parteidisziplin statt an persönlicher Entscheidung, an politischem Fachwissen statt gesundem Menschenverstand, an Streit statt ständischer Harmonie. Erst in der Weimarer Republik hat auch der Adel diesen neuen Politikertypus ein Stück weit akzeptiert.

vom Honoratiorenpolitiker zum Funktionär

Ausgangspunkt der Entwicklung war das politische Engagement der Adligen in ständischer bzw. ehrenamtlicher Tradition auf den preußischen Kreis- und Provinziallandtagen und in den ersten wie zweiten Kammern der Reformstaaten (Bayern, Württemberg, Baden, Hessen-Nassau, Sachsen-Weimar). Dieses Engagement führte über die Revolution von 1848 dann in Parlamente und Parteien, insbesondere in die konservativen Parteien und ins katholische Zentrum. Die Wende kam für die Mehrzahl der Adligen dann um 1890, als der Honoratiorenpolitiker relativ schnell dem Funktionär, Honoratiorenpolitik der modernen populistischen Massenpolitik weichen mußte. War der angesehene Adelsabgeordnete bestenfalls bereit, seine Stimmen bei den Wählern wohlwollend und herablassend abzuholen, so hatte er nun parteiintern um seine Aufstellung als Kandidat, danach dann im Wahlkampf mit Rhetorik und Demagogie um die Stimmen der Wähler zu kämpfen.

Für den Adel verband sich dieser Wandel der Parteienstruktur zunächst mit massiven Mandatsverlusten im Reichstag und in den west- und süddeutschen Länderparlamenten, mittelfristig aber auch im preußischen Abgeordnetenhaus mit seinem rigiden Dreiklassenwahlrecht. Nur der altpreußische Adel konnte sich in diesem Übergang vom Honoratioren- zum Berufspolitiker und im verschärften Kampf der Parteien weiterhin die Loyalität seiner ländlich-konservativen Wähler sichern.

Ende des Adels als politische Klasse nach 1918

Mit Revolution und Republik, mit dem Wegfall des Herrenhauses, der Ersten Kammern und des Dreiklassenwahlrechts kam die Geschichte des vom Volk gewählten Adels als politische Klasse an ihr Ende. In Süd- und Südwestdeutschland hatten sich die Adligen schon vor dem Ersten Weltkrieg aus dieser Klasse verabschiedet. Was sich vor 1914 herauskristallisierte, wurde nun, im Niedergang, noch einmal bestätigt: Im Grunde hat es nur im preußischen und dort vor allem im altpreußisch-evangelischen Adel eine Bewegung zum modernen Politikberuf gegeben, die Basisarbeit in den Parteien, Verbänden und politischen Beamtenstellen der Regionen mit einschloß. Gleichwohl konnten sich auch diese Adelspolitiker in der Republik nur noch mit äußerst niedrigen Quoten behaupten, und dies überwiegend nur über Listenplätze. Die politische Heimat des Adels, auch eines zunehmend größeren Teils des katholischen, wurde die Deutschnationale Volkspartei (DNVP), daneben – mit deutlich absinkender Tendenz – das Zentrum und anfangs auch noch (in Fortsetzung der freikonservativen Tradition) die Deutsche Volkspartei (DVP). Mit fortschreitender Radikalisierung der politischen Auseinandersetzungen gewann dann die NSDAP das unrühmliche Verdienst, den meisten adligen Abgeordneten in Reichstag und Landtagen Heimatrecht gewährt zu haben.

4. Der Adel in der bürgerlichen Gesellschaft

Der Adel war zweifellos der aktivste, der ständischste aller Stände des Alten Reichs und damit – zunächst – der große Verlierer des Umbruchs um 1800. Die rechtlichen Vorzüge fielen Schritt für Schritt weg, das Anrecht auf Mitherrschaft schwand schnell; auf kirchliche Legitimation der Vorzugsstellung war nicht mehr zu rechnen; die in der Lebensführung angelegte Symbolik, z. B. der Kleidung oder der Waffen, kam auf den Markt, in den Sog der Luxuskonkurrenz mit den reichen Bürgern, und wurde Schritt für Schritt ausverkauft. Adel blieb zwar auch im 19./20. Jahrhundert als distinkte, ständische Kultur erhalten, ausgezeichnet durch eigene Formen des Denkens, Wahrnehmens, Verhaltens und Handelns; aber die Einheit dieser adligen Lebensform war einer zunehmend höheren Erosionsbelastung ausgesetzt. Der Kampf um die Macht, um das „Obenbleiben" (W. SOMBART), mußte neu, unter stark veränderten, fremden Rahmenbedingungen des Erfolgs geführt werden. Funktionsverluste und erzwungene Anpassung, Identitätswahrung und Nutzung neuer Chancen mußten – wie schon so oft – wieder in ein neues Gleichgewicht gebracht, neue Strategien der Lebensführung und der Machtsicherung entwickelt werden.

Aus der Sicht des Adels boten sich grundsätzlich zwei Wege der Erneuerung an: Interne, organisatorische wie moralische Reform oder Öffnung zum höheren Bürgertum, das heißt, Elitenbildung auf einer neuen Grundlage, die künftig politischen Führungsanspruch und ge-

neuer Kampf ums Obenbleiben

sellschaftlichen Rang begründen sollte. Da er dem höheren Bürgertum an Zahl weit unterlegen und die Diskussion der Kriterien neuer Elitenbildung (Bildung, Großgrundbesitz, Reichtum, Ämtererfolg etc.) erkennbar keinen Konsens erbrachte, war es für den Adel geboten, gegenüber allen auf Öffnung zielenden Reformvorschlägen äußerst vorsichtig zu sein. Jenseits der Umbruchsjahre um 1800 und 1848 konzentrierte er sich deshalb auf „innere Erneuerung": Gesinnungsreform, intensivierte Standesorganisation und innerständische Sozialpolitik. Maßnahmen wie der Ausbau des Gotha, die Verteidigung des eigenen Erb- und Heiratssystems, die Erweiterung des innerständischen Stiftungswesens oder die Sammlung aller adligen Namensträger in Familien- und Standesverbänden waren dem Adel aufs ganze 19. Jahrhundert gesehen weitaus wichtiger als die von einzelnen Standesgenossen und Fürsten angebotenen Modelle eines neuen Adels nach englischem oder napoleonischem Vorbild. Die Angebote des liberalen Bürgertums zu einer mehr oder weniger offenen Elitenbildung fanden letztlich ebenso wenig Resonanz wie die Versuche einzelner Reformregierungen, vor allem in den deutschen Mittelstaaten, eine Erweiterung und Erneuerung des Adels durch konsequente Verstaatlichung des Adelstitels zu erreichen, den Adel gar insgesamt durch den höheren Beamtenstand zu ersetzen. Die hier erzielten Erfolge blieben begrenzt und gaben zudem den adelsständischen Reorganisationsbemühungen ebenso weitere Impulse wie die schon im Vormärz wieder einsetzende Adelspolitik einiger Länder, insbesondere Preußens und Bayerns, die eine erneute Stärkung altadliger Identität anstrebte. Der größte Teil des Adels hielt im 19./20. Jahrhundert selbst zu Angeboten einer nur mäßig offenen Elitenbildung deutliche Distanz, sah keine Notwendigkeit, den Adelsbegriff an die sich wandelnde Gesellschaft anzupassen.

Die Arbeit an der inneren Stabilisierung des Adelsstandes konzentrierte sich auf wenige zentrale Handlungsfelder: Sicherung der demographischen Kontinuität und des Familienbesitzes als Grundlage einer standesgemäßen Lebensführung; Kontrolle adelsgemäßen Verhaltens aller Standesangehörigen und Sicherung der Außengrenzen zum Bürgertum, d.h. Verteidigung des vom Adel akkumulierten „symbolischen Kapitals" (P. BOURDIEU).

Seit altersher war es der regierende Adel gewohnt, Ebenbürtigkeit und Erbgang durch strenge Hausgesetze zu regeln, und die Reichsritter, der Stiftsadel sowie das Gros des anderen katholischen Adels waren ihm darin mehr oder weniger streng gefolgt. Mit Fideikommiß und Majorat, geschlossenen Heiratskreisen und Verwandtenlehen, kargen Abfindungen und Mitgiften, Erb- und Heiratsverzicht eines Großteils der

4. Der Adel in der bürgerlichen Gesellschaft

nachgeborenen Söhne, vor allem aber der Töchter, hatte dieser Adel mit Erfolg für die „Erhaltung adligen Stamms und Namens" gekämpft, den zahlreichen ökonomischen und demographischen Risiken des Alten Reiches getrotzt, das Aussterben und Verarmen von Adelsfamilien in Grenzen gehalten. Eine wichtige Voraussetzung für den Erfolg dieses Modells war die Verfügung über gutdotierte reichskirchliche Ämter, die den nichterbenden Kindern eine standesgemäße Lebensführung garantierten. In den lutherischen und reformierten Ländern, wo der Adel diese Pfründen und Karrieren verloren hatte, entwickelte sich eine deutlich flexiblere, alles in allem auch weniger wirkungsvolle Strategie der Statussicherung. Das Fideikommiß in Verbindung mit dem Majorat, d.h. eine weitgehende Enterbung der nachgeborenen Söhne, ließ sich hier nur selten durchsetzen. Das Lehnsrecht „zur gesamten Hand" aller männlichen Agnaten und damit der gleichberechtigte Anspruch aller Söhne auf das Gut blieb die orientierende Norm. Probleme und Gefahren ergaben sich allerdings auf der Ebene der Besitzsicherung. Reiche Familien waren unter diesen Bedingungen eher die Ausnahme. Teilung war möglich und wurde auch praktiziert. Die Vererbung in einer Stammlinie muß hier fast als die Ausnahme, das dauernde Fließen von Gütern durch die verschiedenen Zweige eines Adelsgeschlechts als Regel gelten. Ein Zusammenbleiben aller Teile in einer Hand wurde angestrebt, war aber nicht garantiert. Das Gut blieb im günstigsten Fall beim Geschlecht, nicht aber, wie beim katholischen Adel zumeist der Fall, bei der Stammlinie. Ein solches System war zwar flexibler, aber ganz offensichtlich in seinen Langzeitergebnissen wesentlich weniger kontrollierbar als die rigidere Fideikommiß- und Majoratsstrategie.

Zwar ging das bürgerliche Recht aus dem Umbruch um 1800 als Sieger hervor, doch ist es dem Adel gegen vielfältige Widerstände gelungen, seine vorrevolutionären Erb- und Heiratsmuster bis ins 20. Jahrhundert hinein zu bewahren. Das Fideikommiß, wiederholt aufgehoben und wieder eingeführt, hielt sich bis in den Nationalsozialismus hinein, und das Lehnswesen, das z.B. in Preußen noch immer gut ein Drittel der Rittergüter einer vorbürgerlichen Vererbungslogik unterwarf, behielt zum Teil bis zum Ende des 19. Jahrhunderts seine Bindungskraft. Als es schließlich wegfiel, schritt auch der protestantische ostelbische Adel, zur Vermeidung erneuter Güterverluste, in der Ende des Jahrhunderts aufkommenden strukturellen Agrarkrise verstärkt zur Gründung von Fideikommissen.

Verteidigung des alten Erb- und Eherechts

Das Erb- und Heiratsverhalten des Adels variierte zwar je nach Konfession und Landschaft erheblich; gleichwohl begründete der

Kampf ums Obenbleiben mit familialen Mitteln demographische Verhaltensmuster, die im 19. Jahrhundert als spezifisch adlige wahrgenommen wurden, besonders ins Auge fallend: die Bereitschaft zum Verzicht auf Heirat, insbesondere die hohe Quote nichtheiratender Töchter.

zwiespältige Ergebnisse der Statussicherung

Wie die globalen Daten zur zahlenmäßigen Entwicklung des Adels und zur Besitzstruktur der Rittergüter im 19. Jahrhundert nahelegen, war das Ergebnis dieses forcierten Kampfes um Statussicherung eher zwiespältig. Zwar gelang es, einen bedeutenden Bestand an Rittergütern in adliger Hand zu sichern, seit der zweiten Hälfte des Jahrhunderts sogar beträchtlich zu erweitern. Aber der adlige Personenbestand ließ sich nicht halten. Er schrumpfte ständig, obwohl im Vergleich zum Alten Reich mehr nachgeborene Söhne Nebenlinien gründeten, die Nobilitierungen zahlreicher waren und die Gewohnheit, den Adelstitel bei Vermögensverlust niederzulegen, aufgegeben wurde. Im Gegenteil: die Einführung neuer staatlicher Adelsmatrikeln und die Bemühungen des Gotha motivierten zahlreiche „verschämte" arme Adlige zur Wiederaufnahme ihres adligen Namens.

Der Adel in Deutschland war im Ancien Régime zwar der allgemein anerkannte „Vorderstand", aber er war, wie gezeigt, in sich außerordentlich vielfältig, ja heterogen. Dies änderte sich nun, wenn auch nicht ganz ohne Gegentendenzen, Schritt für Schritt. Zwar verlängerten sich die agrarstrukturellen Unterschiede zwischen Ost und West auch ins 19./20. Jahrhundert. Aus dem ostelbischen Gutsherren wurde der ganz überwiegend Getreide produzierende Großgrundbesitzer; westlich der Elbe verwandelten sich die adligen Grundherren dagegen in „Ökonomen" auf relativ begrenzten Eigenwirtschaften und in Verpächter zahlreicher Bauerngüter, welche, auf nahe städtische Märkte gerichtet, eine komplexe, relativ krisensichere Veredlungswirtschaft betrieben. Neue Heterogenität ergab sich aus der fortschreitenden Lösung großer Teile des Adels von Grundbesitz und Landleben. Zwischen dem landbesitzenden, prosperierenden Adel, dem an die Städte gebundenen, zunehmend landlosen Militär- und Beamtenadel und dem in neue, bürgerliche Berufe abdriftenden „Adelsproletariat" öffneten sich mit der Zeit Welten, die man nach der Reichsgründung zunehmend durch Familienverbände, Adelsvereinigungen sowie Agrarideologie und Großstadtfeindschaft zu überbrücken suchte.

Andererseits schliffen sich, wenn auch erst gegen Ende des Jahrhunderts, selbst die scharfen konfessionellen Gegensätze, die sich im Adel aus den staatskirchlichen Bestrebungen, dem kulturprotestantischen Dominanzgebaren und der Organisation von „Weltanschauungsparteien" ergeben hatten, sichtlich ab. Und schon früh hatte das Gefühl,

4. Der Adel in der bürgerlichen Gesellschaft

in der Defensive zu sein, eine Deutungsarbeit angeregt, die Schritt für Schritt einen Fundus an gemeinsamen Vorstellungen schuf. In Abgrenzung zum Bürgertum entwickelte Re-Inventionen des Adels als politischer Stand der Beharrung und des Allgemeinwohls, als Gruppe besonderer Leistungsfähigkeit und eigener Ehre, als ungeteilte Persönlichkeit mit ganzheitlicher, naturverbundener Lebensform gehören ebenso hierher wie die Vorstellungen vom Adel als Mittler zwischen Thron und Volk, als Stütze der legitimen Monarchie wie der orthodoxen Kirche und als Führungsschicht seiner Region, insbesondere des Landes. Diese Orientierungen fügten sich nicht zu einem umfassenden, tiefgegründeten Konsens über die Aufgabe des Adels in der bürgerlichen Gesellschaft, aber sie schufen doch Verständigung über die Grenzen der Adelslandschaften und Adelsgruppen hinaus.

In die gleiche Richtung wirkten Defensiv- und Sammlungsbewegungen wie der Gotha, der Johanniter- und Malteserorden, der „Verein katholischer Edelleute", die „Deutsche Adelsgenossenschaft" (DAG) und ihr Publikationsorgan, das „Deutsche Adelsblatt" (DAB); sie alle lösten den Blick des Adels aus seiner landschaftlichen Begrenzung und akzentuierten Gemeinsamkeiten eines „deutschen Adels". Dies wurde letztlich auch unterstützt durch einige soziale und demographische Trends, die den Adel ein Stück weit sozial homogenisierten: Der nichtlandbesitzende, stark internationale Hofadel des Alten Reiches löste sich mit der Zeit auf. Die um 1800 noch stark landschaftlich begrenzten Heiratskreise weiteten sich aus, und zwar entlang neu aufkommender nationaler Kommunikationsstrukturen: die Saison am Kaiserhof, die neuen Zentren repräsentativer Geselligkeit (z.B. Baden-Baden, Kiel, Bayreuth) und Erholung (Heil- oder Seebäder wie Bad Homburg oder Heiligendamm). Auch die verstärkte räumliche Mobilität der im Staatsdienst tätigen Söhne gehört hierher. Seit dem Ende des 19. Jahrhunderts wurden die Heiratsbarrieren innerhalb des Adels löchrig: Stiftsadlige und Reichsritter heirateten in den „einfachen" niederen Adel; der niedere Adel wurde zum Teil von standesherrlichen Familien als Heiratspartner akzeptiert, ein Prozeß, der sich beschleunigte, als 1919 die letzten rechtlichen Unterschiede zwischen Hoch- und Niederadel aufgehoben wurden. Doch darf die hier beobachtete schrittweise Homogenisierung andererseits auch nicht überbewertet werden. Der Adel, der sich im Januar zur Ballsaison in der Reichshauptstadt Berlin versammelte, war auch kurz vor 1914 noch keineswegs ein Reichsadel. Die innere Distanz, ja Fremdheit zwischen einzelnen Adelsgruppen, z.B. zwischen den geistig gewandteren, häufig hochkultivierten süddeutschen Adligen und den militärisch und politisch einflußreichen, aber weniger

adlige Sammlungsbewegungen

soziale und demographische Trends

Grenzen der Homogenisierung

gebildeten ostelbischen „Junkern", blieb bis zum Ersten Weltkrieg auffallend groß. Die Fürsten und Regierungen wären am ehesten in der Lage gewesen, den Adel aus seiner Konzentration auf sich selbst zu lösen und für die Bildung eines neuen, offeneren Adels empfänglich zu machen. Als wirksamste Mittel für eine solche Adelspolitik boten sich die Nobilitierung und der Hofzugang an. Nobilitierungen waren dem Adel seit dem 14./15. Jahrhundert bekannt, und er hatte sie in der Form sozialen Mimikrys, als wenig aufsehenerregenden Ausgleich schrumpfenden Personenbestands, durchaus schätzen gelernt; nur bei großen „Nobilitierungswellen", z.B. am Ende des 16. bzw. 18. Jahrhunderts, regte sich Protest, da eine Entwertung des Adelsprädikats drohte.

Nobilitierungspolitik

Seit dem Zusammenbruch des Alten Reiches und der territorialen Neugliederung in Deutschland 1806/15 besaßen alle deutschen Monarchen und regierenden Fürsten das Recht, den Erbadel zu verleihen. Alles in allem haben sie dieses Recht im langen 19. Jahrhundert behutsam und defensiv genutzt. Der staatlich geregelte Zustrom in den Erbadel blieb gering; in Preußen stellten die Nobilitierten zwischen 1871 und 1918 knapp 9% des gesamten Adels. Die im Verlauf des 19. Jahrhunderts im Adel wie im höheren Bürgertum diskutierten Konzepte einer neuen Öffnung, der Bildung von Amtsaristokratie und Grundaristokratie als neuer politischer Klasse, in einer Adel wie Bürgertum übergreifenden Auswahl, wurden, mit der eventuellen Ausnahme Württembergs, nirgendwo konsequent in eine langfristig stabile Nobilitierungspolitik umgesetzt. Es kam in Deutschland, und selbst in Preußen, nicht zu einer einheitlichen, auf neue Elitenbildung ausgerichteten Nobilitierungsstrategie. Die Standesgrenzen zum alten Adel wurden durch die Adelsverleihungen nicht verflüssigt, nicht einmal aufgeweicht. In Preußen blieb die Nobilitierungspraxis besonders ambivalent. Zweifellos gab es hier mehr personelle Auffrischung des Adels als in Süddeutschland, wo Nobilitierte, erst recht aber der Personaladel, von den etablierten Adelsgeschlechtern deutlich auf Distanz gehalten wurden. Doch die modernisierenden Verhaltensmuster und Wissensbestände, die dem preußischen Adel durch einheiratende Nobiliertenfamilien implantiert wurden, betrafen weitaus mehr Kompetenzen des Staatsdienstes als solche der Beherrschung von modernen Märkten oder gar parlamentarischer Entscheidungsprozesse und demokratischer Massenpolitik. Die von Wilhelm II. 1905 mitarrangierte hochsymbolische Verbindung zwischen der Unternehmerfamilie Krupp und der adligen Familie v. Bohlen und Halbach sollte zweifellos ein Zeichen künftiger gesellschaftlicher Elitenbildung setzen. Der Adel hat diese Wegweisung aber nicht angenommen.

kaum neue Elitenbildung

4. Der Adel in der bürgerlichen Gesellschaft

Mit ihren Höfen besaßen die Monarchen und Fürsten neben der Nobilitierung noch ein zweites Mittel, den Adel durch Aufstiegsmobilität gezielt umzuformen. Mit der Hofrangordnung, der Einrichtung neuer Hausorden mit Hofzugang und jährlichen Ordensfesten im Schloß, aber auch über das Recht des Monarchen, Personen seiner Wahl jenseits der Hofrangordnung einzuladen, ließen sich die vor 1800 weithin exklusiv adligen Hofgesellschaften gezielt erweitern, Hofwelt und gesellschaftliche Realität ein Stück weit miteinander synchronisieren. Wegen der Vielfalt der Höfe – 1815 waren es 35, 1918 nur noch 19 – ist deren gesellschaftliche Integrationsleistung nur schwer zu resümieren. Die Aufgabe, fremde Adelslandschaften zu integrieren, hatten 1815 fast alle großen und mittleren Bundesstaaten. Preußen hatte die konfessionellen, regionalistischen und nationalen Widerstände des Adels im Rheinland, in Westfalen und im polnischen Teilungsgebiet zu überwinden. In Bayern, Württemberg, Baden und Hessen war die Integration neuer Adelslandschaften noch weitaus schwieriger, konnte man doch dazu nur auf eine begrenzte (Bayern) bzw. nur auf eine minimale Zahl (Baden, Württemberg) loyaler alteinheimischer Adelsfamilien zurückgreifen.

<small>Höfe und Hofgesellschaft</small>

Die Höfe konnten beim Versuch, ihren Glanz und ihre Legitimität neu zu fundieren, auf die Kultiviertheit des Adels nicht verzichten. Doch waren die Fürsten in Württemberg, Baden und Hessen gezwungen, eine loyale Hofgesellschaft faktisch neu aufzubauen, und dies war nicht möglich ohne den Einbezug großer Anteile des beamteten, gebildeten und sogar des wirtschaftlich erfolgreichen Bürgertums. Hof und Herrscher gewannen hier wie in einigen kleineren Bundesstaaten aufgrund solcher Politik stark bürgerliche Züge. In Wien und Hannover, in Sachsen-Coburg-Gotha und anderen kleinen Ländern kapselten sich die Höfe dagegen strikt von der bürgerlichen Gesellschaft ab; die Integrationsleistung dieser Höfe blieb minimal. Eine Mittelstellung nahmen, daran gemessen, die Königshöfe in Preußen und Bayern ein. Sie konnten auf einen loyalen Kern alteinheimischer Adelsfamilien vertrauen, bauten – trotz konfessioneller Divergenzen – den Adel der neu erworbenen Gebiete langfristig recht erfolgreich in die Hofgesellschaft ein, stabilisierten organisatorisch das adlig-geburtsständische Prinzip, versuchten aber darüber hinaus kontrolliert verdientes Bürgertum an den Hof zu ziehen und damit in eine Leitbilder setzende „erste Gesellschaft" zu integrieren. Aufs Ganze gesehen blieben die Möglichkeiten der Höfe, den Prozeß neuer Aristokratie- und Elitenbildung zu fördern, in der Mehrzahl der Fälle ebenso ungenutzt wie ihre Möglichkeiten, neue gesellschaftliche Leitbilder zu erarbeiten. Hofwelt und gesell-

<small>Adelsdominanz und geringe Integrationsleistung</small>

schaftliche Wirklichkeit traten fast überall weit auseinander. 1918 verschwanden die Höfe, von Berlin und München vielleicht abgesehen, nahezu lautlos und von der Bevölkerung unbeklagt.

Große Höfe wie München, Dresden, Hannover und Berlin haben im 19./20. Jahrhundert vor allem den Adel stabilisiert, weil sie neben dem monarchischen das exklusiv adlig-geburtsständische Leitbild, nicht aber eine neue Aristokratiebildung, erst recht nicht die Bildung einer meritokratischen Elite repräsentierten. Die Höfe stützten den alten Adelsrang, akzentuierten die Ungleichheit der Geburt, signalisierten aber kaum neue, bürgerliche Rangvorstellungen. Die repräsentative höfische Gesellschaft organisierte sich in konzentrischen Kreisen um den Fürsten oder Monarchen, und nur im äußersten, am weitesten vom Fürsten entfernten Kreis fanden die Bürger Einlaß. Die Nahbeziehungen zwischen Adel und Monarchen bestimmten bis 1918 das Klima und die Ordnung der meisten großen Höfe. Jenseits der Höfe liegende Bereiche adlig-bürgerlicher Begegnung wurden entweder, wie die Salons oder die Bayreuther Wagner-Festspiele, nur schwach, über wenige Mitglieder der Hofgesellschaft, mit dem Hof verbunden oder, wie einige Bäder (Bad Ems, Homburg, Kissingen etc.) und die um diese Bäder organisierten Geselligkeitszentren von adliger und höfischer Kulturdominanz überwältigt. Erst unter Wilhelm II. wuchs dann neben diesen Begegnungszentren die Zahl eher großbürgerlich dominierter Repräsentationsorte (z. B. das Hamburger Derby oder die Kieler Woche). Zu einer neuen, zentralen, Adel und Bürger gleichgewichtig verbindenden Begegnungskultur kam es aber auch hier nicht.

Dies blieb bis 1918 eine strukturelle Schwäche bürgerlicher Politik. Zwar war seit dem aufgeklärt-bürokratischen Absolutismus des 18. Jahrhunderts die Trennung von Hof und Regierung Programm; aber im Unterschied z. B. zu England behielten die Höfe in Deutschland, insbesondere der preußische Hof, der 1871 zum Kaiserhof aufstieg, nicht unbeträchtliche politische Macht. Die Verfassungen räumten den Fürsten und Monarchen das Recht zu umfassenden Entscheidungen z. B. in der Militär-, Außen- und nicht zuletzt auch der Personalpolitik ein, und diese Entscheidungen fielen nicht nur in Abstimmung mit Staats- und Ministerräten, sondern zu einem guten Teil auch in unmittelbarer, höfischer, persönlicher Nähe des Königs, in Privataudienzen, in Gesprächen mit Flügeladjutanten, im Kontakt mit den Offizieren der Garde du Corps, in Militär- und Zivilkabinetten. Schließlich ist aber auch nicht zu übersehen, daß – nach kurzen Zwischenhochs unter Friedrich Wilhelm IV. oder Ludwig II. – der Vorranganspruch des Hofes, der Gesellschaft die kulturellen, wissenschaftlichen und sogar gesellschaftsreformerischen

4. Der Adel in der bürgerlichen Gesellschaft

Standards vorzugeben, ein Anspruch, der bis zum Ende des 18. Jahrhunderts unbestritten gewesen war, im Kaiserreich rapide und endgültig aufgelöst wurde. Die Hofgesellschaft verlor den Anschluß an die moderne Kulturentwicklung, vermochte, trotz der zum Teil beachtlichen Kulturleistungen vor allem kleinerer Höfe wie Sachsen-Weimar oder Darmstadt, der neuen Dynamik in Kunst, Wissenschaft und Mode nicht mehr zu folgen. Die „Produktion" von Kultur- und Geschmacksstandards ging über an die „zweite Gesellschaft", die in den großen Residenzstädten der Kaiserzeit, vor allem in Berlin und München, schnell jenseits der inflexiblen Hofgesellschaft heranwuchs und mit ihrer Geselligkeit wie ihren neuen Institutionen, vom Museum bis zur Kunstzeitschrift, eine Meinungsführerschaft übernahm, die allerdings nur kurzzeitig dominierte, weil bald darauf, verstärkt in der Weimarer Republik, die Pluralisierung der Intellektuellenkultur völlig neue Verhältnisse schuf. Versuche des Kaisers, sich mit überlebten Führungsansprüchen solchen Tendenzen der kulturellen Moderne entgegen zu stemmen, gewinnen in der Rückschau, wie im berühmten „Fall Tschudi", Züge einer Don Quichotterie.

_{Kulturdynamik der „zweiten Gesellschaft"}

Der Befund, daß der Adel im 19./20. Jahrhundert zu seiner Erneuerung weit mehr auf innere Reform als auf neue, offene Elitenbildung setzte und daß auch die Mechanismen von Nobilitierung und Hofzugang keine Bildung einer neuen adlig-bürgerlichen Aristokratie auf den Weg brachten, mahnt zur Vorsicht gegenüber allen Erwartungen einer im 19. Jahrhundert real Platz greifenden sozialen Öffnung des Adels und einer „Verschmelzung" von Adel und Bürgertum zu einer neuen, modernen Elitenformation. Die Einbindung reicher, politisch bedeutender bürgerlicher Familien in den Adel hatte im Alten Reich eine lange Tradition. Man heiratete bürgerliche Töchter, um Reichtum und politischen Einfluß zu steigern. Die bürgerlichen Söhne hatten es dagegen wesentlich schwerer, die von ihnen angestrebten adligen Töchter zugesprochen zu bekommen. Für diejenigen Adelsfamilien, deren Strategie auf Ahnenproben und lupenreine Ahnenketten angewiesen war, verbot sich die bürgerliche Heirat von Söhnen wie Töchtern ohnehin. Im 19. Jahrhundert wurden solche Kriterien, insbesondere von den neuen Orden (z. B. vom Malteser-Orden) und von einzelnen Höfen (Wien, München) gezielt wiederbelebt. Aber auch jenseits der Stiftsadels- und Reichsritterfamilien folgte die Aufnahme von Bürgerlichen in der Regel einer mehr oder weniger restriktiven Logik der „Erhaltung adligen Stamms und Namens". Die große Zahl von unverheiratet bleibenden Kindern, gerade auch der Töchter, zeigt an, daß Statuswahrung das primäre Ziel des Adels war. Die Söhne sorgten mit bürgerlichen Heiraten bisweilen für Zufluß an Reichtum und Macht. Die nicht-standesgleichen Heiraten der Töchter berei-

_{keine „Verschmelzung" von Adel und Bürgertum}

teten in gleicher Logik den Brückenschlag zur nächst höheren Adelskategorie vor oder trugen zum schrittweisen Aufbau neuer „adelswürdiger" bürgerlicher Familien bei. Diese konnten einigermaßen kalkulierbar durch Güterkauf, Ämtererfolg, Heirat einer Adligen und Nobilitierung in den alten Adel aufsteigen.

Nach dem Umbruch um 1800 gab es zeitweise Anzeichen, daß diese adlig-bürgerlichen Heiratsverbindungen einer neuen Logik der Elitenbildung zu folgen begannen. Doch schon bald sah derjenige, recht große Teil des Bürgertums, der antifeudale Einstellungen mit neuaristokratischen Aspirationen verband, seine Hoffnungen, durch Heiratsverbindungen mit dem Adel zu einer neuen Führungsschicht zu verschmelzen, wieder schwinden. Zwar blieb der Anteil bürgerlicher Heiraten in einzelnen Adelslandschaften, insbesondere den ostelbischen, protestantischen Gebieten, auch nach den Umbruchsjahren um 1800 durchaus beträchtlich. In ihrem Kern signalisieren die bisher vorliegenden Zahlen aber doch eher das Fortbestehen traditionaler Heiratsstrategien. Wenn es nicht gelang, das Vermögen der höheren bürgerlichen Militärs und Beamten, also bürgerliches Vermögen aus den vertrauten, „staatsnahen" Ämterbereichen zu erheiraten, dann folgten die Söhne in der Regel eher dem Weg der Töchter und blieben unverheiratet, zeigten also auch im 19. Jahrhundert weiter ein ausgeprägt adliges, traditionales Heiratsverhalten. Die standesgemäße Versorgung von unverheirateten „Tanten" und „Onkeln" wurde im 19. Jahrhundert zum wichtigsten Problem standesinterner Sozialpolitik, wie sie z.B. der „Verein katholischer Edelleute" und die DAG betrieben. Wie erstere folgten schließlich auch die adligen Rittergutsbesitzer und Familienchefs der standespolitischen Heiratsnorm. Bürgerliche Heiraten blieben auch hier weiterhin die Ausnahme.

Mit beschleunigter Industrialisierung und Urbanisierung konstituierte sich in der zweiten Hälfte des 19. Jahrhunderts das Bürgertum als ein neuer, überaus reicher potentieller Heiratspartner des Adels. In den ersten Jahren des Kaiserreichs sah es auch kurz danach aus, als könnte die Neigung des Großbürgertums, sich durch adlige Heiraten weiter vom breiten mittleren Bürgertum zu distanzieren, die Bildung einer plutokratischen Aristokratie aus Großadel und Großbürgertum in Gang bringen. Doch das Aufsehen, das Verbindungen vom Typus v. Schaffgotsch-Godulla, v. Thiele-Winkler, v. Castell-Faber oder gar die Heirat einer jüdischen Erbin oder einer „Dollarprinzessin" im Adel wie in der Gesellschaft insgesamt hervorriefen, war bei weitem stärker als die Zahl solcher Fälle. Das Sensationelle überdeckt hier den weitaus wirkungsmächtigeren Trend, daß der Adel auf diese neue Konkurrenz des städtischen Reichtums und Luxus mit verstärkter Defensive reagierte. Er distanzierte sich von dem luxuriösen großbürgerlichen Lebensstil und zog sich aus den plutokratischen Klubs und Villenvierteln zurück. Der neue, großbürgerliche Reichtum vergrößerte also eher die Distanz zwischen Adel und Bürgertum, als daß er diese einebnete. Der Landadel reduzierte sein Stadtleben auf die zweimonatige Saison zu Beginn des Jahres. Von einigen Ausnahmen abgesehen, verbrachte er diese Zeit, im Hotel lebend, in der Hofgesellschaft und in engen eigenen Kreisen, nicht aber in den nach Geist und Lebensform viel anregenderen Häusern der – nicht selten jüdischen – großbürgerlichen Geld- und Geistesaristokratie. wachsende soziale Distanz Adel–Großbürgertum um 1900

Der Adel, selbst der in der Stadt lebende Adel, definierte sich seit den Gründerjahren wieder zunehmend durch das Land, das er neu ideologisierte, aber auch in mannigfacher Übernahme bürgerlicher Konzepte, in beträchtlichem Maße wirtschaftlich (z. B. Gewerbebetriebe), infrastrukturell (z. B. Kleinbahnen) und institutionell (z. B. Genossenschaften) zu modernisieren half. Die Mauer zwischen Adel und Bürgertum, Stadt und Land, blieb in Deutschland selbst über 1918 hinaus auffällig hoch. Eine neue Aristokratiebildung durch Öffnung zum höheren Bürgertum, durch Heiratsbeziehungen und intensive gemeinsame Geselligkeit, stand im 19./20. Jahrhundert nie auf dem Programm des Adels. Selbst kleinere Phasen einer gleichgewichtigen oder gar bürgerlich dominierten Verflechtung mit dem Großbürgertum sind nicht zu erkennen. Im Gegenteil, die Brückenschläge des Adels zum Bürgertum blieben stark kontrolliert, folgten allein adliger Selbsterhaltungslogik und waren im europäischen Vergleich auffällig begrenzt. Diejenigen Bürgerlichen, die man durch Heirat aufnahm, wurden, mit Vorteilen für die eigene Vermögenslage, sozial verschluckt. Heirat ins Bürgertum bedeutete niemals bewußt angestrebte Erneuerung durch den Zustrom einer anderen, moderneren Elite. Kein Wunder, daß im voranschreitenden Kaiserreich immer weniger Großbürger solchen Brückenschlägen durch Heirat noch eine Bedeutung beimaßen. Adel definiert sich als „Land"

5. Adel und Politik im 19./20. Jahrhundert

Seit dem Ende des 18. Jahrhunderts intensivierte sich die Diskussion zwischen bürgerlichen Schriftstellern, Regierenden und einzelnen Adligen über Adelsprivilegien, Adelsreform und die Bildung eines „neuen Adels".

Jede Konstruktion eines Landtags oder einer Kammer, jede Begründung neuer Orden und Titel, jede Nobilitierungspolitik oder neue Hofrangordnung läßt sich im Grunde als Konzept einer Stabilisierung oder Umformung des alten Adels lesen, ganz abgesehen von der expliziten Adelspolitik in vielen Ländern Deutschlands.

<small>Adelskritik und ihre Grenzen</small>
Die Adelskritik, die in den neunziger Jahren, als sie dezidiert politisch wurde, unter dem Druck der Zensur zeitweise verstummte, besaß auffällige Schwerpunkte: Sie konzentrierte sich auf Nordost- und Südwestdeutschland, und man kritisierte vor allem den Konkurrenten des Bürgers im Kampf um die Ämter, den Adel in der Verwaltung und (weniger stark) im Militär den Konkurrenten um das Ohr des Fürsten, den Adel am Hofe. Der Landadel blieb dagegen weitgehend von Kritik verschont. Und es ist insgesamt festzuhalten, daß die Angriffe gegen den Adel selbst in den Jahren der Französischen Revolution in der Regel recht moderat blieben. Wenn man gleichwohl, wie z. B. Kant 1795/97, in abstrakt-philosophischer Argumentation dem Adel die Existenzberechtigung absprach, dann räumte bürgerliche Fortschrittsgewißheit ihm sogleich flexibel eine großzügig bemessene Übergangsphase ein, in welcher sich das Problem von selbst lösen würde. In der großen Mehrzahl der kritischen Schriften galt jedoch der alte Adel als unentbehrlich auch für die künftige Neuformierung militärischer und regierender Eliten, die man nicht zufällig „neuer Adel" nannte.

<small>Verlusterfahrungen und Adelsreform</small>
Aber nicht diese Adelskritik, erst die reale Verlusterfahrung im Umbruch um 1800 zwang den Adel zu eigenen Konzepten der Adelsreform, zur Re-Invention seiner selbst in einer Welt, die sich grundlegend geändert hatte: durch die Französische Revolution, die Auflösung der katholisch-adligen Reichskirche 1803, die Aufhebung einer großen Zahl von Fürstenstaaten und der gesamten Reichsritterschaft in den Mediatisierungen 1803/06, durch das Ende des Alten Reichs 1806 und die „Revolutionen von oben", die darauf in Preußen und den rheinbündischen Staaten folgten.

<small>konsequentere Entmachtung des Adels in den „Rheinbundstaaten"</small>
Unter der Perspektive von Adelspolitik waren die Reformen im französisch-rheinbündisch dominierten Westen und Süden Deutschlands wesentlich härter und durchgreifender als im alten Preußen. Beide Umgestaltungen beließen aber dem Adel einen Teil seiner ständischen Institutionen, z. B. die Patrimonialgerichte, die nun allerdings als staatlich delegiert aufgefaßt wurden. An diese ständischen Überhänge konnten die Restaurationsbemühungen des Adels auf dem Wiener Kongreß anknüpfen. Vor allem die gemeinsam agierenden depossedierten Reichsfürsten, die künftigen Standesherren, und die Reichsritter konnten so zahlreiche Vorzugsrechte ins 19. Jahrhundert hinüberretten

und sie langfristig, vor allem in den südwestdeutschen Mittelstaaten, gegen den Landesherrn und seine Beamten verteidigen. Verfassungspolitisch wies Artikel XIII der Deutschen Bundesakte einen „landständischen Weg" in die Moderne, der dem Adel entgegenkam, weil ein solcher Weg Kontinuität suggerierte zwischen den Landständen des Alten Reichs, die vom Adel dominiert worden waren, und den neu einzurichtenden Verfassungsinstitutionen. Der öffentliche Druck, der Preußen mehrfach zu Verfassungsversprechen zwang, ging deshalb nicht nur von den frühliberalen Bürgern, sondern auch vom ständisch ausgerichteten Adel aus.

Vergleich mit Preußen

Die Rheinbundstaaten hatten umfassende Territorialgewinne und zahlreiche widerstrebende Adelsherrschaften zu inkorporieren; deshalb setzten sie im Schwerpunkt konzentriert bei den Verfassungs- und Verwaltungsreformen an, von denen sie sich eine einebnende und integrierende Wirkung versprachen. Die konfliktreichen Agrarreformen schob man eher auf, zum großen Teil bis in die Jahre der Revolution 1848/49. Preußen dagegen litt vor allem unter einer bedrängenden Staatsverschuldung und forcierte entsprechend die Freisetzung der Eigentümer-, Berufs- und Marktwirtschaftsgesellschaft. Die Agrarreformen schritten hier schon vor 1848 sehr zügig voran; die Verwaltungsreform blieb unabgeschlossen. 1812 kapitulierten die Reformbeamten vor dem hartnäckigen Widerstand der adligen Gutsbesitzer Ostelbiens. Der Prozeß einer „Verstaatlichung aller Herrschaft" machte vor dem lokalen Herrschaftsbereich des einstigen Adelsstands halt, in krassem Gegensatz zum preußischen Westen (Rheinland und Westfalen), erst recht aber zum deutschen Südwesten. Mit der Verfassungsreform ließ man sich in Preußen so viel Zeit, daß altständischer Einflußnahme viel Raum verblieb. Die Folge: In den ehemaligen Rheinbundstaaten etablierten sich, in bewußter Abkehr von alt- wie neuständischen Modellen, moderne Verfassungen mit repräsentativen Zweikammersystemen. In den ersten Kammern dominierte durchweg der hohe und der von den Fürsten hervorgehobene Teil des niederen Adels. Aber auch in die zweiten Kammern wurde mehr oder weniger stark der alte Adel, und damit ein altständisches Relikt, eingebaut, das der Ausbildung einer neuen, adligbürgerlichen politischen Klasse langfristig Grenzen setzte. In Preußen entstand dagegen nach zähen Verhandlungen, in denen Schritt für Schritt die altständisch orientierten Reformgegner an Gewicht gewannen, ein unabgeschlossenes, auf der Provinzebene abbrechendes neoständisches System. Zum entscheidenden Kriterium der Verteilung politischer Rechte wurde hier in bewußter Rückorientierung der Grundbesitz, und zwar dominant adliger Grundbesitz bestimmt, während in

Südwestdeutschland schon ein nur noch begrenzt ständisch eingeschränktes Zensuswahlrecht dominierte. Moderne Besitz- und Erwerbskriterien wie mobiles Kapital, Fabrikbesitz, Bildung und Leistung blieben in Preußen dagegen völlig unberücksichtigt. Hannover und Sachsen verhielten sich bis zur französischen Julirevolution 1830 ähnlich wie Preußen, führten dann aber ebenfalls Kammersysteme ein, während Mecklenburg in krassem Gegensatz dazu bis 1918 seine kaum modifizierten altständischen Landtage beibehielt. In Preußen feierte der Adel, in den Reformjahren nahezu abgeschafft, in den Provinzialständen von 1823 und den Kreisständen von 1827 innerhalb einer neuständischen Konzeption eine bedeutsame Wiedergeburt. Die altständische Adelsreaktion, welche die „Interessenkonkordanz" (G. BIRTSCH) von ständischem und bürgerlichem Eigentumsbegriff schnell erkannt hatte, verteidigte „wohlerworbene" alte Rechte als „Eigentum", das zu restituieren und nur im äußersten Fall, gegen Entschädigung, aufzuheben war. So warf man im Agrarbereich, schon mittelfristig mit Gewinn, ständischen Ballast ab, während man zugleich durch eine äußerst wirksame adelsständische Stabilisierungspolitik verhinderte, daß die formal gesehen offen konstruierte neue Rittergutsbesitzerklasse den alten Adel heterogenisierte und durch ein wachsendes Übergewicht bürgerlichen Rittergutsbesitzes auflöste. Der legitimatorische Flankenschutz durch historische, romantische und frühkonservative Adelsidealisierung stabilisierte diese Adelsreaktion. In den ersten bzw. zweiten Ständen der preußischen Provinziallandtage blieb der bürgerliche Rittergutsbesitzer vor 1848 eine seltene Erscheinung. Und die preußischen, aber auch die bayerischen Könige stützten den Adel schon bald auf vielfältigen weiteren Ebenen: mit Landtags-, Kammer- und Herrenhauskonzepten, die den Anteil des Adels bewußt akzentuierten und stärkten, durch die Erneuerung oder Neubegründung von Ritter- und Hausorden, welche auf Ahnenproben gründeten, mit Adelsmatrikeln und Heroldsämtern, die – den Adel weiter verstaatlichend, aber auch stützend – die Adelszugehörigkeit fixierten, und mit Hofrangordnungen, die dem Adel die höchsten Ämter und Ränge vorbehielten.

In den meisten anderen Rheinbundstaaten, insbesondere in Württemberg und Baden, scheiterte dagegen etwa zeitgleich, trotz energischer Unterstützung des Bundestages, das Bemühen von Reichsrittern und Standesherren um Ausbau ihrer Sonderstellung. Die Zeit tendierte überall zur Monopolisierung aller legitimen Gewaltausübung beim zentralisierten Staat. Die Reichsritter und die Standesherren mit ihrer Tendenz zum Ausbau von „Unterlandesherrschaften" (H. GOLLWITZER) waren für dieses Bemühen der Regierungen eine offene Provokation. Die Berufsbeamten, die sich über die Reformen definiert und etabliert hatten, begannen sofort nach 1815 mit der Zurückdrängung aller Ansprüche dieser weiter auf Autonomie pochenden Adelsgruppen. Denn sämtliche Rechte galten als staatlich delegiert und konnten deshalb vom Staat auch wieder zurückgenommen werden. Am Widerstand dieser Beamten, aber auch der stark liberal orientierten zweiten Kammern zerbrach jegliches Bemühen um eine restaurative Politik zugunsten des Adels. Im Gegenteil, alle 1815 mit dem Artikel XIV der Deutschen Bundesakte errungenen Privilegien mußte dieser Adel von Anfang an in zähen Verhandlungen zunächst einmal erringen und dann mit großem Aufwand ständig verteidigen. Dennoch wuchs die Verlustbilanz stetig, mit 1848 als erstem, mit 1866, mit dem Wegfall der Garantiemacht des Deutschen Bundes, Österreich, als zweitem Höhepunkt, und mit 1918 als Schlußpunkt. Während in anderen Ländern der landsässige Adel auf lange Sicht zumindest ein Stück weit in das parlamentarische System hineinwuchs, ist es – aufgrund der permanenten Defensive dieses zahlenmäßig relativ schwachen, in seinen Interessen sehr homogenen Adels – der Verfassungspolitik dieser Staaten nicht gelungen, den Adel zur engagierten Mitarbeit in den Kammern zu bewegen und damit Schritt für Schritt zu „konstitutionalisieren" (E. FEHRENBACH).

Im Konflikt mit dem reformierenden bürokratisch-absolutistischen Staat entstand ein Adelskonservatismus, der die konservative Bewegung vor 1848 zwar nicht allein, aber doch mit entscheidendem Gewicht prägte. Der aufgeklärte Absolutismus und seine Bürokratie wurden als Variante eines langfristigen Staatsbildungsprozesses erkannt, der dem Adel feindlich war, auf Auflösung der hergebrachten „Hausvätergesellschaft" (*societas civilis*) wie aller ständischen Korpora und auf eine nivellierte Untertanengesellschaft zielte. In der Französischen Revolution hatten die bindungslos, religiös indifferent, zum Teil sogar gottlos gewordenen Untertanen alle legitime, historisch gewachsene und damit gottgewollte Ordnung in abschreckender Weise zerstört. Reformabsolutismus und Revolution, Staatssouveränität und Volkssouveränität schienen Ausfluß gleichartigen, verirrten, künstlich konstruierenden Denkens, zwei Seiten derselben fatalen Medaille zu sein.

Entstehung des Adelskonservatismus

Einen Ausweg aus dieser „schrecklichen Lage zwischen Revolution und Absolutismus" (L. v. GERLACH) sah man in der Erneuerung der „mäßigenden" ständischen Zwischengewalten, in der patriarchalischen Wiederbelebung der ständischen Kultur, insbesondere der haus- und gutsherrlichen, persönlichen Herrschaftsbeziehungen, im Anschluß an die Kirche, die der Revolution als einzige Macht widerstanden hatte, und in einer neuen, „erweckten" Religiosität von Adel und „Volk", insbesondere der von „Natur" her konservativen Landbevölkerung. Der christliche, konservative Adel sollte, so die spezifische Ausdeutung einer Formel Montesquieus, mäßigender Mittler zwischen Thron und Volk werden, despotische Entartung der Fürsten und ihrer Regierungen ebenso verhindernd wie die „Despotie des Volkes". Religiosität und politische Praxis gingen im Frühkonservatismus eine dauerhafte, enge Bindung ein.

frühe Spaltung des Konservatismus   Die Erfahrung der Gemeinsamkeit konservativer Überzeugung blieb dem Adel aber, wenn überhaupt, nur wenige Jahre erhalten. Intern differenzierten sich die Deutungsmuster schnell weiter aus. Hierbei spielten die unterschiedlichen Erfahrungen des Adels mit Staat und Kirche eine entscheidende Rolle, die letztlich zu einer grundlegenden Spaltung des Konservatismus in Deutschland führten: in einen katholischen Adelskonservatismus, der sich früh an politischen Katholizismus und Zentrumspartei band und bis 1933 relativ fest im katholischen Sozialmilieu verankert blieb, und in den protestantisch-ostelbischen Adels- und Agrarkonservatismus, der seine Heimat in der mühsam sich modernisierenden, häufig gespaltenen konservativen Partei fand, seit den siebziger Jahren seine christliche Grundlage sukzessiv aufgab und in der Endphase der Weimarer Republik endgültig auseinanderfiel.

konservative und liberale Bürokratiekritik   In den Jahren nach 1815 kämpften zunächst altständisch-konservative Adelige und liberale Bürgerliche gemeinsam gegen die Regelungsansprüche der Regierungsbürokratie. Doch erwies sich recht bald, im Ostelbischen allerdings weitaus schneller als im Westen und Südwesten, daß ständisch-konservative und liberale Freiheitsvorstellungen letztlich unvereinbar waren. Der Adelskonservatismus konnte nicht daran interessiert sein, dem Liberalismus den Weg zu bereiten: Die Bürokratiekritik von rechts klang Schritt für Schritt ab und flackerte nur noch in Extremsituationen, z. B. in den katholischen Provinzen Preußens während des Kirchenstreits 1837 oder in den sozialen Krisenjahren vor der Revolution 1848, stärker auf. Doch nicht alle Adligen schwenkten schon vor 1848 entschieden ins konservative Lager; in vielen Adelslandschaften blieb eine – mehr oder weniger schwache – liberale Adelstradition erhalten. Doch gelang es diesem „liberalen" Adel nur äußerst selten, sein ständisch gegründetes Freiheitsbewußtsein zu einer grundsätzlichen Anerkennung des auf Volkssouveränität gegründeten Parlamentarismus fortzuentwickeln. Es gab zahlreiche Zwischenstationen auf diesem Weg, viele Varianten der Annäherung an den Liberalismus. Aber einen im Kern homogenen deutschen Adelsliberalismus hat es als politisch relevante Größe in Deutschland nicht gegeben. Ansätze dazu gab

Adelsliberalismus

5. Adel und Politik im 19./20. Jahrhundert

es 1848 und Anfang der 1860er Jahre. Doch hat sich zwischen liberalem Adel und liberaler Massenbewegung weder vor noch nach 1848 eine langfristig stabile Beziehung entwickelt. Die Erfahrungen mit der Revolution 1848/49 haben Orientierung und Verhalten des Adels im weiteren Verlauf des 19. Jahrhunderts entscheidend geprägt. Hoher wie niederer Adel wurden durch die konsequente Verstaatlichung aller Herrschaft und ein allgemeines Recht für alle Deutschen in ihren Grundfesten, in Vorrangstellung, Vermögen, Familienorganisation und Lebensform massiv in Frage gestellt, zum zweiten Mal nach 1806/15. Fast alle „Nationalversammlungen", auch die Frankfurter, hatten beschlossen, oder zumindest durch starke Minderheiten beantragt, den „Adel selbst", das heißt den Adel einschließlich des Wörtchens „von", abzuschaffen. Ein großer Teil des höheren, gebildeten und vermögenden Bürgertums hatte sich aber jeglicher Radikalisierung verweigert, war selbst in der Revolution offen für ein neues Elitenarrangement geblieben. Viele Fürsten und Monarchen, deren Regierungen zum Teil stärker angegriffen wurden als der Adel, hatten in ihrer Solidarität zum Adel zeitweise geschwankt, allen voran der preußische König.

Erfahrungen der Revolution 1848/49

Die Bauern hatten gezeigt, daß sie nicht von Natur aus konservativ waren. Die Möglichkeit ihres Abdriftens ins Lager der Liberalen wurde zum Adelstrauma, das schon in den späten 1850er Jahren wieder virulent wurde; erst danach saß „das Land" (mit gewissen Ausnahmen in Südwestdeutschland) wieder gemeinsam und dauerhaft mit dem Adel im konservativen Boot. Defensivgemeinschaften mit Verlierergruppen hatten sich als äußerst wirksam erwiesen. Das Militär war letztlich hart geblieben, hatte aber ebenfalls (begrenzte) Neigungen zur Revolution gezeigt.

Verhältnis zu den Bauern

Wollte man weiter oben bleiben, dann bot sich, zumal in Preußen, eine komplexe Doppelstrategie an: Einerseits Mäßigung und Kontrolle des Parlamentarismus durch konservative Führung des Volkes, die über Defensivgemeinschaften zu konstituieren war, in Vereinen, Verbänden und Parteien. Das verwies den Adel auf ein neues Handlungs- und langfristig auch Berufsfeld: das „Engagement für andere" (Th. NIPPERDEY), die Arbeit in konservativen Parteien und Verbänden, durchaus in Zusammenarbeit, aber nicht in „Verschmelzung" mit dem höheren Bürgertum. Nach 1848 verlor der Gegensatz zwischen Adel und Bürgertum zunehmend an Brisanz. Die gemeinsame Abwehr der von unten kommenden Partizipationsansprüche wurde Jahr für Jahr wichtiger. Andererseits mußte neben den Parlamenten die Aufmerksamkeit zugleich der Steuerung von oben zugewandt bleiben, d.h. der Sicherung adligen Einflusses auf den König (vor allem durch Militärpartei und

neue und alte Konzepte des Obenbleibens

Hofgesellschaft), auf Regierung und Verwaltung, aber auch auf die Kirchenleitung.

Reaktion und Herrenhaus in Preußen

Nach der Abwehr der Revolution erwartete die Mehrzahl des Adels eine Wiederkehr des Ständischen und wurde – zumindest in Preußen – zunächst auch nicht enttäuscht. 1851 kehrten die ständisch gegliederten Provinziallandtage (bis 1876) zurück, 1853/56 die alten Landgemeindeordnungen, die dem Großgrundbesitz den Vorrang auf den Kreistagen und die Ernennung des Dorfschulzen zurückgaben. Die Fideikommisse und Sonderregeln für Heirat und Vererbung traten wieder in Kraft und überlebten zum großen Teil sogar das Bürgerliche Gesetzbuch von 1900. Seinen größten Sieg feierte das ständische Prinzip zweifellos mit der Auflösung der preußischen Ersten Kammer, die, wie schon weitgehend die ersten Kammern der ehemaligen Rheinbundstaaten, nach dem Zensusprinzip gewählt worden war, und der Einrichtung des Herrenhauses 1854, dessen Mitglieder durchweg vom König (auf Dauer oder auf Lebenszeit) ernannt wurden.

geringe Dynamik von Herrenhaus und ersten Kammern

Bis 1918 wurde diese Institution vom Adel dominiert; und der alte, landsässige, gutsbesitzende Adel war in ihm auch durchweg die größte und aktivste Gruppe. Das preußische Herrenhaus ging als bleiernes Erbe protestantisch-ostelbischen Partikularismus in das 1871 gegründete Deutsche Kaiserreich ein. Die Chance, durch eine Reform des Herrenhauses eine neue, adlig-bürgerliche politische Aristokratie zu bilden, blieb in Preußen ungenutzt. Aber auch die ersten Kammern der Mittelstaaten haben keine in diese Richtung zielende Dynamik entwickelt. Auf der anderen Seite hielt sich jedoch auch das Bemühen des Bürgertums, in diese Versammlungen aufgenommen zu werden, in engen Grenzen, weil sein Verhältnis zu Parlamentarismus und Parteien zunehmend distanzierter wurde. Das Konsensangebot einer neuen adlig-bürgerlichen politischen Aristokratie mit dem politisch begabteren reichen, alten Adel als Kern und dem Bürgertum in einer Juniorposition, das Altliberale wie Baumgarten, v. Bennigsen oder v. Treitschke – in den 1850er/60er Jahren heftig, aber überwiegend zustimmend diskutiert – an Standesherren wie Magnatenadel richteten, hat das Großbürgertum kaum, den Hochadel immerhin zeitweise angesprochen. Wie die Gründungsgeschichte des „Vereins deutscher Standesherren" (1863) zeigt, war zumindest ein Teil des Hochadels durchaus von der Aussicht angetan, eine große deutsche politische Aristokratie nach englischem Muster zu bilden und damit eine neue, reichsunmittelbare Aufgabe und gesellschaftliche Stellung zu gewinnen.

„Verein deutscher Standesherren"

Ständische Institutionen wie das preußische Herrenhaus, die Provinzialland- und Kreistage stabilisierten die altständischen Vorrang-

5. Adel und Politik im 19./20. Jahrhundert

ansprüche des Adels. Wollte er nach 1848 aber jenseits dieser Fluchtburgen politisch tätig werden, so geriet er unter den Zwang, sich von solchen Ansprüchen zu lösen und – wie zuvor schon der Adel der reformerischen Mittelstaaten – den Weg in den Verfassungsstaat, in nicht korporativ gestaltete, sondern repräsentativ, nach Vermögen oder sogar Kopfzahl zusammengesetzte Parlamente und in die Parteien zu gehen. Das Engagement in den Herrschaftsständen, die in vielen Reichsterritorien bis 1803/06 durchaus brauchbare Arbeit leisteten, die Politisierung in den zweiten Kammern und in den Provinziallandtagen nach 1815 im Zangengriff zwischen Reformbürokratie und liberaler Bewegung, die Mitarbeit am Aufbau vorpolitischer katholischer und ländlich-protestantischer Milieus und nicht zuletzt die Teilnahme an den revolutionären Nationalversammlungen 1848 hatten das Selbstbild des Adels, ein geborener politischer Stand zu sein, derart stabilisiert, daß ein Verzicht auf Teilnahme an den neuen Verfassungsinstitutionen nie zur Diskussion stand. Nach der Revolution feierte der Adel in den Parlamenten fast überall eine schnelle, erfolgreiche Wiederkehr, die bis in die 1890er Jahre hinein anhielt und im Grunde selbst 1914 noch nicht allzu stark zurückgedrängt war.

„Wiederkehr" in Parlamenten und Parteien

Es war allerdings nicht leicht, diese Teilnahme an einem Parlamentarismus, der stark volkssouveräne Züge besaß, vor sich selbst und den Standesgenossen auf eigene Weise, d.h. adelsständisch zu begründen: Da die nachrevolutionäre Monarchie in Preußen zunehmend stärker auf Beamtenschaft und Militär gründete und damit den Adel als „Bollwerk" nicht mehr so dringend benötigte, gewann der Adel bei der Bestimmung seiner politischen Optionen einen gewissen Spielraum. Die Zersplitterung des Konservatismus, die als konfessionelle schon im Vormärz in Gang gekommen war, erhielt dadurch noch einmal zusätzlichen Anschub: Neben den altständisch-hochkonservativen Adligen, die die konservative Partei in Preußen-Deutschland bis in die 1870er Jahre dominierten, etablierten sich in gleitenden Übergängen die Vertreter eines gouvernementalen Konservatismus und eine konservativ-liberale Richtung, die sich erstmals in den fünfziger Jahren als „Wochenblattpartei" formierte, mit gewandeltem Konzept 1867 als bismarcktreue Freikonservative wieder auftauchte und nach 1871 als „Reichspartei" firmierte, ohne aber je über den Status einer elitären Splitterpartei hinauszukommen.

verschiedene Adelskonservatismen

In dem Maße, in dem nach 1848 die Einsicht wuchs, daß Monarchen und Fürsten der Stützung durch den konservativen Adel, nicht zuletzt auch durch den Adel in den konstitutionellen Parlamenten, bedurften, lebte auch die Adelsreform, das Bemühen um eine verbesserte in-

neue Adelsreformbewegung

terne Organisation und Festigung des Adels, wieder auf. Die Erfahrung einer Wiederkehr des Liberalismus als regierende Partei, sein erneutes Vordringen selbst auf dem Lande, gab diesem Bemühen einen neuen Schub (1863/69 „Verein kath. Edelleute", 1868 Malteserorden). Höhepunkt dieser auf Adelsstabilisierung zielenden Organisations- und Sammlungsbewegung wurde schließlich 1874, nach der Reichsgründung und der schockierenden Erfahrung eines weiteren, immensen bürgerlichen Reichtumsschubs, die Gründung der DAG. Ziele dieses Verbandes waren die Erhaltung adligen Grundbesitzes, innerständische Sozialpolitik zur Verhinderung weiteren Abstiegs der zahlreichen besitzlosen Adligen und die Bindung aller Standesgenossen an strenge sittliche, christliche, will sagen: familien-, standes- und allgemeinpolitisch-konservative Grundsätze (1883 DAB). Seit den 1870er, verstärkt dann seit den 1890er Jahren sammelten die gutsbesitzenden Chefs der – ganz überwiegend in Nordostdeutschland – entstehenden Familienverbände bewußt alle Nebenlinien und entfernten Verwandten ein, um sie, trotz städtischen Berufs und karger Lebensweise, wieder an den „Urgrund" des Adels, an das Land und eine große, glänzende Familientradition zurückzubinden.

Nach dem „indian summer" der 1850er Jahre brachten die 1860er Jahre dem Adel in Ost und West wieder folgenreiche Gefährdungs- und Verlusterfahrungen. Der preußische König schien unter liberalem Einfluß wieder zu schwanken, wurde aber im Verfassungs- und Heereskonflikt erneut dem Adel zurückgewonnen. Der Militäradel des alten Preußen steigerte durch den Sieg im Verfassungskampf ab 1862 und in drei Kriegen 1864, 1866 und 1870/71, welche Bismarcks auf Liberalismus und Heer gestützte Reichseinigungspolitik auslöste, enormes Prestige, aber zu Reichtum kamen gleichzeitig andere. Der hohe und niedere katholische Adel westlich der Elbe, weniger stark im Militär engagiert (und wenn, dann nicht selten auf österreichischer Seite), erlebte mit Verbitterung den Bruderkrieg 1866 und unter scharfem Protest das Ende seiner großdeutsch-reichspatriotischen Hoffnungen. Aber auch die preußischen Hochkonservativen, die in ihrem Protest gegen den „Kronenraub und Nationalitätenschwindel" (E. L. v. GERLACH) von 1866, in ihrer Reserve gegenüber dem neuen Reich, in ihrem Widerstand gegen die Kreisreform (1872) und gegen die Kirchengesetze des Kulturkampfs noch einmal nahe an den westlich-katholischen Adelskonservatismus heranrückten, mußten ihre Ablehnung der Bismarckschen Politik mit massiven Macht- und Mandatsverlusten bezahlen. In der 1876 neugegründeten Deutschkonservativen Partei (DKP), mit welcher sich auch die Adligen entschiedener den neuen Quellen effek-

5. Adel und Politik im 19./20. Jahrhundert

tiver Massenmobilisierung, dem Nationalismus und den agrarischen Interessen zuwandten, spielten sie kaum noch eine Rolle.

Nach der Reichsgründung schien es kurzzeitig so, als sei nun endgültig die Stunde einer offenen adlig-bürgerlichen Führungsschicht für Gesellschaft und Politik gekommen. Das seit den 1850er Jahren diskutierte Konzept eines Pairsadels aus vermögenden, glänzenden Familien, aus Standesherren, Magnaten und den Adelsspitzen der Regionen in Vereinigung mit dem großbürgerlichen Reichtum, gewann neue Plausibilität. Für diejenigen, die das neue Reich als Erfolg bejubelten, lag nichts näher als die Bildung einer umfassenden, prägenden und integrierenden neuen Reichselite als Repräsentantin einer neuen Reichskultur. Der Verlierer dieses Konzeptes wäre zweifellos der kleine Grund-, Militär- und Beamtenadel gewesen, zugleich aber auch ein Teil des gebildeten, aristokratisch orientierten, aber wenig vermögenden Bürgertums. Gründerjahre, Gründerkrise und konjunkturelle Stagnation brachten diese Entwicklung jedoch schnell wieder an ihr Ende. Die Lawine rechter, antikapitalistischer und antisemitischer Kulturkritik dieser Jahre ist bekannt. Für das Konzept des Pairsadels waren die Folgen verheerend. Ein erheblicher Teil des reichen Adels hatte sich an den Gründungen beteiligt; der neue, schnelle Reichtum einzelner Großbürger war – gerade in Berlin – durch erste Heiratsverbindungen und Adelsverleihungen nobilitiert worden. Nun zählte der von latenten Verlustängsten gequälte Kleinadel – selbst Bismarck nicht schonend – genußvoll auf, wie tief sich die Spitzen des Adels auf das verhaßte finanz- und industriekapitalistische System eingelassen hatten. Die Stereotype vom „verjudeten Adel" und vom „judenfreundlichen Kaiser" sollten bis 1933 ihre Wirkung beibehalten. Die massive völkisch-antisemitische Kritik des Militär- und kleinen Landadels, aber auch der gerade erst gegründeten DAG, eine Kritik, die sich nicht zuletzt gegen den spekulierenden Hochadel richtete, trieb die flexiblere Spitzengruppe des Adels schnell wieder in den gemeinsamen Adelsblock, in die Solidarität mit dem Kleinadel zurück. Für die Entwicklung des Adelskonservatismus war damit die letzte Chance zur Bildung einer konservativ-liberalen „Tory-Partei" vergeben. Der wichtigste Träger dieses Konzepts, der Hoch-, Magnaten- und Diplomatenadel, behielt zwar sein Eigenbewußtsein bei; aber die Freikonservativen gerieten in eine Marginalposition, aus der sie nicht mehr herausfanden. Schließlich näherten sie sich programmatisch sogar wieder den Deutschkonservativen an.

Mit der DKP trat der ostelbische Konservatismus 1876 in einen langfristigen Wandlungsprozeß ein. Man löste sich von dem weltanschaulichen „Ballast" der ständischen Hochkonservativen und defi-

Scheitern der Konzepte „Reichsaristokratie" und „Tory-Partei"

weitere Zersplitterung des Adelskonservatismus

nierte sich, vom nationalen Engagement („Schutz der nationalen Arbeit") nur wenig verbrämt, zunehmend als agrarische Interessenpartei. Dies war – nicht nur in den Augen des westlichen, katholischen Adels – eine gravierende Verletzung der adligen Verpflichtung, Stand des Allgemeinwohls, des Engagements für andere und der Opferbereitschaft zu sein. Die Folge war eine weitere Zersplitterung des Adelskonservatismus. Neben dem Zentrum, der DKP und den Freikonservativen boten sich seit Ende der 1870er Jahre auch die Christlich-Sozialen den Adelssöhnen als politische Heimat an. Die DKP war den zahlreichen Adligen, die sich dieser Bewegung anschlossen, zu eng großagrarisch-ostelbisch fixiert. Sie konnten im 1878 geschlossenen, aber stets prekär bleibenden Kompromiß zwischen konservativen Agrariern und nationalliberalen Industriellen nicht das zentrale nationale Politikfeld erkennen, für das es sich zu kämpfen lohnte. Man war vielmehr beeindruckt von den Wahlerfolgen des Zentrums, einer Volkspartei, in welcher der Adel eine bedeutende Rolle spielte. Eine neue, christliche, konservativ-sozialreformerische Volkspartei, ein „evangelisches Zentrum", gestützt von einem „sozialen Kaisertum", galt diesen Adligen als einziges Erfolg versprechendes Mittel des Kampfes gegen den Hauptfeind, die Sozialdemokratie; denn nur ein solches Konzept konnte unter den Bedingungen eines allgemeinen Reichstagswahlrechts eine auch die Arbeiter einschließende loyale Massenbasis in ganz Deutschland sichern. Nicht zuletzt junge Adlige aus dem „erweckten" Protestantismus Ostelbiens sahen hier einen ehrenvollen, gangbaren Weg in die Parlamente, als moderne politische, populistische Volksführer. Als diese Bewegung 1892 ihr Programm in der DKP durchsetzen konnte, erschien kurzfristig eine künftige konfessionsübergreifende christliche Volkspartei am Horizont, ein Traum, der aber schon 1896 wie eine Seifenblase zerplatzte, als die Christlich-Sozialen aus der DKP herausgedrängt wurden. Die DKP fiel zurück auf ihre begrenzte Wählerbasis und einen strukturell defensiven, stark preußisch-partikular geprägten Agrarkonservatismus und überließ Mobilisierung wie Erweiterung der Massenbasis dem 1893 gegründeten, modern agitierenden und manipulierenden Bund der Landwirte (BDL). Die Reste der Christlich-Sozialen, auch viele Adlige, wechselten überwiegend in die radikal-nationalen Verbände der Neuen Rechten. Der Wandel der DKP von der Weltanschauungspartei des Allgemeinwohls und des Königsschutzes zur Interessenpartei der Agrarier war abgeschlossen.

Der Übergang zu einer auf Agitation und Massenlenkung ausgerichteten modernen Parteiorganisation, der sich in den 1890er Jahren auch in der DKP und im Zentrum vollzog, hat die Position des Adels in

christlich-sozialer Adel

vom Honoratioren zum adligen Funktionär

den Parteien schon mittelfristig erheblich geschwächt. Zum einen verband sich diese Wende mit einem Wandel des Politikertypus. An die Stelle des Honoratiorenpolitikers trat der politische Funktionär. Der Adel vermochte diesem Trend, der zunächst den BDL, dann aber auch DKP und Zentrum ergriff, nur begrenzt zu folgen; sein Anteil an den politischen Führungskadern fiel seit den 1890er Jahren gleichmäßig in DKP wie BDL, aber auch im Zentrum und den christlichen Bauernvereinen. Zum anderen brachte die dezidierte und erfolgreiche Verfolgung „agrarstaatlicher" ökonomischer und politischer Interessen vor allem die DKP zunehmend unter den Einfluß ihrer Basis, machte die Adelspolitiker abhängig von den Stimmen der zunehmend weitere ökonomische Vorteile fordernden Bauern. Die Gegensätze zur Industrie verstärkten sich, die Kritik an der Regierung wuchs, die Einflußnahme von oben wurde schwächer, die von Enttäuschung getragene Distanzierung vom Kaiser schärfer, die Basis im „Volk" schmolz gleichwohl weiter, selbst das „Land", durch das der Adel sich zunehmend – gegen Industrialisierung und Urbanisierung – definiert hatte, das man weiterhin energisch gegen Liberalismus und Sozialdemokratie verteidigte, wurde instabil, die Unterstützung der Bauern prekär.

Die Hoffnungen des Adels 1914, mit einer erneuten, glänzenden, militärischen Leistungsprobe Monarchie und Hierarchie stabilisieren, Demokratisierung und Pluralisierung nach Interessen zugunsten einer neuständischen Ordnung zurückdrängen zu können, wurden vom Kriegsverlauf Schritt für Schritt enttäuscht. Die Entzauberung des Kaisers als obersten Kriegsherrn und „glänzender", historisch legitimierter Adelsgenerale wie v. Moltke und v. Falkenhayn durch die Dritte Oberste Heeresleitung unter v. Hindenburg und Ludendorff schwächte nicht nur die Monarchie, sondern mit ihr auch die traditional ausgerichtete Militärfraktion, in deren Führung der Adel weitaus stärker vertreten war als in der sich durchsetzenden modernen, technokratischen Führungsschicht des Generalstabs. Der Krieg war, trotz eines hohen Blutzolls gerade der adligen Offiziere, letztlich nicht zu gewinnen. Die schon bald sichtbar werdende Pluralisierung und Widerständigkeit der „Heimatfront" dementierte in schockierender Weise den Einheitsmythos vom August 1914. Und schließlich erlitt die Monarchie durch die „Fahnenflucht" des Kaisers irreparablen Schaden.

scheiternde Leistungsprobe 1914/18

An den Versuchen, die Kriegsbereitschaft durch weitgreifende, „alldeutsche" Kriegsziele zu stabilisieren und die militärische Niederlage durch eine plebiszitäre Militärdiktatur zu vermeiden, waren auch Adlige beteiligt. Man findet sie zum einen – zumeist von bürgerlichen Mitgliedern angeworben – in den repräsentierenden Positionen, zum

„Alldeutsche Adlige"

anderen aber auch in der Verbandsarbeit vor Ort. Zum Teil diskutierten auch sie die Diktatur nicht mehr als eine des Kaisers, sondern hielten Ausschau nach neuen entschiedenen, charismatischen „Führern des Volkes". Die Verformung des traditionellen Adelskonservatismus vor allem Nordostdeutschlands durch radikale, nationalistisch-antisemitische Bewegungen, die am Ende des 19. Jahrhunderts begonnen hatte, erreichte mit der Teilnahme dieses – in Gewicht wie Einfluß auf die Standesgenossen noch genauer zu bestimmenden – Adels an der Alldeutschen Bewegung und der sog. „Deutschen Vaterlandspartei" ihren ersten, mit der teils kritischen, meist aber wohlwollenden Duldung, nicht selten aber auch Unterstützung des Kapp-Putsches 1920 ihren zweiten unrühmlichen Höhepunkt.

Revolutionsschock 1918/19
In der Revolution 1918/ 19 kulminierten die Verlust- und Gefährdungserfahrungen des Adels zum noch nie erlebten Schock. Der Kaiser und die 19 noch verbliebenen Fürsten traten sang- und klanglos ab. Die Kommunikationsstrukturen der höfischen Gesellschaften, die von den Höfen monopolisierten Prestigechancen, Ämtervorzüge und Konnexionen gingen dem Adel schlagartig verloren. Die neuen Verfassungen beseitigten wieder einmal den Adel, doch überlebte in der Weimarer Republik erneut – im Unterschied zu Österreich – das schon 1848 scharf attackierte „von", einschließlich der Titel, als Namensbestandteil.

Die ersten Kammern, in denen der Adel, besonders in Preußen und Bayern, bis 1918 eine dominierende Stellung bewahrt hatte, wurden aufgelöst. Die ständischen Vorzüge in den zweiten Kammern fielen ebenso weg wie das schützende Dreiklassenwahlrecht. Zwischen 1870 und 1918 hatten z. B. im preußischen Abgeordnetenhaus stets zwischen 20 und 30% Adlige gesessen. Nun wurden Adelspolitiker in Abgeordnetenhäusern, Landtagen und im Reichstag zu Marginalgruppen. Auch dem System familialer Besitzsicherung wurden nun endgültig die Grundlagen entzogen: Hausgesetze, Autonomie, standesspezifische Heirats- und Erbregeln, insbesondere aber das Fideikommiß wurden aufgehoben und nicht nur dies. Grundeigentum und Vermögen des Adels, letzte und sicherste Grundlage seines Rangs, schienen unvermeidbar verloren zu gehen – durch Sozialisierungs-, Bodenreform- und Siedlungspläne, welche Zwangsabtretungen von „Latifundien"-Land vorsahen. Die Berichte der Adelsflüchtlinge, die aus russischen und den durch Versailles polnisch gewordenen Landesteilen kamen, aus dem Baltikum, aus Posen und Schlesien, ließen Schlimmes befürchten. Das warnende sowjetische Exempel war überall im Adel präsent. Die Landarbeiterstreiks im Ostelbischen wurden in dieser Lage kurzzeitig ebenso als Menetekel gelesen wie die selbständige Organisation der Bauern in den Landbünden und ihr selbstbewußteres Auftreten in den Parteien, in DNVP, Zentrum und der vom Zentrum abgespaltenen Bayrischen Volkspartei (BVP). Die letzte Adelsbastion, das „Land", drohte zu fallen. Und daß die Republik im Grunde nur die kalte Fortsetzung der Revolution war, vermeinte der Adel schon mit der drastischen Steuergesetzgebung seit 1919, aber auch mit der (von Versailles erzwungenen) Heeresreduzierung und der Inflation 1923, die gerade den grundbesitzlosen, wenig vermögenden Adel traf, klar erkennen zu können.

Am gravierendsten und folgenreichsten für die Zukunft des Adels war aber zweifellos, daß mit dem Kaiser und den regierenden Fürsten die zentralen Symbole der Ungleichheit und zugleich ein Jahrhunderte altes Bezugssystem verlorengegangen war, von dem ausgehend man bisher stets seine Umorientierungen und Selbstreformpläne im gesellschaftlichen und politischen Wandel erarbeitet hatte. Und nicht selten hatten die Monarchen in dieser Funktion mäßigend auf den Adel eingewirkt. Nun war man im positiven wie im negativen Sinne frei, eine neue, vor allem politische Funktion in Staat und Gesellschaft zu entwerfen, frei auch für neue Brückenschläge zu bürgerlichen Gruppen, jenseits der alten ständischen Vorbehalte. Diese Suche, die letztlich nicht an ein klares Ziel kam, hat den Adel im Verlauf der Weimarer Republik radikalisiert, das adelskonservative Milieu aufgelöst, das ostelbisch-protestantische Lager allerdings weitaus stärker als das westelbisch-katholische. Aus der zeitweise verwirrenden Vielfalt adliger Positionen seien hier drei grundlegende Varianten besonders hervorgehoben: Die Fortsetzung des hergebrachten konstitutionellen Weges, der Kampf um die Rückkehr der Monarchie und die Verteidigung von Land und Landwirtschaft mußten mittelfristig in die Rolle des Funktionärs im eher verhaßten Weimarer Verbands- und Parteienstaat führen. Eine zweite Kontinuitätslinie empfahl die Anknüpfung an die kaiserzeitliche Lenkung von oben durch neue bzw. stark erneuerte staatliche Macht eliten. Und schließlich blieb noch der besonders schwere Weg zum neuen Volksführer in den radikalisierten völkisch-antisemitischen und nationalrevolutionär-militärischen Verbänden, die politische Arbeit jenseits von Parteien und Parlament, die Neulegitimation als „Führer" in harter Basisarbeit, unter Aufgabe aller ständischen Vorrangansprüche und aller Hoffnungen auf eine Rückkehr des Kaisers, gestützt in der Regel allein auf die Erfahrung des Augusterlebnisses 1914, der Frontkameradschaft im Krieg und das Wissen um die „Reinheit des eigenen Blutes", das dazu prädestinierte, (mit anderen, nichtadligen „Bluts-Trägern") an der Neubildung des im Volk wurzelnden Führertums und der

Verlust der Monarchie

Suche nach neuer politischer Funktion

verwirrende Vielfalt

Errichtung einer autoritär-plebiszitären, wenn auch keineswegs östlich-despotischen Diktatur teilzunehmen. Weder die Monarchiebindung, noch das alte Selbstbild des Mittlers, nicht einmal der Antisemitismus war den Adligen dieser drei Wege am Ende der Weimarer Republik noch gemeinsam.

In den Krisen und in der vielfältigen Orientierungssuche der Weimarer Republik verlor der Adelskonservatismus schnell wieder seine anfängliche, in der Defensive gegen die Revolution ausgebildete Handlungseinheit. Das altkonservativ-agrarisch-protestantische Adelsmilieu (auch des Westens, z. B. Frankens) konnte, im Unterschied zum katholischen, dem Druck der zahlreichen, stark konfligierenden Neuorientierungskonzepte – Weg über die Parteien, Lenkung durch neue „Herren", außerparlamentarische Systemzerstörung durch Massenführung in völkischen und paramilitärischen Verbänden – letztlich nicht mehr standhalten und zerbrach in zahlreiche Fragmente. Die „Führung des Landes" ging mit der Weltwirtschaftskrise endgültig verloren. Der Widerstand gegen den gleichmacherischen, proletarischen, antichristlichen Nationalsozialismus schmolz dahin. Als Stand erscheint der Adel somit 1933 extrem fragmentiert, in seinen protestantischen Teilen auch gesellschaftlich stark isoliert. Aber aus diesen Fragmenten erhielt der Nationalsozialismus auf mehreren Wegen zugleich eine nicht unerhebliche Unterstützung, bei der Beseitigung der Republik, aber auch beim Aufbau seiner Mitgliedschaft und Führungsstruktur. Dieser Zufluß mag zahlenmäßig, auf die Gesamtzahl der Bewegung und selbst auf die Gesamtzahl des Adels berechnet, gering gewesen sein. Doch ein Strom von Außenseitern und Einzelnen war dies nicht, sondern das durchaus konsequente Ergebnis einer letzten, stark desorientierten Suche nach neuen Führungspositionen.

Im Nationalsozialismus war die Zukunft des Adels zunächst sehr unsicher. Aber letztlich konnte Hitler auf den Adel als Besitzer der kriegswirtschaftlich hochbedeutsamen großen Güter, aber auch als Reservoir für fähige Offiziere und Diplomaten nicht verzichten. Ein letztes Mal, nun allerdings zeitlich eng limitiert, – profitierte der Adel von einer Allianz mit der Macht. Seine gleichwohl unübersehbaren schleichenden Positionsverluste, die Gefährdung des deutschen Machtstaats durch die drohende Kriegsniederlage und die langjährige Erfahrung zunehmender Barbarisierung des Systems aktivierten schließlich in einem kleinen Teil dieser Machteliten letzte Reserven einer Widerstandsbereitschaft, in welcher sich auf eigentümliche Weise altadlige und bildungsbürgerliche Traditionen verbanden. Ein Drittel der Männer und Frauen des 20. Juli kam aus dem Adel, der nach dem Attentat im Nationalsozialismus, das wurde an den Verfolgungen deutlich, endgültig keine Zukunft mehr besaß. Daß dies auch für den Fall der deutschen Niederlage galt, wurde sofort nach 1945, vor allem in der Bodenreform der sowjetischen Besatzung 1948 auf dramatische Weise deutlich. Unter dem Druck des zum Stereotyp gewordenen Bilds vom aggressiv militaristischen, politisch manipulierenden, agrarisch egoistischen „Junkers", das demokratische wie totalitäre Alliierte, Sozialdemokraten wie Linksliberale einte, wurde der so außerordentlich zahlreiche ostelbische Adel in den Grundlagen seiner einstigen Stellung als politischer Klasse, in seinem Grundbesitz, zerstört. Westlich der Elbe brachte die Bodenreform dem Adel zwar auch zeitweise Sorgen, doch letztlich nur wenige Verluste. Aber die Zahl des Adels war hier zu gering, seine Energie im ständigen Kampf ums Obenbleiben zu stark aufgebraucht, das katholische Milieu auch schon zu sehr erodiert, um noch einmal einen Neuanfang, den Entwurf einer neuen politischen und gesellschaftlichen Funktion des Adels zu ermöglichen. Die Erfahrung der Depossedierung und Vertreibung seiner Standesgenossen östlich von Elbe und Saale ließ die Bundesrepublik als sicheren Hafen erscheinen. Die restaurative Politik der frühen Adenauerzeit und die bald einsetzende Rehabilitierung, ja Feier der „Männer des 20. Juli" versöhnten den Adel Schritt für Schritt mit der Demokratie, lösten seine politische Eigendynamik endgültig auf, ließen ihn letztlich in der Gesellschaft aufgehen. Die fast tausendjährige Adelsgeschichte war damit auch in Deutschland endgültig zu Ende gegangen. Vom Fall der Mauer ging keine Wiederbelebung des Adels mehr aus. Die von vielen befürchtete „Rückkehr der Junker" erwies sich als Fiktion.

II. Grundprobleme und Tendenzen der Forschung

1. Forschungsansätze und Forschungskontroversen

Die ältere Adelsforschung hat sich mit umfassenden, polarisierenden Deutungsmustern – Niedergang vs. Selbstbehauptung des Adels, Verbürgerlichung vs. Feudalisierung des Bürgertums – auf das Phänomen der Beharrungskraft des Adels im bürgerlichen Zeitalter konzentriert. Otto BRUNNER beschrieb in einem faszinierenden Buch die Einheit der Lebensform des europäischen Adels, dessen historisch tief bis in die Antike zurückreichendes Selbstverständnis als Herrschaftsstand und das adlige „Ganze Haus" als Mittelpunkt des wirtschaftlichen, geistigen wie politischen Lebens des „Landes". Auf der Suche nach dem geistigen Erbe der Nachkriegszeit kontrastierte er nostalgisch die neue, industrielle Welt, der es nicht gelungen sei, „dauernde Formen des menschlichen Zusammenlebens und ein ihr gemäßes Geistesleben zu gestalten", mit der vom Adel geprägten Einheit „Alteuropas". Adelsgeschichte des 19. Jahrhunderts konnte er in dieser zeitgebundenen Perspektive nur als letztes Kapitel, als Untergang der Adelswelt im modernen, bürokratisierten Machtstaat und in der nivellierenden Industriegesellschaft sehen. Die eigentlich unübersehbare reale Selbstbehauptung des Adels im 19. Jahrhundert schien Brunner gegenüber dieser von ihm beobachteten Haupttendenz nicht weiter beachtenswert [26: BRUNNER, Adeliges Landleben, 337–339].

Nur wenige Adelsstudien haben in der Folge diese Perspektive übernommen [z.B. 45: HOFMANN, Adelige Herrschaft, 23]. Zumindest beeinflußt wurde von ihr die bedeutende Studie Heinz GOLLWITZERS über die Geschichte der Standesherren von 1815–1918, der „die Stimme des Hochadels (...), die Stimme der noch nicht völlig überwundenen ständischen Hierarchie inmitten der Klassengesellschaft des 19./20. Jahrhunderts, und den Übergang des Adels zu neuen Sozialformen" festzuhalten suchte, und der keinen Sinn darin sah, „die Standesherren als ausschlaggebende, ‚neue' Größe in die Geschichte der deutschen Politik" einzuführen [39: GOLLWITZER, Die Standesherren,

Deutungsmuster älterer Adelsforschung

Untergang der Adelswelt „Alteuropas"

9–11, 345]. Bezogen auf die institutionalisierte, aktiv gestaltende Politik im engeren Sinne hat dieses Urteil letztlich auch heute noch Bestand. Doch sind in anderen Studien unter der Perspektive adliger Selbstbehauptung stärker die politischen Verhinderungsstrukturen, die der standesherrliche Adel aufbaute und nutzte, dazu auch die Stabilisierung und Steigerung seines Reichtums wie die Neufundierung seiner weiterhin erheblichen gesellschaftlichen Macht akzentuiert worden [33: DORNHEIM, Adel, 584–588].

In der älteren Adelsforschung setzte sich aber nicht die Perspektive des Bedeutungsverlusts und der Auflösung der „Adelswelt", die bezeichnenderweise im Schwerpunkt am süddeutschen und österreichischen Adel entwickelt wurde, durch, sondern die Deutung der Adelsgeschichte des 19./20. Jahrhunderts als eine erfolgreiche Selbstbehauptung. Ein marxistisches und ein linksliberales Erklärungskonzept, gleichermaßen auf den ostelbisch-protestantischen Adel, die „Junker", und auf die Erklärung des Nationalsozialismus fixiert, schätzten den bleibenden adligen Einfluß in Wirtschaft und Politik deutlich höher, die politischen wie gesellschaftlichen Folgen drastisch negativer ein. Züge einer Sündenbockfunktion der „Junker" sind in beiden Ansätzen nicht zu übersehen. Allein schon die Beibehaltung des mehr als ein Jahrhundert alten, schillernden, Einsicht eher verstellenden politischen Kampfbegriffs „Junker" als geschichtswissenschaftliche Kategorie, eine Kategorie, die nie hinreichend geklärt und deutlich definiert wurde, ist ein auffälliges, aufschlußreiches historiographisches Phänomen, dessen Ursachen und Genese dringend historisch aufgearbeitet werden müßte [27: BUCHSTEINER, Zum Begriff, 105 f.].

Die marxistische Forschung der DDR hat dem Adel, was konkrete empirische Studien angeht, nur begrenzte Aufmerksamkeit gewidmet. Sensibilität für das Weiterwirken vorindustrieller Adelstraditionen war ihre Sache nicht. Die „fortschrittlichen" Klassen, die Bauern, Bürger und Arbeiter, hatten unangefochten Vorrang. Und da die Aussageschwerpunkte der forschungsleitenden marxistischen Theorie eindeutig beim Zusammenhang von Ökonomie und Politik liegen, blieben insbesondere diejenigen Untersuchungsbereiche, die in den Kern adligen Bewußtseins und Handelns führen, Familie, Stand, Erziehung, Geselligkeit und Mentalität, weit jenseits der dominierenden Forschungsinteressen. Der Adel kam im wesentlichen nur dort in den Blick, wo er die „gesetzliche Entwicklung" bremste, seine Herrschaft zur ökonomischen Ausbeutung nutzte und Klassenkämpfe evozierte; oder wo er sich, traditionelles Adelsverhalten aufgebend, zu einem Teil der Kapitalistenklasse umbildete.

2. Lage und Alltagsverhalten des Adels – Empirische Befunde

Informationen zur Demographie des Adels sind extrem selten. Selbst über ganz grundlegende Daten, z.B. über den regional differenzierten Anteil des Adels an der Bevölkerung, gibt es noch kein hinreichend gesichertes Wissen. Die Schätzungen für die Umbruchsjahre um 1800 schwanken zur Zeit zwischen 0,1 und 1,0 Prozent [38: GALL, Gesellschaft, 10; 78: SCHISSLER, Preußische Agrargesellschaft, 73; 55: KOSELLECK, Preußen, 80; 91: WEHLER, Gesellschaftsgeschichte, Bd. 2, 145]. Eine Ausnahme von diesem trüben Befund stellen – beschränkt auf die Weimarer Republik – lediglich die Schätzungen v. HOYNINGEN-HUENES dar [48: HOYNINGEN-HUENE, Adel, 17–19]. Sie kommt für 1925 – einschließlich der Nobilitierten, aber ohne den Personaladel – für das Gebiet des Deutschen Reiches (abzüglich der 1919 festgelegten Landabtretungen) auf die wahrscheinlich zu geringe Zahl von ca. 60 000 adligen Personen (geschätztes Maximum: 68 000).

<small>Zahl der Adligen</small>

Auch zur Verteilung des Adels nach Ländern und Landschaften gibt es einige globale Zahlen. Sie zeigen, daß die Adelsdichte vom Nordosten zum Südwesten Deutschlands hin abfiel. Im ostelbischen Preußen lebten z.B. um 1815/30 (ohne den polnischen Adel) ca. 20 000, in Baden und Württemberg dagegen nur ca. 150 bzw. 200 bis 250 Adelsfamilien [78: SCHISSLER, Preußische Agrargesellschaft, 73; 195: WUNDER, Adel, 243 u. 247]. Es liegt auf der Hand, daß in Südwestdeutschland der langfristige zahlenmäßige Rückgang des Adels weitaus gravierender empfunden wurde als im adelsreichen ostelbischen Preußen. Andererseits stellten Baden und Württemberg ein Drittel aller Standesherren und vier Fünftel aller Reichsritter. Günstiger waren die Adelsverhältnisse in Bayern. Eine Mittelposition nahmen die westdeutschen Adelslandschaften und das Königreich Sachsen ein. Relativ stark war der Adel, gemessen am ostelbischen Preußen, auch im Rheinland, insbesondere aber, wegen der geringen Gesamtbevölkerung, in Schleswig-Holstein und in den beiden Mecklenburg [97: DEMEL, Adelstruktur, 215; 63: PEDLOW, Der kurhessische Adel, 272; 234: REIF, Erhaltung, 276; 223: MATZERATH, Adel, 274].

<small>Verteilung nach Ländern</small>

Hinreichend differenzierte Datenreihen zur Zahl und Gruppenstruktur des Adels im 19./20. Jahrhundert, zu seinen familialen Verhaltensmustern, seinen Berufslaufbahnen und politischen wie gesellschaftlichen Handlungsfeldern sind noch immer ein dringendes Forschungsdesiderat. Der These einer fortschreitenden sozialen Öffnung

<small>Überprüfung der Verschmelzungsthese</small>

des Adels gegenüber dem Bürgertum oder gar einer „Verschmelzung" haben sich dagegen zahlreiche Studien zugewendet. Zur Überprüfung konzentrierten sie sich überwiegend auf die Heiratsstrategien. Im aufgeklärt-absolutistischen Preußen z. B. wies das Allgemeine Landrecht von 1794 in diese Richtung, indem es zum einen den Adel erneut vor „Mißheiraten" mit Angehörigen von Bauern und Handwerkern schützte, andererseits mit dem Elitenkonzept der „Personen gebildeten oder höheren Standes" (hohe Beamte, Akademiker, Großkaufleute, Bankiers), die gewisse Gerichts- und Heiratsprivilegien genossen, der Heiratspolitik des Adels eine neue, durchaus auf Verschmelzung zielende Richtung wies [55: KOSELLECK, Preußen, 105–112]. In Bayern vermittelte die moderne Adelsreformpolitik des Ministers Montgelas zeitweise durchaus mit Erfolg dem Adel eine ähnliche Orientierung [97: DEMEL, Adelsstruktur, 223]. Eine langfristig bleibende Wirkung entfalteten alle diese Anstöße jedoch nicht.

Gruppenstärken und Gelegenheitsstrukturen

Skepsis gegenüber der Verschmelzungsthese stellt sich im Grunde schon ein, wenn man den dafür zur Verfügung stehenden, weit über die Regionen und das Land zerstreuten, wenig zahlreichen vermögenden Adel (0,2% der Bevölkerung um 1900) mit dem um ein Vielfaches zahlreicheren höheren Bürgertum vergleicht, das zudem ein völlig anderes räumliches Verteilungsmuster, insbesondere eine hohe Konzentration in mittleren und großen Städten aufwies. Wieviel „soziale Verschmelzung" war rein von der Zahl und der Gelegenheit, sich zu treffen, her überhaupt möglich? Wie sah die Realität der unterstellten Verschmelzung also konkret aus? Auch hier stehen die Befunde eher noch nebeneinander, als daß sie sich zu einem stimmigen Bild ergänzen.

Heiratsverhalten – Öffnung zum Bürgertum

Mit der ökonomischen Stabilisierung des Adels Ende der 1820er Jahre und der preußischen Politik einer Adelsrestauration gewannen die traditionalen Mechanismen einer gezielten Ergänzung des Adels durch Heirat schnell wieder an Kraft. Zwar blieb der Anteil bürgerlicher Heiraten in einzelnen Adelslandschaften, insbesondere den ostelbischen, protestantischen Gebieten durchaus beträchtlich. In einzelnen Familien und Regionen des protestantischen Ostelbien mag er durchaus 30 bis 35% erreicht haben (Hj. HENNING). Hinter solchen Zahlen werden zweifellos auch zahlreiche, tendenziell gleichgewichtige adlig-bürgerliche Heiratsbeziehungen stehen, insbesondere solche des gemeinsamen Berufsbereichs, des beruflichen Kontakts zwischen adligen und bürgerlichen Militärs sowie höheren Beamten. Aber diese Zahlen verweisen vor allem auf dramatisch wachsende Probleme adliger Statussicherung, denn die Abweichung von der adligen Regel endogamer Heirat war zuerst und vor allem dem absinkenden Adel gestattet, daneben dem reicheren nur, wenn – wie bei Erbinnenheiraten – massive Reichtums- und Machtgewinne zu erzielen waren. Der weitgehend vermögenslose adlige Offizier wird zweifellos eher eine reiche bürgerliche als eine arme adlige Tochter geheiratet haben, z. B. um die erforderliche Kaution und den monarchischen Heiratskonsens zu gewinnen; und ähnliche Motive drängten sich auch dem adligen Beamten auf. Aber schon die naheliegende andere Alternative, die Heirat in die Familien der bürgerlichen Rittersguts- und Großgrundbesitzer, wurde selbst im ostelbischen Preußen als nicht standesgemäß abgelehnt.

Im Vergleich zum standesherrlichen oder zum katholischen Stiftsadel war der ostelbische Adel zweifellos relativ offen. Gemessen an der englischen Gentry blieb aber auch der altpreußische Junker-Adel eher exklusiv. Das englische Leitbild der gezielten Rezeption bürgerlichen Reichtums durch Heirat bürgerlicher Frauen mit hohen Mitgiften, möglichst sogar Erbinnen, läßt sich zwar im ostelbischen Gutsbesitzeradel nachweisen [88: v. TRESKOW, Adel, 354]. Aber die Zahl der Fälle blieb doch recht begrenzt, konnte das dominierende Leitbild adelsständischer Exklusivität nicht auflösen. *Unterschiede nach Adelsgruppen*

Die Grenze zwischen Adel und Bürgertum blieb in Deutschland auffällig hart; der Adel verharrte nicht nur westlich, sondern aufs Ganze gesehen auch östlich der Elbe in einer kastenmäßigen Sonderstellung. In der zweiten Hälfte des 19. Jahrhundert kam es eher zu einer Verstärkung als zu einer Einebnung [310: MÖCKL, Hof, 13] dieser Distanz. Die Abschottung des Adels war gewollt, und sie war ein Indiz der Stärke in anhaltender Defensive. Der Rückzug erfolgte kontrolliert und im Gestus des Siegers, der offenbar viele Zeitgenossen, nicht nur die Leser der Marlitt-Romane, voll überzeugte. Die Rede von einer „Verbürgerlichung" des Adels verfehlt diese Realität. Der Adel in Deutschland hat an vielen bürgerlich dominierten Entwicklungen teilgenommen, an den Logen, den Orden, Vereinen und Salons der „Gesellschaft der Aufklärung" und Romantik, am neu entstehenden höheren Bildungswesen, an der mehr unterhaltenden als statusbildenden Geselligkeit der großen „Häuser" wie der Korps in den Metropolen (P. WILHELMY) und selbst – bei mannigfachem Scheitern – an vielen „Gründungen" der städtischen Finanzwelt und Industrie [145: Stern, Gold, 439]. *Grenzen der Öffnung – bleibende Exklusivität*

Es gab eine gemeinsame Stadtgeselligkeit mit dem Großbürgertum; aber diese entwickelte sich nicht zu anregender, verhaltensändernder sozialer Nähe, dünnte sich vielmehr zunehmend aus zu nützlichen Kontakten, die man bei Gelegenheit, z. B. bei Geldanlagen oder Kreditbedarf, aktivieren konnte. Bedeutend blieben für den Adel dagegen:

enge nicht-bürgerliche Heirats- und Erbprinzipien, die Trennung zwischen engerem adligen und weiterem adlig-bürgerlichem Geselligkeitskreis und – je später, desto stärker – das Beharren auf einer stark vom Land her definierten Lebensform eigener Qualität.

<small>Großbürgertum mit eigener Lebensform</small>
Neuere Bürgertumsstudien haben nachgewiesen, daß das Großbürgertum seinerseits ebenfalls nur sehr begrenzt und kontrolliert adlige Leitbilder, z. B. Landbesitz und Landleben, auch das Duell, in seine Lebensform integriert hat und im Grunde auch, je länger, desto stärker, kein großes Interesse mehr für das plutokratische Aristokratiemodell entwickelte. Selbst das jüdische Großbürgertum verspürte alles in allem keinen großen Drang, durch Heirat in den Adel aufgenommen zu werden [113: AUGUSTINE, Patricians, 190].

<small>Ursachen bleibender Exklusivität</small>
Dem Adel in Deutschland fehlten die schubartigen personellen Erweiterungen, die Frankreichs Adel um 1800 erfahren hatte. Der in Deutschland lange Zeit nur wenig bedeutende bürgerliche Reichtum blieb da, wo er in großen Landbesitz floß, insbesondere im ostelbischen Preußen und in Sachsen, für die soziale Umgestaltung des Adels, zumindest was das ständeübergreifende Konnubium als Mittel betrifft, folgenlos. Da es im Unterschied zu Frankreich in den aufgeklärten Fürstentümern des Alten Reiches keinen nennenswerten Ämterkauf gab, blieb der frühbürgerliche Reichtum dem Staatsdienst fern. Dieser wurde in der Folge durch das Bildungs- und Berechtigungswesen stark von Aufsteigern mittelständischer Herkunft geprägt, die der Adel um 1800 nicht als annähernd gleichbedeutenden Partner einer erwünschten Verschmelzung erkennen und anerkennen konnte. Als dann in der Kaiserzeit großbürgerlicher neuer Reichtum entstand, war es ökonomisch nicht mehr sinnvoll, in großen Landbesitz und Agrarwirtschaft, also in soziale Nähe zum Adel zu investieren. In Deutschland fehlte ein Leitbild, das der Verflechtung von Adel und Bürgertum den Weg wies. Die dezentrale Struktur Deutschlands, das Fehlen eines repräsentativen Zentrums und Begegnungsorts für die „besseren Kreise" bis 1871 (und darüber hinaus), die bleibende Ost-West-Arbeitsteilung zwischen einem industrialisierten, urbanisierten Westen und einem dominant agrarischen Nordosten Deutschlands, kurz, die ungünstigen Gelegenheitsstrukturen für Nahbeziehungen zwischen Adligen und Bürgerlichen, taten – zusammen mit einer für zahlenmäßig kleine Gruppen typischen Defensivlogik – ein übriges, das zu schaffen, was um 1900

<small>Scheitern adlig-bürgerlicher Aristokratie</small>
unübersehbare Realität und selbst in den 1920er Jahren nicht zu korrigieren war: Das Scheitern aller als „neue Aristokratiebildung" kaschierten (überwiegend bürgerlichen) Pläne einer neuen, integrierenden, gesellschaftsprägenden Elite aus Teilen des Adels und des Bürger-

2. Lage und Alltagsverhalten des Adels

tums. Der Adel ließ sich weder durch Heirat noch durch Leistungsdenken, weder durch Professionalisierung noch Vermögen so weit öffnen, daß eine Elitenbildung in Form einer Aristokratie, erst recht nicht in Form einer Meritokratie möglich wurde. Charakteristisch blieben für die Beziehung zwischen Adel, höherer Beamtenschaft und Großbürgertum die anhaltende Fraktionierung, die Unsicherheit der gegenseitigen Einschätzung, die bleibende Fremdheit und der Mangel an Vertrauen, kurz: das Nebeneinander der adligen und bürgerlichen Sozialmilieus. Was durch die formale Verwandlung des Adels in einen Teil der offenen Gutsbesitzerklasse und staatlichen Leitungselite um 1800 langfristig ein Ineinander werden sollte, entwickelte sich zu einem Nebeneinander in „komplizierten Kompromißstrukturen" der Machtteilung (M. STÜRMER), kaum in ein „Bündnis der Eliten" (F. FISCHER), bestenfalls in eine Agglomeration von gesellschaftlichen Teileliten, die von Zeit zu Zeit leidlich funktionierte. Die Rede von der „sozialen Verschmelzung" droht diesen bedeutsamen Befund zu verwischen. Zur Frage, ob eventuell im deklassierten Adel oder im grundbesitzlosen, städtisch lebenden Militär- oder Beamtenadel eine größere Verflechtung mit dem Bürgertum durch Heirat stattfand, läßt sich zur Zeit mangels Forschung noch nichts sagen.

komplizierter Elitenkompromiß

Auch die Überprüfung der anderen Indikatoren, die nach dem Sonderwegsansatz auf „Verschmelzung" hinweisen, hat diese Deutung nur wenig bestätigt [50: KAELBLE, Wie feudal, 163–167]. Das zweifellos effektivste Mittel der Fürsten und ihrer Regierungen, eine adligbürgerliche Aristokratiebildung „von oben" auf den Weg zu bringen, war die Nobilitierung. Entsprechend häufig ist diese Nobilitierungspolitik auf die ihr zugrundeliegenden gesellschaftspolitischen Intentionen untersucht worden.

weitere Verschmelzungs-Indikatoren

Nobilitierungspolitik

Preußen und die Mittelstaaten des Deutschen Bundes haben das Mittel der Nobilitierung vergleichsweise sparsam eingesetzt. Die preußischen Könige nobilitierten in der ersten Hälfte des 19. kaum mehr als im Durchschnitt des 18. Jahrhunderts, und weit weniger als die Habsburger zur gleichen Zeit [vgl. 35: FEHRENBACH, Adel, 14]. Mit der Reichsgründung nahm die Zahl der Nobilitierungen stärker, unter der Regierung Wilhelms II. dann sprunghaft zu [vgl. 205: CECIL, The creation, 761]. Noch einmal deutlich vorsichtiger als Preußen gingen, aufs ganze Jahrhundert gesehen, die Mittelstaaten vor.

Solche im Vergleich z. B. zu England sehr niedrigen Zahlen signalisieren, daß die Nobilitierungspolitik in Deutschland im 19./20. Jahrhundert nicht den um 1800 diskutierten Konzepten einer offenen Elitenbildung, nicht einmal – die Regierungszeit Wilhelms II. vielleicht ausgenommen – dem Konzept einer kräftigen Auffrischung und inneren Erneuerung des Adels durch gezielten, ausgewählten Zustrom bürgerlicher Kräfte folgte. Ein Weg, die Ziele der Nobilitierungspolitik zu erschließen, liegt in der Analyse der Nobilitierungskriterien und der Berufsstruktur der Nobilitierten. Vor allem für Preußen liegen dazu mehrere Studien vor [205: CECIL, The creation; 237: STEIN, Der preußische Geldadel]. Als Kriterien für eine Adelsverleihung galten in der Reihenfolge ihrer Wichtigkeit: berufliche Leistung, großer Grundbesitz, konservative Gesinnung und Wohltätigkeit. Als relativ wenig relevant erscheint – zumindest bis zur Regierungszeit Wilhelms II. – der „bloße Reichtum"; nahezu irrelevant blieb, in klarem Gegensatz zu England, das politische Engagement, die parlamentarische Leistung. Unter den Nobilitierten dominierten an Zahl die Offiziere, gefolgt von den Großgrundbesitzern und den höheren Beamten; erst mit großem Abstand folgten dann die großen Unternehmer. Der Vergleich mit den Daten für die Zeit zwischen 1790 und 1848 signalisiert Nobilitierungsstrukturen von großer Dauer: Das Militär dominierte auch hier; die Beamtenschaft stand allerdings noch deutlich vor den Rittergutsbesitzern, während Kaufleute auch in dieser Zeit nur selten in den Erbadel aufstiegen [198: BERGHOFF, Aristokratisierung, 183–186; 43: HENNING, Unentschiedene Konkurrenz, 30 ff.]

Nobilitierungskriterien

wechselnde Nobilitierungsziele

Die Deutung dieser sehr begrenzten Zahlenbefunde ist nicht einfach und zur Zeit noch unsicher. In den Jahrzehnten um 1800 ging es primär darum, das neue, staatsnahe „eximierte" Bürgertum an den Adel anzugleichen. Bürgerliche Offiziere oder Beamte mit Rittergutsbesitz sollten vom Adel absorbiert werden; gleichsam eine zahlenmäßig forcierte Praxis des Alten Reiches. Friedrich Wilhelm IV. hat diesen Weg mit seiner am englischen Modell orientierten, aber schnell gescheiterten Adelsreform ein letztes Mal betreten [327: REIF, Friedrich Wilhelm IV.]. Inzwischen hatte sich, das zeigt die zunehmende Zahl der vom alten Adel aus Distanzierungsgründen nachgesuchten Standeserhöhungen, die Position des Adels aber wieder gefestigt, und zugleich wurde immer deutlicher, daß der Gütererwerb bei steigenden Güterpreisen für die Mehrzahl der bürgerlichen Offiziere und Beamten in unerreichbare Ferne rückte. Damit gewann die Nobilitierung sukzessiv eine doppelte Bedeutung: Teils führte sie dem landbesitzenden Kern des alten Adels neue Familien zu; teils zeichnete sie den erfolgreichen bürgerlichen Staatsdiener vor Seinesgleichen aus. Da Aufstieg im Staatsdienst zunächst vorwiegend durch Adelsverleihung (erst später auch durch Titel und Orden) zum Ausdruck gebracht wurde, stützten diese Nobilitierungen das Ansehen des alten Adels, erfüllten das „unstillbare Bedürfnis

2. Lage und Alltagsverhalten des Adels 65

(des Bürgers, H.R.), am Prestige des Adels teilzuhaben". Im Grunde aber vertiefte sich durch diese Nobilitierungspolitik, die gerade den zum Landerwerb fähigen Wirtschaftsbürger weitgehend ausschloß, „der Graben zwischen Bürgertum und Adel" [55: KOSELLECK, Preußen, 677].

Im Extremfall der südwestdeutschen ehemaligen Rheinbundstaaten schuf die Nobilitierung sogar „nur" eine neue Oberschicht des Bürgertums. Die Fürsten suchten hier, den wenig zahlreichen Geburtsadel, der ihnen zudem überwiegend distanziert, ja feindlich gegenüberstand, durch Nobilitierungen und durch die Erlaubnis für einen Teil der Staatsdiener, ihren Personaladel zu vererben, gezielt zu erweitern. Das gelang nicht. Der süddeutsche Personaladel blieb eine „Spitzengruppe des bürgerlich-akademischen Beamtentums" [195: WUNDER, Adel, 252] und Militärs, entwickelte sich nicht zum „Vorhof" auf dem Wege in den Erbadel. Es war diese dem alten Adel doppelt nützende Entwicklung, die das selbstbewußte, traditionell adelsfeindliche bürgerliche Beamtentum Südwestdeutschlands so maßlos ärgerte. Doch alle scharfe Kritik und Ablehnung von Nobilitierungen, alles Nichttragen der verliehenen Adelstitel, alles Beharren auf dem eigenen Prestige des Staatsdienstes konnte nicht verhindern, daß vor allem die südwestdeutschen Landesherren, denen sich der alte Adel verweigerte, ihre staatstragende Elite als „neuen Adel" aufbauten [103: KOLLMER, Die wirtschaftliche Lage, 285] und damit indirekt auch den alten Grundadel des Landes aufwerteten, der seinerseits kaum daran dachte, die Nobilitiertenfamilien in seine Reihen aufzunehmen, zu integrieren und sich dadurch selbst in seinen Denk- und Lebensformen zu modernisieren.

Nobilitierungspolitik der „Rheinbundstaaten"

„neuer" staatsgebundener Adel

In Preußen verlief diese Entwicklung nicht so eindeutig wie im Südwesten. Hier behielt die Nobilitierung ihre Doppelfunktion, akzentuierte zum einen den Erfolg im Staatsdienst, wurde zum anderen aber auch zu einem von mehreren gesellschaftlichen Rangsegmenten, die zu Hoffnungen auf Integration in altadlige Familien, insbesondere in Adelsfamilien des eigenen beruflichen Umfeldes, berechtigten. Inwieweit dieses Kalkül der Nobilitierungspolitik, dem alten Adel „die Würdigsten anderer sozialer Gruppen zuzuführen", ihn durch „identitätsnahen personalen Zustrom" aus dem Bürgertum zu modernisieren, letztlich aufging, läßt sich zur Zeit noch nicht einschätzen. Der Anpassungsdruck auf den alten Adel, der von den Nobilitierten ausging, blieb gering, weil diese relativ schwach an Zahl und – gemessen an den Wirtschaftsbürgern – auch schwach an Vermögen waren. Dort, wo weitere Rangmerkmale – Familientradition, gesellschaftliche Kontakte, militärischer Rang, vor allem aber Landbesitz – soziale Nähe schufen, kam es

andere Entwicklung in Preußen

zweifellos, vorwiegend über Tochterheiraten, zur Integration. Doch wurde es im Verlauf des 19. Jahrhunderts für eine Nobilitiertenfamilie immer schwieriger, durch Heiratsverbindungen Anschluß an den Altadel zu gewinnen [43: HENNING, Unentschiedene Konkurrenz, 41; 227: MÖCKL, Der deutsche Adel, 108f.]. Der alte Adel betonte gegenüber den Nobilitierten verstärkt wieder seine Exklusivität, nutzte nur wenig die Möglichkeit einer verdeckten, zügigen Erweiterung seines Personenbestandes. Und noch abweisender als gegenüber landlosen Offiziers- und Beamtenfamilien verhielt man sich gegenüber den nobilitierten Unternehmern, selbst wenn diese, was durchaus häufig war, Landgüter erwarben.

<small>Distanz Altadel–Nobilitierte</small>

Unter Wilhelm II. gewann die Nobilitierungspolitik, bezogen auf das Wirtschaftsbürgertum, einen Hauch von Innovation. Die Chancen der Unternehmer, den Adel verliehen zu bekommen, verdoppelten sich; ihr Anteil an den Nobilitierungen stieg von 6–7% auf 14–15%. Dies signalisiert eine Zuwendung des jungen Kaisers zur Großbourgeoisie, die vom alten Adel durchaus erkannt und mit Unwillen registriert wurde. Dem zeitlichen Ablauf der wirtschaftsbürgerlichen Reichtumsbildung gemäß wurden bis in die siebziger Jahre stärker Handels- und Finanzkapitalisten nobilitiert, seit den 1880er Jahren stellten dann aber stets die Industriellen die größte Einzelgruppe nobilitierter Unternehmer. Von einer sozialen Nachrangigkeit des Industriebürgertums in der preußischen Nobilitierungspolitik kann zumindest im Kaiserreich nicht die Rede sein. Doch spielte beim Wirtschaftsbürgertum mehr als bei anderen Gruppen die Nähe zum Kaiser für die Nobilitierung eine besondere Rolle: Rüstungsindustrielle und Vertreter der Hochfinanz hatten offenkundig die besten Chancen [198: BERGHOFF, Aristokratisierung, 192].

<small>Nobilitierungspolitik Wilhelms II.</small>

Die Nobilitierungspolitik der Fürsten und Monarchen, die in ihren Zielen in Südwestdeutschland klar, in Preußen merkwürdig fluktuierend, die aber in beiden Fällen gesellschaftlich relativ folgenlos war, zielte aufs Ganze gesehen im 19./20. Jahrhundert nicht auf einen modernisierten Adel, der die in Handel und Industrie erworbenen großen bürgerlichen Vermögen in sich einschloß. Sie zeichnete vielmehr dominant den Staatsdienst aus und koppelte damit den Adelsrang weiter von der gesellschaftlichen Dynamik ab [43: HENNING, Unentschiedene Konkurrenz, 39–41; 55: KOSELLECK, Preußen, 676]. Der reiche Bankier, Handelskaufmann oder Industrielle sah, entgegen MAX WEBERS Befürchtungen, je später im 19. Jahrhundert, desto weniger einen Sinn darin, sein Vermögen in großen Grundbesitz zu investieren und zum adligen Landleben überzugehen. Dort, wo die Bourgeoisie, wie z.B. im Umkreis von Berlin, in größerer Zahl Güter aufkaufte, da erweiterten

<small>keine Adelserneuerung durch Nobilitierung</small>

die Gutshäuser das Spektrum der Möglichkeiten großbürgerlicher Geselligkeit und Freizeitkultur; an Landwirtschaft und „Führung des Landes" war dabei nicht gedacht.

Mit dem Nachweis, daß die Einstellung zu Heirat wie Nobilitierung in Adel wie Großbürgertum einer jeweils eigenen Logik folgte und die Heiratsverbindungen zwischen beiden sozialen Klassen sich bis zu Beginn unseres Jahrhunderts in relativ engen Grenzen hielten, verlieren nicht nur die Vorstellungen einer Verschmelzung, sondern auch die daran anknüpfenden Thesen einer Verbürgerlichung des Adels oder einer Feudalisierung des Bürgertums stark an Gewicht. Noch immer läßt sich deshalb mit THOMAS NIPPERDEY resümieren: Der Adel verbürgerlichte nicht, sondern baute lediglich einige bürgerliche Verhaltensmuster in seine weitgehend intakt bleibende Lebenswelt ein. Und was als vom Adel ausgehende Feudalisierung des Bürgertums wahrgenommen wurde, läßt sich weit besser als der nicht allzu erfolgreiche Versuch einer neuen, stark staatsbezogenen Aristokratiebildung verstehen, an welcher der Adel, wie z. B. das Salonleben im Berlin der Kaiserzeit zeigt, nur sehr begrenzt aktiv teilnahm [50: KAELBLE, Wie feudal, 169; 61: MOSSE Adel, 313]. Selbst das feudalste aller adligen Verhaltensmuster, das Duell, muß inzwischen als unsicherer Indikator einer vom Adel gelenkten Feudalisierung des Bürgertums gelten. Dort, wo sich im späten 19. und frühen 20. Jahrhundert gebildete Bürgerliche duellierten, taten sie dies im Rahmen einer relativ eigenständigen, selbstbewußten Duellkultur, die sich von der des Adels erheblich unterschied [212: FREVERT, Die Ehre, 575].

Der Blick auf die „von oben" erwartete Formierung einer adligbürgerlichen Aristokratie, die nicht zustande kam, darf aber nicht die bedeutenden Auswirkungen der Nobilitierungspolitik am breiten Sockel der Oberschicht in Deutschland übersehen: Nobilitierte ohne Gutsbesitz, unfähig, solchen zu erwerben oder zu erhalten, wurden zahlreicher, traten zur Gruppe der grundbesitzlosen alten Adelsfamilien hinzu, machten das Phänomen „armen" Adels sichtbar, machten zum ersten Mal das Problem virulent, daß „die breite, rechtlich einheitlich behandelte Schicht des niederen Adels" [96: BADER, Zur Lage, 343 f.] äußerst heterogen geworden war. Grundbesitzender alter und besitzloser, auf den Staatsdienst angewiesener neuer, nobilitierter Adel traten seit dieser Zeit zunehmend stärker auseinander. Inwieweit sich hier „Fermente der Feudalisierung" (Th. NIPPERDEY) ansammelten, ist zur Zeit noch unerforscht.

Die Vorstellungen von der adlig-bürgerlichen Verschmelzung und der Feudalisierung des Bürgertums finden im Sonderwegskonzept

<small>Relativierung von „Verbürgerlichung" und „Feudalisierung"</small>

<small>Aristokratiebildung</small>

<small>Duelle als Indikator</small>

<small>Nobilitierte bleiben eigene Gruppe</small>

ihren Grund in zwei säkularen Prozessen: dem starken Eindringen Bürgerlicher in den adligen Großgrundbesitz und der Selbstbehauptung des Adels in den Säulenbereichen des Staates, im Militär und in der höheren Beamtenschaft. Auch diese „Bilder" hielten der Überprüfung letztlich nicht stand.

bürgerliche Rittergutsbesitzer

Anfang des 19. Jahrhunderts sollen – nach allerdings wenig differenzierten Zählungen – zwischen 6 und 13% der Rittergüter Preußens in bürgerlicher Hand gewesen sein. Im krisenreichen ersten Drittel des 19. Jahrhunderts beschleunigte sich dieser Verdrängungsprozeß. 1856 besaß der Adel in Preußen 56,9%, 1885 sogar nur noch 48,1% der ca. 12 000 Rittergüter [104: MARTINY, Die Adelsfrage, 114; 55: KOSELLECK, Preußen, 83, 512; 78: SCHISSLER, Preußische Agrargesellschaft, 75]. Für Sachsen, wo die adligen Rittergüter nicht geschützt und der bürgerliche Reichtum größer war, liegen noch krassere Zahlen vor [223: MATZERATH, Adel, 285; 124: Flügel, Der Rittergutsbesitz, 82]. Diese Zahlen signalisieren unabweisbar erhebliche Einbußen des Adels östlich der Elbe an Rittergutsbesitz und das scheinbar unaufhaltsame Vordringen des bürgerlichen Kapitals, vor allem als Folge der von den Agrarreformen erzwungenen freien Bodenmobilität. Der Vergleich mit den Verhältnissen westlich der Elbe und genaueres Hinsehen haben aber inzwischen das Bild eines früh erreichten Übergewichts bürgerlicher Eigentümer im ostelbischen Großgrundbesitz beträchtlich korrigiert: 1824 waren in der preußischen Provinz Westfalen zwischen 14 und 21% der alten Rittergüter in bürgerlicher Hand [71: REIF, Westfälischer Adel, 191]. Aber dies waren fast durchweg kleinere, im Laufe von Jahrhunderten durch Verpachtung und Verkauf abgewirtschaftete Rittergüter im Besitz solcher Adelsfamilien, die zwei, drei oder noch mehr Güter besaßen, was für einen beträchtlichen Teil des west- wie ostelbischen Adels normal war. Bürgerliche Familien besaßen dagegen in der Regel nur ein Rittergut. Im katholischen Regierungsbezirk Münster behielt der Adel die leistungsstarken alten und neuen Rittergüter bis zum Ende des 19. Jahrhunderts in seiner Hand, und auch an den neuen, neben den Rittergütern entstehenden großen Gütern hatte er einen erheblichen Anteil [51: KEINEMANN, Vom Krummstab, 160ff.].

Vergleich West- vs. Ostelbien

Korrektur bisheriger Besitzverlust-Quoten

Neue Untersuchungen haben für das ostelbische Preußen und Sachsen, bei allerdings deutlich höheren Verlustquoten, ähnliche Anzeichen einer Stabilisierung auf allerdings reduziertem Niveau zutage gefördert. Der Adel behauptete sich in den Rittergütern wesentlich besser als in dem anderen Großgrundbesitz (der 1866 in Preußen allerdings schon ein Drittel aller Güter über 200 ha ausmachte). Die großen Rittergüter, die in der Regel auch die ertragreicheren Böden besaßen, blieben in beiden Ländern Güter des Adels [105: SCHILLER, Edelleute, 282f.; 125: FLÜGEL, Rittergutsbesitz, 336]. Zumeist waren sie durch Lehns- oder Fideikommißbildung oder durch familienintern vereinbarte Erbregeln dem freien Gütermarkt auf Dauer entzogen. Je größer das Rittergut, desto eher war es ein adliges. 1885 besaß der Adel im ostelbischen Preußen zwar nur noch 51,9% der Rittergüter, aber bei den Gütern über 1000 ha stieg sein Anteil auf 68%, bei Gütern über 5000 ha sogar auf 94%. Nimmt man hinzu, daß der Adel zur gleichen Zeit kontinuierlich und stark an Zahl schrumpfte, dann relativiert sich der Eindruck einer schnellen Verdrängung des Adels aus dem Rittergutsbesitz beträchtlich.

Die Landeinbußen des ostelbischen Adels gingen, so ein schon länger bekannter Befund, mit außerordentlich hohen Besitzwechselquoten einher, Quoten, wie sie im Westen und Südwestdeutschland das ganze Jahrhundert hindurch unbekannt geblieben sind. 1860, als die preußische Regierung dieses Phänomen untersuchen ließ, wurde errechnet, daß jedes der ca. 12 000 ostelbischen Rittergüter zwischen 1835 und 1864 ca. 2,2 Mal gewechselt hatte, in 60% der Fälle durch freiwilligen Verkauf. In Westfalen hatten die Rittergüter in derselben Zeit im Durchschnitt nur einmal gewechselt, und nur in 23% der Fälle durch Verkauf (RODBERTUS, zit. nach [71: REIF, Westfälischer Adel, 477]). Diese Daten bezogen sich auf agrarkonjunkturell gute Jahre. In den Krisenjahren zuvor hatte der Besitzwechsel, zumal in Ostpreußen, sogar dramatische Dimensionen angenommen: Dort wechselten zwischen 1815 und 1829 „von 888 in der ‚Landschaft' assoziierten Gütern" 510 ihre Besitzer, davon ca. die Hälfte durch Zwangsversteigerungen [78: SCHISSLER, Preußische Agrargesellschaft, 166; 91: WEHLER, Gesellschaftsgeschichte, Bd. 2, 155].

Besitzwechselquoten

Das Deutungsstereotyp der Junkerforschung lenkte den Blick auf eine moderne Ursache dieses Geschehens: die vom Adel betriebene Spekulation, zu der ihn die zwangsgenossenschaftlichen adligen Kreditinstitute, die „Landschaften", verleitet hatten. Die günstigen Kreditmöglichkeiten, ursprünglich als Hilfe zum Wiederaufbau nach den Zerstörungen des Siebenjährigen Kriegs gedacht, wurden vom Adel zum „Güterschacher" genutzt. Güter wurden gekauft, um sie möglichst bald zu höheren Preisen wieder zu verkaufen. Das trieb die Preise für Rittergüter schnell in Höhen, die jenseits ihrer realen Leistungskraft lagen. Die Agrarkrise der 1820er Jahre wurde dadurch zur Stunde der Wahrheit. Kein Zweifel, daß damals auch jenseits von Ostpreußen, in anderen Teilen Ostelbiens, dem Adel sehr viele Güter, auch viele langver-

Ursachen des Besitzwechsels

„Güterschacher"

erbte Familiengüter, verloren gingen. Aber die Schlußfolgerung, daß durch diesen beschleunigten Besitzwechsel die patriarchalischen Bindungen zwischen adligen Gutsherren und Bauern aufgelöst wurden, erscheint ebenso wenig begründet, wie das Bild eines von Marktkräften umfassend mobilisierten ostelbischen Rittergutsbesitzes. Ein wesentlicher Teil dieser Gütermobilität läßt sich nämlich auf ein extrem vormodernes Phänomen, das vom Lehnsrecht gesetzte „Erbe zur gesamten Hand", zurückführen, das den Heimfall des Lehens verhinderte, die Rittergutsbesitzer aber im 19. Jahrhundert vor schier unlösbare Erbregulierungsprobleme stellte. Dieses Erbrecht zwang die Familienväter zu einer ganz anderen Besitzsicherungsstrategie als in den katholischen Teilen des Alten Reichs. Da alle Agnaten erbberechtigt waren, war es normal, daß das Lehnsgut im weiten Netzwerk des Geschlechts zirkulierte. An die Kontinuität einer gutsherrlichen Stammfamilie waren die Bauern Ostelbiens, im Unterschied zum katholischen Westen, also ohnehin nicht gewöhnt; gleichwohl funktionierte auch hier der Patriarchalismus. Bei Mehrfachbesitz teilten die Familienväter ihre Güter unter die Söhne auf. Die Anteile der weiteren Agnaten wurden als Hypotheken auf diese Güter eingetragen. Dort, wo nur ein Familiengut vorhanden war, drohte bei fast jedem Erbfall die Gefahr, daß das Gut, das von einem der erbenden Söhne oder einem Verwalter geführt wurde, unter der Last alter und neu hinzukommender Agnatenansprüche zusammenbrach. Hier liegt der Grund dafür, daß die Väter mit mehreren Söhnen sich in der Regel bemühten, im Laufe ihres Lebens Güter hinzuzukaufen. Väter mit nur einem Sohn, wenigen anspruchsberechtigten Agnaten und mehreren Gütern konnten sich dagegen Verkäufe leisten. Das genaue Funktionieren dieses komplizierten Erbsystems für Lehen (nicht für das sog. Allod, den Eigenbesitz) ist zur Zeit noch kaum erforscht [228: MÜLLER, Feudale und bürgerliche Eigentumsformen, 6]. Doch kann schon jetzt kein Zweifel daran bestehen, daß die hier beschriebenen Besitzwechsel nicht als Vorstufen eines langfristigen Besitzverlustes durch moderne Marktkräfte zu begreifen sind. Das Szenario eines nach 1800 einsetzenden gravierenden Besitzverlustes des Adels ist auch aus dieser Perspektive heraus zu entdramatisieren. Nicht die Höhe, sondern die Bedeutung der Besitzwechselquoten hat letztlich das Ausmaß der adligen Verlusterfahrung östlich der Elbe bestimmt.

Es gab aber – trotz aller dieser Differenzierungen – im 19. Jahrhundert ganz übersehbar reale Verluste des Adels im Rittergutsbesitz. Und es gab östlich wie westlich der Elbe zahlreiche Adelsfamilien, die ihre Bindung zum Boden verloren, besonders in den krisenhaften 1820er Jahren. Wenn z. B. in Bayern 1815 etwa 50%, 1921 (nach

W. ZORN) dagegen nur noch 33% des Adels Grundeigentum besaßen, trotz der schrumpfenden Adelszahl, dann läßt sich dies letztlich vor allem durch Güterverkäufe erklären, zumal die adligen Landgüter in Bayern zu Beginn des 19. Jahrhunderts im Durchschnitt relativ klein (125 ha) und zudem beträchtlich verschuldet waren [97: DEMEL, Adelstruktur, 215]. Aber es gibt auch unverkennbare Anzeichen für eine Restabilisierung und einen Zugewinn an Landreichtum des Adels in der zweiten Jahrhunderthälfte. Legt man die Grundbesitzfläche (und nicht die Zahl) der Rittergüter zugrunde, dann besaßen selbst im preußischen Ostelbien bürgerliche Großgrundbesitzer 1914 nur äußerst selten einmal mehr als die Hälfte der Rittergutsflächen, von den westlichen Gebieten, wo der bürgerliche Großgrundbesitz selten, die Forstflächen vor allem der Standesherren dagegen riesig waren, ganz zu schweigen.

Das Bild des gutsbesitzenden Adels als Verlierergruppe ist also keineswegs so eindeutig, wie es HANS ROSENBERG seinerzeit sah. Im ostelbischen Deutschland, vor allem in Schlesien, Ostpreußen, Westpreußen und Pommern kam es zur – zumeist irreversiblen – Verdrängung eines erheblichen Teils des alten, grundbesitzenden Adels aus dem Rittergutsbesitz. Aber diese Verdrängung war nicht so dramatisch, wie es die immer wieder zitierten Globaldaten suggerieren. Zahlenmäßige Schrumpfung des Adels, Verluste und Zugewinn an Gutsbesitz, verknüpfen sich in einer Weise, deren Bedeutung noch nicht hinreichend entschlüsselt ist. Es spricht aber schon jetzt wenig dafür, daß sich der adlige Gutsbesitzer mit Blick auf seinen bürgerlichen Nachbarn als ein Verlierer, oder gar, im Sinne MAX WEBERS, im „Todeskampf" sah. Die Forschungen zur Entwicklung der großen Vermögen im Adel lassen vielmehr erkennen, daß die reale Situation deutlich günstiger, aber auch weitaus komplexer war. Die Familien, die sich im Grundbesitz hielten, erweiterten diesen im Verlauf des Jahrhunderts erheblich. Die südwestdeutschen Standesherren, in deren Region, gemessen an den anfallenden riesigen Ablösungskapitalien, nur begrenzt Bauernland anzukaufen war, erweiterten vor allem ihre Forstflächen. Die Fürsten zu Fürstenberg steigerten so z. B. ihren Land- und Forstbesitz von 22 800 ha (1806) auf 42 000 ha (1919); der Waldanteil stieg dabei von 62% (1806) auf 75% (1919) des Gesamtbesitzes dieser Familie. Dem katholischen Stiftsadel Westfalens gelang es, seine – allerdings relativ kleinen (100 bis 200 ha) – Eigenwirtschaften zwischen 1830 und 1890 fast zu verdreifachen [71: REIF, Westfälischer Adel, 478]; daneben erwarb und verpachtete man zahlreiche Bauerngüter. In Bayern gab es 1825 nur 6 Güter über 1000 ha und 22 Güter über 650 ha; das größte Gut besaß 1800 ha [142: STEITZ, Feudalwesen, 81]. Neben einem sehr zahl-

Korrektur der „Verdrängungsthese"

Erweiterung adligen Grundbesitzes im Westen und Süden

reichen Adel ohne standesgemäßen Grundbesitz – fast der Hälfte aller adligen Namensträger (ohne Personaladel) – stand hier um 1800 eine beachtliche Gruppe mit mittelgroßem Vermögen: eine schmale, reiche landadlige Oberschicht, zu denen z. B. Familien wie die Toerring, Tattenbach oder Preysing gehörten [121: DEMEL, Die wirtschaftliche Lage, 256 ff.; 304: LÖFFLER, Die bayerische Kammer, 102 f.]. 1925 erreichte das größte Gut 6171 ha, und in der Hand adliger Besitzer zählte man 93 Güter über 650 ha (Durchschnitt: 1530 ha); 59 davon erreichten Größen über 1000 ha (Durchschnitt 1960 ha) Grundfläche. In Kurhessen wuchsen die Rittergüter weniger schnell, steigerten ihren Umfang aber immerhin auch bis zum Ende des Jahrhunderts um knapp 50% [63: PEDLOW, Der kurhessische Adel, 273].

östlich der Elbe — Für das ostelbische Preußen fehlen zur Zeit noch entsprechende Zahlen. Doch gewannen die Rittergüter allein aus den Regulierungen (1,3 Mill. ha) und Separationen (5 Mill. ha) der Agrarreform – 86% der Gemeinheiten gingen an die Rittergüter – große Mengen neuen Landes. 642 Millionen Taler an Geldablösungen flossen ebenso, wie die seit den 1830er Jahren kräftig steigenden Erlöse, zu einem erheblichen Teil in den Ankauf von Land, dazu kam dann noch der Zugewinn durch eingezogene Bauernstellen. Daß man über Land- und Forstwirtschaft im 19. Jahrhundert große Vermögen aufbauen konnte, zeigen die statistischen Daten zu Beginn des 20. Jahrhunderts. Die großen Landbesitzer stellten die reichsten Männer Deutschlands, drängten noch immer den Reichtum aus Handel, Bankwesen und Industrie in die zweite Reihe. Natürlich stand dabei der oberschlesische Magnatenadel mit seinen riesigen Gütern, Forsten und Industriebeteiligungen im Vordergrund [137: PIERENKEMPER, Unternehmeraristokraten, 144 f.]. Aber der weitaus größte Teil dieses adligen Vermögens wurde auf dem Land erwirtschaftet, mit Landbau und Forstwirtschaft, darüber hinaus mit einer eher kleineren und mittelgroßen „ländlichen Industrialisierung" aus den Nebenbetrieben der Güter heraus [149: WISCHERMANN, Zur Industrialisie-

Grenzen groß- rung, 176; 141: SEIFFERT, Die Entwicklung, 210]. Beim großindustriel-
industriellen len Engagement sind dagegen – jenseits von Oberschlesien – eher auf-
Engagements fällige Grenzen zu erkennen. Die altpreußisch-westfälischen Adelsfamilien, in der frühen Bergbau- und Eisenindustrie durchaus erfolgreich (v. Romberg, v. Elverfeldt, v. Dücker), folgten der Wanderung dieser Industrie ins Ruhrgebiet nicht. Die 1803 ins Westfälische versetzten Standesherren v. Aremberg, v. Croy und v. Salm wußten mit ihrem Bergregal, trotz aufstrebender Schwerindustrie ringsum, letztlich nicht viel anzufangen, boten es 1825 und selbst noch 1865 dem preußischen Staat gegen geringe Entschädigung an. Und der Herzog von Aremberg,

2. Lage und Alltagsverhalten des Adels

dem es nicht gelang, dieses Regal loszuschlagen, nutzte es, als diese Geldquelle unübersehbar zu sprudeln begann, im Unterschied zu den schlesischen Magnaten nicht zur Gründung von Eigenbetrieben, sondern vorwiegend als eine – allerdings extrem lukrative – Rentenquelle.

In der Momentaufnahme, die der Steuerfachmann RUDOLF MARTIN kurz vor 1914 erstellte, erscheint an der Spitze der Reichtumspyramide, für manche Historiker offenbar unerwartet [58: MAYER, Adelsmacht, 81], der Adel. Unter den elf reichsten Personen Preußens befanden sich kurz vor 1914 allein sechs Adlige, vor allem oberschlesische Magnaten (Henckel v. Donnersmarck, v. Hohenlohe-Oehringen, v. Pleß, v. Schaffgotsch) mit zum Teil kaum noch vorstellbaren jährlichen Einkommenssummen, und viele reiche Adlige des Westens standen diesen Magnaten nicht allzu fern. Wie stark die Jahreseinkommen gewachsen waren, zeigen uns einige Vergleichszahlen vom Anfang des 19. Jahrhunderts. Der westfälische Oberpräsident schätzte 1825 das Einkommen der Grafen von Westphalen auf 70000 Taler jährlich; 1914 versteuerten diese 150000 Taler (ca. 450000 Mark). Der Fürst zu Hohenlohe-Oehringen bezog 1828/29 aus seinen schlesischen und sächsischen Gütern 103000 Taler jährlich; 1914 waren es 2,3 Millionen Taler bzw. 7 Millionen Mark.

Adel in Reichtumsskala, 1914

1914 gab es in Preußen 64, in Bayern immerhin 18 Millionäre mit einem Vermögen über 20 Millionen Mark; 168 Preußen und 48 Bayern besaßen zwischen 10 und 20 Millionen. Von den preußischen Multimillionären waren 63% (d.h. 40 von 64), bzw. 46% (86 von 168) adlig; von den bayerischen 72% (13 von 18) bzw. 67% (32 von 48). Natürlich war unter diesen Millionären die Zahl der Hochadligen wie der reichen Nobilitierten erheblich; gleichwohl stellte der altansässige Niederadel in allen Fällen den größten Anteil. Um z.B. 1830 in den bayerischen Reichsrat aufgenommen zu werden, benötigte man ein Fideikommiß im Wert von 160000 oder ein Jahreseinkommen von 8000 Talern (d.h. eine Verzinsung des Vermögens von 5%). Nur wenigen landsässigen bayerischen Adelsfamilien gelang dieser Nachweis [195: WUNDER, Adel, 244; 121: DEMEL, Die wirtschaftliche Lage, 26; 304: LÖFFLER, Die bayerische Kammer, 54 ff.]. Vergleicht man dies mit den 56 bayerischen adligen Millionären mit mehr als 3,3 Millionen Talern (= 10 Mill. Mark) Vermögen oder – bei einer Verzinsung von 5% – 165000 Talern Jahreseinkommen, dann wird deutlich, wie stark der Reichtum des Niederadels in Bayern im Verlauf von 80 Jahren angewachsen ist. In Preußen war eindeutig Schlesien das Wachstumszentrum adligen Reichtums: Von 61 preußischen Adligen mit einem Vermögen über 10 Millionen Mark kamen 33 aus Schlesien, 5 aus Westfalen (davon nur

adlige Vermögens-Millionäre

2 Standesherren), 4 aus Hessen bzw. aus dem Rheinland, 3 aus dem preußischen Teil Sachsens bzw. aus Posen und nur 1 bis 2 aus den dominant agrarischen Ländern der großen Güter: Brandenburg, Pommern, Ost- und Westpreußen. Hieran zeigt sich am deutlichsten, daß Hektarzahlen nicht automatisch auch Vermögen waren. Der Adel in Westfalen, Rheinland und Hessen besaß in der Regel zwar kleinere, aber eben auch ergiebigere Güter [57: LIEVEN, Abschied, 345].

3. Ämter und Berufe des Adels – Ergebnisse der Positionsanalysen

3.1. Regierung und Verwaltung

Schon früh hat die Adelsforschung Positionsanalysen erarbeitet, die dem Adel eine außerordentlich erfolgreiche Selbstbehauptung in den leitenden staatlichen Ämtern attestierten, im ostelbischen Preußen allerdings weitaus stärker als im westlichen, vor allem südwestlichen Deutschland [65: v. PRERADOVICH, Die Führungsschichten; 183: MUNCY, The Junker]. Grob zusammengefaßt wurde in diesen Analysen für die erste Jahrhunderthälfte ein wachsender, für die zweite ein sich stetig abschwächender Einfluß des Adels in diesen leitenden Ämtern und Berufen konstatiert, bei gleichzeitig sich verstärkender Präsenz in einem schmalen Bereich repräsentativer Spitzenpositionen. Auf die methodischen Mängel solcher einfachen Auszählungen hat zuerst Hj. HENNING hingewiesen. Ohne Daten und Informationen zu den quantitativen wie qualitativen Veränderungen im Gefüge dieser Positionen sowie differenzierten Zahlen zu den Bewerberströmen, die in diese Stellen einflossen, sind der verzerrenden Interpretation Tür und Tor geöffnet. Als weitere Schwäche der einfachen Positionsanalyse kommt hinzu, daß sie kaum Rückschlüsse auf die Berufserfahrung von Adelsfamilie und Adelsstand zuläßt. Was bedeutet es, wenn der Anteil am preußischen Offizierskorps zwischen 1860 und 1913 von 65% auf 30% fiel, wenn man gleichzeitig nicht weiß, daß derselbe Adel auf Grund einer enormen Heeresvermehrung 1913 deutlich mehr Söhne in die Offiziersstellen sandte als 1865, mit der familieninternen Konsequenz, daß immer weniger Söhne in Beamtenlaufbahnen eintraten? Letzteres ist zweifellos hochbedeutsam, wird aber mit Positionsanalysen nicht erschlossen, weil für die Besetzung der relativ wenigen „glänzenden" Beamtenstellen offenbar auch der stark verminderte Zustrom an Adelssöhnen noch ausreichte. Adelsgeschichtlich aufschlußreiche Ergeb-

3. Ämter und Berufe des Adels

nisse lassen sich im Grunde nur durch eine enge Verbindung von Positions- und Gruppenanalyse erarbeiten. Und die bisher verfügbaren Daten aus der Gruppenperspektive deuten an, daß die Adelsfamilien im Schnitt wohl selten mehr als 10% – 20% ihrer Söhne in Regierung und Verwaltung plazieren konnten.

Gegen die allein mit Adelsanteilen an staatlichen Spitzenpositionen argumentierenden Vertreter der These erfolgreicher adliger Selbstbehauptung hat MICHAEL STÜRMER schon früh den Einwand geltend gemacht, daß diese Befunde wohl eher einen fortschreitenden Machtverlust signalisierten. Der Adel habe sich zunehmend auf die glänzenden, repräsentativen, persönlich zu gestaltenden Positionen, gleichsam auf das sichtbare, rituell verfestigte Gehäuse des Reiches zurückgezogen, während im Innern dieses Gehäuses, in der Gesellschaft, immer moderner, professioneller gedacht, gearbeitet, geplant und entschieden wurde. Das hat den Blick auf die vielfältigen neuen Berufs- und Entscheidungsbereiche gelenkt, in welchen der Adel nicht Fuß faßte oder schnell seinen Einfluß einbüßte. HJ. HENNING hat in diesem Zusammenhang darauf verwiesen, daß der Adel im Staatsdienst gerade diejenigen Positionen verlor, die jenseits der repräsentativen Spitzenpositionen die „Vorbereitung" der grundlegenden Entscheidungen trugen, und auf diesem Wege erhebliche Macht ausüben konnten. Er empfahl deshalb, das Machtverhältnis Adel-Bürgertum in den staatlichen Ämtern nicht länger als Adelsdominanz mißzuverstehen, sondern als eine bis 1914 „unentschiedene Konkurrenz" [43: HENNING, Unentschiedene Konkurrenz, 47 f.] zu sehen. Gegen diese Einschätzung wurde allerdings, das Phänomen der „Adelspyramide" anerkennend, argumentiert, daß die vom Adel besetzten staatlichen Stellen gerade die weichenstellenden und entscheidungsmächtigen gewesen wären [91: WEHLER, Gesellschaftsgeschichte, Bd. 3, 817]. Nur genaue Analysen der konkreten Entscheidungsprozesse in den verschiedenen Ämterbereichen können hier letztlich weiterhelfen. Die zur Zeit verfügbaren Zahlen sind lückenhaft und unsicher, weil bei den Zählungen sehr häufig Altadel und Neunobilitierte zusammengefaßt worden sind.

In Preußen blieb im langen 19. Jahrhundert gut die Hälfte aller Ministerstellen in adliger Hand. Im Innen-, Außen- und Landwirtschaftsministerium lagen die Quoten bei 75 bis 80%, in den eher adelsfernen Ressorts Finanzen, Justiz, Handel sanken sie weit darunter ab. Die Oberpräsidenten waren noch an der Wende zu unserem Jahrhundert zu 85% adlig. Und auch bei den Regierungs- und Polizeipräsidenten gab es auf den ersten Blick kaum Einbußen. Der zweite Blick zeigt aber langfristig fortschreitende Ämterverluste im Westen. Die Stelle des Re-

M. STÜRMERS Gegenthese

Kontroverse HENNING-WEHLER

Kernbereiche der Adelsdominanz, Preußen

Ost-West-Unterschiede

gierungspräsidenten blieb in den östlichen Provinzen dominant in Adelshand, während im Westen kurz vor 1914 adlige Regierungspräsidenten deutlich die Minderheit stellten [175: HENNING, Beamtenschaft, 44; 43: ders., Unentschiedene Konkurrenz, 18; 65: v. PRERADOVICH, Die Führungsschichten, 121 ff.]. Auf höherem Niveau zeigt sich das gleiche Gefälle auch bei den Landräten [vgl. 165: EIFERT, Zum Wandel, 63; 158: BUCHSTEINER, Kontinuität, 367; 171: GILLIS, The Prussian, 254]. Besonders kraß zeigt sich der Ost-West-Unterschied am 1876 eingeführten Landesdirektorenamt. In den altpreußischen Kernprovinzen war es bis 1918 durchweg zu 80 bis 100% mit Adligen besetzt; in den neueren preußischen Provinzen tendierte der Adelsanteil gegen Null [vgl. 189: SCHADEWITZ, Das Amt, 142 f.]).

Abschwächung, jenseits der Kernberufe

Jenseits dieser Kernberufe des Staatsdienstes schwächte sich die Adelspräsenz sofort merklich ab. Dies fällt schon bei den so zahlreichen Richterstellen auf, bedenkt man, daß der Adel hier, wegen der „adligen Bank" im Justizwesen des Alten Reichs und der Patrimonialgerichte, durchaus eine Ämtertradition zu verteidigen hatte. Das gelang aber nicht. Die Richter wurden weniger gut bezahlt, ihre Tätigkeit zog weniger öffentliche Aufmerksamkeit auf sich; weitere Gründe liegen noch im Dunkeln. Als das Deutsche Adelsblatt 1884 eine Erhebung über den Adel im Justizwesen veröffentlichte, waren die Zahlen diesbezüglich mehr als enttäuschend. „Nur" 6,7% der Richter, 10% der Staatsanwälte, 4% der Gerichtsassessoren und 2,6% der Rechtsanwälte kamen aus dem Adel. „Nur" 352 Standesgenossen im höheren Rechtswesen Preußens galten dem DAB als Warnsignal. Entschieden rief man den Adel auf, sich verstärkt in diesem Berufsfeld, das man als liberal und jüdisch dominiert ansah, zu engagieren.

Entwicklung in Südwestdeutschland

In Südwestdeutschland stand der Adel in einer weitaus schärferen Konkurrenz mit dem Bürgertum um die Spitzenämter, allein schon deshalb, weil die hier regierenden ehemaligen Rheinbundfürsten den bürgerlichen Beamten dringender brauchten: als Gegengewicht gegen die zu Hof und Dynastie Distanz haltenden, zeitweise sogar frondierenden Standesherren und Reichsritter. Gleichwohl konnten sich die Erfolge der Adelssöhne, zumindest in den Spitzenpositionen, durchaus sehen lassen. Württemberg besetzte zwischen 1816 und 1918 immerhin 28% (28 von 83) seiner Ministerstellen mit Adligen (ohne Personaladel); zwischen 1860 und 1914 waren es sogar 33%; diese fanden sich vor allem in den Positionen der Kriegs- und Außenminister. Ähnliche Quoten erreichte der Adel in Bayern und selbst, wenn auch nach 1848 mit stark rückläufiger Tendenz, in Baden. Die leitende Staatsbeamtenschaft bestand in Bayern zwischen 1806 und 1918 zu 32,2% (= 670 Stellen)

3. Ämter und Berufe des Adels 77

aus Adligen (ohne Personaladel); das waren 40,8% der Minister; 10,9% der Ministerialreferenten und 59% der Regierungspräsidenten [195: WUNDER, Adel, 253 ff.].

Zwei weitere, relativ gut untersuchte Länder des Deutschen Bundes, Sachsen und Kurhessen, seien als weitere Varianten dieses Selbstbehauptungsprozesses kurz angeführt. Die Ministerstellen, die Positionen der Kreishauptleute bzw. Kreisdirektoren (dem preußischen Oberpräsidenten vergleichbar) und ihrer Regierungsräte blieben in Sachsen bis 1914, die Stellen der Amtshauptleute (den preußischen Landräten vergleichbar) mindestens bis 1871 dominant in Adelshand. Als sich danach die Zahl der Amtshauptleute verdoppelte, behielt der Adel zwar seinen absoluten, nicht aber seinen prozentualen Anteil an diesen Stellen (1914 = 32%). Erst seit den 1890er Jahren verloren die sächsischen Adelssöhne in diesen Stellen, die das Land unmittelbar kontrollierten und im Unterschied zu Preußen allein von der Regierung, jenseits aller Mitsprache der Gutsbesitzer, vergeben wurden, signifikant an Boden [125: FLÜGEL, Rittergutsbesitz, 342].
_{Sachsen}

Der zumeist wenig vermögende Adel Kurhessens hatte aufgrund der Personalpolitik des nach Unabhängigkeit von den Ständen strebenden Kurfürsten schon vor 1800 den Einfluß auf die lokale und regionale Verwaltung des Landes verloren. Die Ämter und Kreise waren in der Hand bürgerlicher Juristen. Militär und Hof wurden dagegen vom Adel dominiert, und auch in den zentralen Regierungs- und Verwaltungsämtern blieb sein Einfluß erheblich, wenn dieser auch – nicht absolut, so doch relativ – durch die Expansion der Stellen Schritt für Schritt zurückging [64: PEDLOW, The Survival, 195]. In der kurhessischen Ära war der Adel am stärksten im Außen- und im Finanzministerium, etwas schwächer im Justiz- und Innenministerium vertreten. Diese Ministerstellen und ihre Bürokratie fielen zwar mit dem Übergang an Preußen 1866 weg; doch wurde dieser Verlust durch die Stellen, die der preußische Staat dem Adel nicht zuletzt in der Provinzialverwaltung bevorzugt anbot, mehr als kompensiert. Mit z.B. 16 von 20 Landratsämtern besaß der hessische Adel 1914 eine „historisch neue Stellung als Staats- und Verwaltungselite", einen Ämtereinfluß, wie er ihn noch nie besessen hatte. Der Herrschaftswechsel förderte aber nicht nur die Selbstbehauptung in den traditionell angestrebten Ämterbereichen. Er formte den hessischen Adel zugleich auch zum privilegierten, modernen Leiter einer effektiven Selbstverwaltung im Kontext des expandierenden Interventionsstaates um. Weit stärker als im östlichen Preußen wurden die adligen Landräte Hessens damit zu Funktionsträgern der staatlichen Leistungsverwaltung [168: V. FRIEDEBURG, Adel, 365].
Kurhessen

3.2. Militär

Adel im Militär Preußens

1818, auf dem Höhepunkt bürgerlichen Eindringens ins reformierte preußische Militär, stellte der Adel immer noch 53% (3828 von 7178) der Offiziere. Bis 1860 stieg dieser Anteil, bei leicht schrumpfendem Offizierskorps, wieder auf 65% (4355 von 6700). Ein Teil dieses adligen Zugewinns von ca. 500 Stellen muß allerdings dem Adel der neu erworbenen Gebiete, dem Adel Rheinlands, Westfalens und der Provinz Sachsen, zugerechnet werden. Doch ging der katholische Adel des preußischen Westens vor 1866/71 nur in geringer Zahl ins preußische Militär, wurde zum Teil auch, wie vor allem die sog. Kerssenbrocksche Duellaffäre zeigt, gezielt aus den preußischen Offizierspositionen verdrängt [51: KEINEMANN, Vom Krummstab, 291]; und im Sächsischen wichen zahlreiche Adelssöhne ins hannoversche Militär aus. Berücksichtigt man dazu, daß die Zahl der preußischen Adelsfamilien auch schon zwischen 1815 und 1860 stetig zurückging, so bleibt für diese Zeit ein Ämtererfolg zu konstatieren, der nach Heeresreform und drei gewonnenen Kriegen nachgerade zu einem Ämterboom wurde (1868: 11453; 1913: 22212 Offiziere). In den meisten altpreußischen Adelsfamilien blieb die Wahl der Offizierslaufbahn eine Selbstverständlichkeit. Nur zehn bis zwanzig Prozent der Söhne ging in Verwaltungslaufbahnen. Ein breiter Kern von preußischen Militäradelsfamilien sandte diese sogar fast ausnahmslos und seit Generationen ins Militär. Es scheint allerdings, daß der Aufstieg in die militärischen Spitzenpositionen schwieriger wurde. Das Gros der Adelssöhne konzentrierte sich zunehmend in den mittleren und unteren Offiziersstellen.

und im Militär der deutschen Mittelstaaten

Das preußische Offizierskorps war denen der Mittelstaaten – Sachsens, Württembergs oder Bayerns – das ganze Jahrhundert hindurch an Zahl weit überlegen. 1899 gab es z. B. in Württemberg 806, in Sachsen 1250, in Bayern 2202, in Preußen dagegen 15036 Offiziersstellen. Zwar stieg nach 1871 fast überall im neuen Reich die Zahl der Offiziersstellen, aber im Vergleich mit der explosionsartigen Entwicklung in Preußen fiel dieser Anstieg durchweg eher mäßig aus.

geringeres Militärprestige im Westen

Westlich der Elbe, wo der Katholizismus dominierte, die Bindung an das Reich und die Habsburgermonarchie stark blieb und die Territorien zum Teil nur wenig Adel besaßen, blieb das Prestige des Militärdienstes, gemessen an Preußen, im Adel zunächst weiterhin relativ gering. Erst nach den militärischen Siegen 1864, 1866 und 1871 gewann der Militärdienst auch hier, zumindest im Adel und in den nationalkonservativ gesinnten bürgerlichen Mittel- und Oberschichten dieser

Länder, langsam an Ansehen. Preußens Militär stieg Schritt für Schritt zum Vorbild auf, das man nun nachzuahmen begann.

Am Beispiel des relativ gut erforschten bayerischen Heeres lassen sich Unterschiede zwischen preußischem und südwestdeutschem Adelsengagement im Militär herausarbeiten. Zunächst fällt auf, daß das bayerische Heer im Unterschied zum preußischen fast das ganze Jahrhundert hindurch zahlenmäßig stagnierte (1819 = 2658, 1889 = 2202 Offiziere [174: Gruner, Das bayerische Heer, 342–345; 186: Rumschöttel, Bildung, 96 f.; 187: ders., Das bayerische Offizierkorps, 61 f., 91]). Bis zum letzten Jahrzehnt des Jahrhunderts ging der Adelsanteil im bayerischen Offizierskorps relativ und absolut ständig zurück (1799 = 50%, 1893 = 13%/295; in Württemberg lag 1895 der Adelsanteil mit 23,4% ähnlich niedrig). Erst nach diesem Tiefpunkt von 1893 stieg wahrscheinlich, trotz nun einsetzender Heeresvermehrung, der Adelsanteil am bayerischen Offizierskorps wieder an, 1911 = 18% [153: BALD, Vom Kaiserheer, 40; 195: WUNDER, Adel, 255]).

Bayern

Ein sozialer Schmelztiegel für Adel und gehobenes Bürgertum sind die Offizierskorps, trotz überall wachsenden Anteils bürgerlicher Offiziere, wahrscheinlich weder im ostelbischen noch im südwestdeutschen Raum geworden. Das legen vor allem zwei Indikatoren nahe. Die fähigen Adligen avancierten schneller und dominierten infolgedessen die höheren Offizierschargen vom Major aufwärts; die Führung des preußischen wie des bayerischen Heeres „glänzte" vor 1914 immer noch durch Adel. Die Kommandanturen, die Militärkabinette, die Kriegsministerien, die Flügeladjudanturen wurden ganz bevorzugt mit Adligen, nicht selten sogar mit Adelssöhnen regierender Häuser besetzt. Und auch in der Wahl der Waffengattung zeigten sich ganz ausgeprägte ständische Präferenzen: Der Adel strebte in die Garde (zum Schutz von König und Thron), in die Kavallerieregimenter (in alter Rittertradition) und zum Teil noch in die Feldartillerie (wegen der dort so bedeutenden Aufklärungsaufgaben zu Pferde).

Offizierskorps als „Schmelztiegel"?

Dieser Befund rechtfertigt die These einer inneren Distanzierung zwischen adligen und bürgerlichen Offizieren in den Offizierskorps, erlaubt es aber nicht, von einer Polarisierung zu sprechen. Denn auch in den dynamischen militärischen Bereichen, insbesondere im Generalstab (weniger allerdings in den Beschaffungsämtern und in der Marine), fanden sich Adlige in erheblicher Zahl. Wahrscheinlich hat es eine tendenzielle innere Arbeitsteilung gegeben, welche die adligen Offiziere eher zu einer konservativ-repräsentativen, die bürgerlichen zu einer eher bürokratisiert-unsichtbaren Militärfunktion tendieren ließ (A. BUCHOLZ, 1991). Was dies aber konkret bedeutete, welche Folge

Distanz zwischen adligen und bürgerlichen Offizieren

diese Tendenz einer Arbeitsteilung für das Selbstverständnis des Offizierskorps letztlich hatte, bleibt noch weiter zu erforschen. Es scheint beim gegenwärtigen Forschungsstand allerdings wenig sinnvoll, einen Machtverlust des Adels durch „Rückzug" auf eher traditionell-militärische Bereiche und eine Abkopplung von den professionell-dynamischen neuen Militärfunktionen zu unterstellen.

Heeresexpansion und ausgewählter „Ersatz"

Auch die wachsenden Quoten bürgerlicher Offiziere bedeuteten, wie noch vom Ministerpräsidenten v. Manteuffel in den 1850er Jahren befürchtet, nicht zwingend einen Machtschwund des Adels. Es kam vielmehr auf die Art des „Ersatzes" an; und hier weist ein Vergleich zwischen Bayern und Preußen wiederum interessante Gemeinsamkeiten, aber auch Unterschiede auf. In Bayern waren in den ersten Jahren des 19. Jahrhunderts, wegen des relativ geringen Prestiges des Militärdienstes in der stark liberal-demokratisch geprägten Öffentlichkeit, breite bürgerliche Kreise, nicht zuletzt zahlreiche Unteroffiziere, von Bildungsanforderungen nur wenig behindert, ins Offizierskorps aufgestiegen. Das Militär hatte sich in seiner Führung der dynamischen Bürgergesellschaft geöffnet. Als 1866 das Abitur als Zugangsvoraussetzung zur Offizierslaufbahn eingeführt wurde, geschah auch dies noch unter dem Vorzeichen der offenen Gesellschaft. Doch faktisch, und nach 1871 auch strategisch gewollt, wirkte das Abitur als Instrument einer gezielten Ergänzung der Militärführung aus besitz- und bildungsbürgerlichen Schichten (ohne Unterschied der Konfession) und der Abschottung nach unten. Das bayerische Offizierskorps formierte sich neu als wissenschaftlich gebildeter Berufsstand und gewann damit das ersehnte hohe Ansehen, zumindest in den wachsenden konservativen Kreisen der Bevölkerung. Auf der Strecke blieben die Bewerber aus den Unterschichten, ein Teil der Bewerber aus dem mittleren Bürgertum, aber auch – zumindest kurzfristig – eine erhebliche Zahl von Adelssöhnen. Mittel- und langfristig gelang es dem Adel aber doch, Anschluß zu halten. Die Qualität der adligen Bildungsstätten, vor allem der königlichen Pagerie und der Kadettenanstalten, wurde sukzessiv gesteigert. Und in dem Maße, in dem die Abschließung nach unten griff, tolerierten die Offiziere aus dem höheren Bürgertum auch wieder eine gewisse Bevorzugung des Adels im Militärdienst, insbesondere dessen zügigeres Avancement und den (zunächst vom Kriegsministerium noch energisch bekämpften) königlichen Dispens vom Nachweis des Abiturs. Man genoß gemeinsam das neue, hohe Prestige des Offizierskorps, das nun in seiner Zusammensetzung die gesellschaftlich führenden, „staatstragenden" Schichten repräsentierte. Das Selbstverständnis als wissenschaftlicher Berufsstand schuf im bayerischen Offi-

3. Ämter und Berufe des Adels

zierskorps eine Konsensgrundlage, die das Gewicht adliger Offizierstradition relativierte, die Standesunterschiede zwischen adligen und bürgerlichen Offizieren reduzierte, eine eher nationalliberale politische Grundhaltung begünstigte, jedoch, wie die bleibende Konzentration des Adels in bestimmten Regimentern anzeigte, keineswegs alle Standesunterschiede einebnete.

Preußen konnte im Unterschied zu Bayern auf einen breiten Grundbestand adligen Offiziersnachwuchses bauen. Das machte die Durchsetzung des Abiturprinzips schwieriger und begünstigte von Anfang an den „Ersatz von oben", durch die kontrollierte Einbeziehung erwünschter „höherer Kreise". Als das Kriegsministerium 1861 für die Zulassung zur Portepeefähnrichsprüfung das Prima-Reifezeugnis verbindlich machen wollte, erregte dies im Adel einen Sturm der Entrüstung. Zwar wurde diese Regel gleichwohl bald darauf (1865/1880 [186: RUMSCHÖTTEL, Bildung, 105–111]) durchgesetzt, doch konnten Dispense, immediat beim König eingeholt, davon befreien. Der preußische Adel nutzte die rettende Hand des Königs zunächst recht ausgiebig, paßte sich zugleich aber sukzessiv an die neue Norm an. Kurz vor 1914 traten nur noch relativ wenige adlige Fahnenjunker unter Erlaß der Prima-Reife oder der gleichbewerteten Fähnrichsprüfung in die Offizierslaufbahn ein. Das Abitur gewann aber in Preußen aufgrund dieser Entwicklung weder als Selektionsbarriere noch als Leitbild, welches Bildung und Wissenschaft akzentuierte, ein Bayern vergleichbares Gewicht. Und die Öffnung zugunsten der für das Offizierskorps sozial erwünschten weiteren Kreise erfolgte mit großer Vorsicht. Wilhelm II. wollte 1890 neben den Söhnen des Gutsadels, der Offiziersfamilien und der höheren Beamten, die er insgesamt als „Grundpfeiler" der Heeresführung ansah, in Zukunft nur solche „ehrenwerten bürgerlichen Häuser" akzeptieren, „in denen die Liebe zu König und Vaterland, ein warmes Herz für den Soldatenstand und christliche Gesinnung gepflegt und anerzogen werden" (zit. nach [163: DEMETER, Das deutsche Offizierskorps, 896]). Schon Angehörige des vermögenden Industriebürgertums hatten es unter diesen Auspizien, dies zeigt z. B. die Abwehr von Oberrealschulabsolventen, im Einflußbereich von Kaiser, Militärkabinett und Adel schwer, im preußischen Heer vor 1914 zu reüssieren. Die Angst vor „weniger geeigneten Elementen" kam in diesen Kreisen bei jeder Planung einer Heeresvermehrung (1898/1906; 1908/1913) stets aufs Neue wieder auf.

Relativierung von „Bildung" in Preußen

nur vorsichtige Öffnung zum Bürgertum in Preußen

Die gesellschaftlichen und politischen Konsequenzen dieser, alles in allem doch recht erfolgreichen Geschichte des Adels im Militär des 19. Jahrhunderts werden in der Forschung seit langem intensiv

Konsequenzen des Adelserfolgs im Militär

diskutiert. In Preußen konstituierte sich das Offizierskorps als persönlicher Diener des Monarchen, als Führer des Königsheeres, als eigener Stand jenseits der Verfassung, oberhalb und außerhalb der Gesellschaft. Nach der erfolgreichen Gegenrevolution 1848/49 verweigerte man – im Unterschied zu anderen Verfassungsstaaten, auch zum benachbarten Sachsen – beharrlich den Verfassungseid. Die drei siegreichen Kriege und der hervorragende erste Rang des Offiziers in der Hofwelt, die gegen Ende des 19. Jahrhunderts immer glänzender wurde, haben dieses politische Selbstbewußtsein stabilisiert, ja anscheinend zementiert. Das Eindringen vermögender bürgerlicher Schichten beantwortete die Mehrzahl des Militäradels nach kurzen frustrierenden Phasen der Luxuskonkurrenz in den 1870er und 1890er Jahren mit dem Ideal der spartanisch kargen, zölibatären Offiziersexistenz, eingebunden in eine bewußt *andere*, fremde, sichtbar-rituell nach außen dargestellte, separierte Welt, mit eigenen Lebensformen, eigener Moral und eigenen Institutionen, vom Duell bis zur Militärgerichtsbarkeit und zu spezifischen Selbstverwaltungs- wie Selbstergänzungsformen. Man repräsentierte nicht, wie z. B. in Bayern, die gebildeten Machteliten der Gesellschaft, sondern sich selbst, den Berufsstand der Offiziere, in dem die adlige Herkunft ein besonderes Gewicht behielt.

3.3. Hofchargen und Hofgesellschaft, Diplomatie

Während als Folge der Sonderwegsdeutung die Rolle des Adels im Militär schon relativ detailliert erforscht ist, wissen wir über den Adel an den so zahlreichen deutschen Höfen recht wenig, obwohl gerade diese Institution für die Behauptung des Adelsprestiges in der Gesellschaft des 19. Jahrhunderts von einer kaum zu überschätzenden Bedeutung war. Die hier konzentrierten Machtchancen zogen den Adel weiterhin an den Hof. Hofparteien, am wirksamsten und deutlichsten wohl die sog. „Kamarilla" in Preußen um 1848, kämpften um diese Macht, die sich aus der persönlichen Nähe zum Fürsten ergab. In den anderen Ländern des Deutschen Reiches, z. B. in Sachsen [155: BLASCHKE, Hof, 195], mögen diese Machtchancen von abnehmender Bedeutung gewesen sein. In Preußen und dem Reich konnte der Adel dagegen aus seiner Zugehörigkeit zum Hof nicht nur Prestige, sondern auch politisches Kapital schlagen, zumal unter dem „persönlichen Regiment" Wilhelms II. J. C. G. ROEHL – die Macht institutionalisierter Politik unterschätzend – hat hier in bewußter Analogie zu Ludwig XIV. etwas übertrieben vom „Königsmechanismus" gesprochen. Der Kaiserhof, vor

(Marginalien: bleibende Macht der Höfe; Höhepunkt unter Wilhelm II.)

allem der Hof Wilhelms II., hat zweifellos viel zur Integration des Adels der preußischen Provinzen und der deutschen Länder beigetragen. Er hat den Adel teilweise aus seiner landschaftlichen Gebundenheit gelöst, auf Berlin ausgerichtet und selbst die Standesherren, obwohl diese durch die neue Hofrangordnung von 1878, die wiederum den Offizieren einen hohen Rang einräumte, diskriminiert wurden, in erheblichem Maße nach Berlin gezogen.

Am Hof Wilhelms II. lassen sich aber zugleich noch einmal die Grenzen einer Beeinflussung und Mitgestaltung von Politik im 19./ 20. Jahrhundert durch den Monarchen und seine adlige Hofgesellschaft wie in einem Brennglas erfassen. Der junge Monarch suchte mit erweiterten, neuen Zeremonialformen symbolischer Repräsentation zum einen seine Macht, sein persönliches Regiment, zum anderen aber auch die neue Aristokratie, die er, gefördert durch seine Nobilitierungspolitik, aus Adel und Teilen des Großbürgertums heranwachsen sah, zu stabilisieren, was letztlich beides nicht gelingen konnte. Schon Friedrich Wilhelm IV. hatte Ähnliches versucht. Grenzen einer Politik vom Hofe aus

Die Politik einer „neuen Sichtbarkeit" des Kaisers mußte, jenseits persönlicher Defizite, aufgrund einer ganzen Reihe von allgemeinen Entwicklungen scheitern. Das von Großbritannien übernommene Konzept des populären Monarchen in der aufkommenden Massengesellschaft war in Deutschland nicht realisierbar, weil Wilhelm II. im Unterschied zum britischen Königtum noch gleichzeitig massiv politisch agierte, in den Konflikten der Klassengesellschaft entschieden Partei nahm, insbesondere weiterhin den Volksvertretern in Parlamenten, Parteien und städtischen Selbstverwaltungen nur widerwillig einen extrem schlechten Hofrang einräumte. Der Berliner Hof hat die zwei wichtigsten Parlamente Deutschlands, Reichstag und preußisches Abgeordnetenhaus, gezielt und mit Erfolg in den Schatten gestellt. Hinzu kam, daß der altpreußische Adel das Trauma von 1848, die Erfahrung, daß der König schwankte und zeitweise das Lager des Adels in Richtung eines Volkskönigtums verließ, nie bewältigt hat. Selbst die äußerst vorsichtige Aristokratiebildung aus dem Adel und Spitzen der Wissenschaft wie des bürgerlichen Reichtums, die Wilhelm II. mit deutlich gesteigerten Nobilitierungsquoten und leicht flexibilisierten Regeln des Hofzugangs praktizierte, hat der mißtrauische preußische Adel stets mit großer Distanz beobachtet und letztlich abgelehnt. Auch hier lassen sich Analogien zu Friedrich Wilhelm IV. erkennen, der mit seinen Plänen einer neuen Pairie und eines reformierten, reicheren landbesitzenden Adels den Glanz seiner Monarchie zu steigern gesucht hatte [252: BARCLAY, Hof, 336f.]. Vergleich mit England

Blockade höfischer Reformpolitik durch den Adel

Die Tatsache, daß Wilhelm II. sich nicht an das im Adel vorherrschende enge Konzept des Agrarstaats band, trug ebenfalls zu einer gewissen Entfremdung bei. Ein Teil des Adels, insbesondere des ostelbischen Adels, ging auf Distanz zum Hof, kritisierte den dort herrschenden „Byzantinismus" und reduzierte sein Erscheinen am Hofe auf das Nötigste. Ein anderer Teil intensivierte am Hof den Kampf um die politische oder gar nur die persönliche Loyalität des Kaisers, was kurz vor 1914 die Zahl der Intrigen und Skandale, die von der neuen Massenpresse begierig aufgenommen wurden, deutlich zunehmen ließ [236: ROEHL, Kaiser, 108 f.].

Distanzierung des Adels von Wilhelm II.

Auch die Höfe ermöglichten und lenkten die Begegnung von Adel und Bürgertum. In Bayern blieben die obersten Hofämter durchweg, die obersten Hofränge ganz dominant in der Hand des Adels. Über die unteren Hofränge gewannen jedoch zunehmend Bürger – Wissenschaftler, Beamte, Offiziere – Zugang zum Hof, aber – in gezielter Diskriminierung – nur für sich persönlich, nicht für ihre Frauen [227: MÖCKL, Der deutsche Adel, 107]. Dort, wo der Adel nicht zahlreich genug war oder Distanz hielt, wie an den kleinen Höfen oder in den südwestdeutschen Verfassungsstaaten, gewann das Bürgertum größeren Einfluß. Der Hof von Sachsen-Weimar öffnete sich in Anknüpfung an die große Goethezeit bewußt den bürgerlichen Künstlern und Wissenschaftlern; im Großherzogtum Hessen waren 60% der Hofgesellschaft bürgerlich [277: FRANZ, Hof, 172]. Am preußischen Hof wurde zwar auch das Prinzip grundsätzlichen Adelsvorrangs durchbrochen; aber im Wesentlichen zugunsten des Offiziers, nicht des Bürgers. Jeder Offizier, ganz gleich ob adlig oder bürgerlich, hatte mit hohem Hofrang Zutritt zum Hofe. Die zweite Gruppe privilegierter Königsdiener, die höheren Beamten, erlangte dieses Vorrecht erst in ausgesprochenen Spitzenpositionen. Dem berühmten Architekten Schinkel blieb z. B. als Oberbaurat der Hof verschlossen. Versuche, Universitätsprofessoren, Assessoren und Referendare, Männer aus Wissenschaft, Wirtschaft und Kunst mit Hofrang zu versehen, scheiterten [252: BARCLAY, Hof, 332; 233: PHILIPPI, Der Hof, 365, 390]. Alle anderen „verdienten Bürger" blieben, wollten sie bei Hofe erscheinen, wie Schinkel auf persönliche Einladungen des Monarchen verwiesen. Diese ergaben sich in der Regel aus enger Vertrautheit oder aus der Verleihung eines der neugegründeten Verdienstorden (Roter Adlerorden, Pour le Mérite). Insgesamt kann man für Höfe wie in München oder Berlin wohl kaum das Urteil akzeptieren, Adel und Bürgertum hätten „durch das Medium der Hofgesellschaft in einer osmotischen Beziehung" zueinander gestanden (K. MÖCKL). Auch neuere Studien zur Berliner Hofgesellschaft der Kaiser-

Bürgertum und Hof

Sonderstellung des Offiziers in Preußen

Hofgesellschaft vs. „bessere Gesellschaft" der Metropolen

zeit zeigen an, daß – trotz aller Dynamisierung der höfischen Zeremonialkultur und aller zumeist verkrampften Versuche des Kaisers, neue Brücken zwischen den gesellschaftlichen Klassen zu schlagen – die Verbindungen zwischen der Hofgesellschaft und der „besseren Gesellschaft" der Metropolen wie der relevanten Regionen des Reichs (sei es das Ruhrgebiet, seien es die norddeutschen Hafenstädte) sich eher abschwächten als intensivierten [236: Roehl, Kaiser, 113 f].

Noch stärker als im Militär dominierte der Adel in der Diplomatie. Zwischen 1871 und 1914 beschäftigte das Reich durchweg nur adlige Botschafter; zwischen 1806 und 1914 sicherte sich der Adel einen Anteil von durchschnittlich 60% der auch hier beträchtlich (von 18 auf 45) expandierenden Stellen. Auch ging die Adelspräsenz bei den Staatssekretären, Direktoren, vortragenden Räten etc. wesentlich weniger stark zurück als in Regierung und Verwaltung [161: Cecil, The German, 20; 175: Henning, Beamtenschaft, 46; 195: Wunder, Adel, 264]. Adelsdominanz in der Diplomatie

Revolution und Republik bedeuteten, wie schon beim Militär gezeigt, keineswegs das Ende des Adels in staatlichen Spitzenämtern. Ende 1918 waren noch 21 (38%), 1931 immer noch 9 adlige Botschafter (21%) im Dienst. Von 161 leitenden Beamten des Auswärtigen Amtes blieben zwischen 1921 und 1933 immerhin 62 (39%) adlig [48: Hoyningen-Huene, Adel, 224, 228]. Nach 1924 suchte man allerdings adlige Ober- und Regierungspräsidenten vergebens, während an adligen Landräten 1932 noch immer 14 (von 480) Dienst taten. Alles in allem befand sich der dienstfreudige preußische Beamtenadel so, trotz weiterer Stellenexpansion, seit 1918 überall auf einem zügigen Rückzug.

3.4. „Neue" Berufe

Diejenigen Adelssöhne, die in den bisher behandelten, traditionell standesgemäßen Ämterbereichen nicht Fuß fassen konnten, waren, wollten sie nicht beschäftigungslos bleiben, auf die dynamisch sich ausdifferenzierende bürgerliche Berufswelt verwiesen. Bevor wir aber den Adligen, die dorthin vordrangen, folgen, sei kurz erörtert, inwieweit man überhaupt davon sprechen kann, daß der Adel im 19. Jahrhundert im Beamtenbereich „aus der Defensive nicht mehr herauskam" (H.U. WEHLER) und daß er den Anschluß an die neuen Elitenpositionen der bürgerlichen Gesellschaft „verlor". Defensivthese WEHLERS

Eine Zählung von 1912/13 wies im Adel Deutschlands 18901 berufstätige Männer nach; davon waren 7102 Offiziere, 2455 Beamte und Juristen sowie 417 Diplomaten. Zählt man hier noch die adligen Hof- ein Zahlenbeispiel

ämter, die Forstbeamten und hauptberuflichen Gutswirte hinzu, dann stellt sich die Frage, welche Söhne der Adel überhaupt noch in andere Berufe schicken konnte und wollte. Eine Konzentration auf repräsentative staatliche Stellen lag in der Überlebenslogik dieser zahlenmäßig begrenzten Sondergruppe. Man nutzte, stabilisierte und erweiterte dadurch sein traditionell gegründetes „symbolisches Kapital" (P. BOURDIEU). Der „selbstlose Dienst" für Monarch und Staat war insofern eher eine Art Investition in die Zukunft des Adelsstandes [vgl. 32: DISSOW, Adel, 9]. Und wenn 1912/13 in Deutschland Stellen für 29 000 Offiziere und 55 000 höhere Beamte bereitstanden (WEHLER, Das Deutsche Kaiserreich, Göttingen 1973, 74), dann reichte möglicherweise die Zahl berufsfähiger und hinreichend vermögender Männer des Adels dieser Jahre nicht einmal mehr dazu aus, die zweifellos gegebenen günstigen Ämterchancen in den hergebrachten staatlichen Handlungsfeldern optimal auszuschöpfen. Zumal auch auf dieser Ebene neue Ämter und Beschäftigungsmöglichkeiten hinzukamen, z. B. im Zuge des Imperialismus das Engagement in den Kolonien. 1910 wies z. B. allein das Adreßbuch von Deutsch-Südwestafrika 140 Adlige auf, darunter 27

pull-Effekte   Offiziere der Schutztruppe und 44 Farmer. Diese pull-Effekte, die den Adel in bestimmten traditionalen Tätigkeitsfeldern festhielten, sind im Blick zu behalten, wenn im folgenden die durchweg geringe Präsenz des Adels jenseits von Staatsdienst und Landwirtschaft, in Wissenschaft und Kunst, Handel und Finanzen, Gewerbe und Industrie, aber auch in Parteien, Verbänden und Parlamenten dargestellt wird.

akademische Berufe   1914 kamen nach einer Zählung der DAG immerhin ca. 3% der Universitätsprofessoren und Privatdozenten aus dem Adel (inklusive Nobilitierte). In der katholischen Geistlichkeit verlagerte sich das Adelsengagement im Laufe des 19. Jahrhunderts einigermaßen erfolgreich von den traditionell gesuchten Spitzenstellungen auf die Seelsorgestellen des Pfarr- und Ordensgeistlichen [234: REIF, Erhaltung, 288, 51: KEINEMANN, Vom Krummstab, 213f.]. Und auch an adligen Dichtern, Schriftstellern, Malern und Musikern, hervorragenden wie mittelmäßigen, war im Deutschland dieses Jahrhunderts kein Mangel. Weitgehend abgelehnt wurde dagegen der Beruf des Gymnasiallehrers (1914: 92 Adlige), etwas weniger konsequent auch der des evangelischen Geistlichen (1893: 110, 1921: 167 Adlige) und des Arztes (1912: 129 Adlige).

Industrie und Handel   Ähnlich unbedeutend fiel auch das Engagement in der modernen Wirtschaft aus. Gegen Ende des 19. Jahrhunderts klagte das DAB, „daß wir Industrie, Handel und Verkehr" so fern stehen und forderte eine größere Öffnung gegenüber neuen Berufen. Doch blieben die Anzeichen für eine Wende bis 1914 schwach. 1912 wurden aber immerhin 64 Bankbeamte und 461 „Kaufleute und Industrielle", letztere fast ausschließlich in Süddeutschland, gezählt. Allein diese geringe Öffnung weckte im traditionalen Adel aber die Furcht, die Adelssöhne wendeten sich vom Militärberuf ab, um dem schnöden Gelderwerb zu frönen [164: DULLINGER, Kämpfen, 69].

3.5. Parlamentsmandate

Bis zur Verwandlung der konservativen Honoratioren- in moderne Massenparteien in den 1890er Jahren hat der Adel im aufkommenden Parlamentarismus eine zahlenmäßig wie programmatisch bedeutende Rolle gespielt. Im Revolutionsparlament der Paulskirche saßen immerhin 91 Adlige (16,5%), im Reichstag 1871 waren es 147 (40%), 1890 immer noch 135 (31%).

Seit den 1890er Jahren kam es dann zu massiven Verlusten an Reichstagsmandaten, zunächst allerdings nur in denjenigen Parteien, deren Wählerbasis im Westen und Südwesten Deutschlands lag. Im östlich zentrierten Konservatismus blieb dagegen der Einfluß des Adels – im allgemeinen Niedergang der Deutsch-konservativen Partei seit 1887 – relativ konstant (1870–1914 stets über 50% der Mandate, [vgl. 65: v. PRERADOVICH, Die Führungsschichten, 166; 164: DULLINGER, Kämpfen, 7–71]). Noch gravierender wiederholte sich dieses West-Ost-Gefälle adligen Politikerfolges auf der Ebene der Länderparlamente. Im preußischen Abgeordnetenhaus, das den grundbesitzenden Adel durch sein Dreiklassenwahlrecht privilegierte, saßen zwischen 1874 und 1913 im Durchschnitt ca. 30% adlige Abgeordnete. In den süd- und südwestdeutschen, demokratischer gewählten Landtagen lag ihre Quote, nicht unerwartet, wesentlich niedriger (z.B. Bayern 1890 = 6%; 1912 = 4%). Doch war der Adel auch dort zumindest noch unentbehrlich für die repräsentative Besetzung der parlamentarischen Spitzenstellungen, insbesondere des Amts des Parlamentspräsidenten, das er bis 1918 behielt. *Verlust seit 1890er Jahren*

West-Ost Unterschiede

Den Löwenanteil des Adels im preußischen Abgeordnetenhaus stellten unübersehbar die Deutsch-konservativen, die in diesem Hause, wegen des ungleichen Wahlrechts, im langfristigen Trend kaum Stimmen verloren. Während sich der Umbruch in der Parteienstruktur um 1890 in allen anderen Parteien des preußischen Abgeordnetenhauses mehr oder weniger stark im Rückgang der Adelsmandate niederschlug, blieben die deutschkonservativen Abgeordneten davon weitgehend unberührt. Eine weitere Adelspartei mit ostelbischem Schwerpunkt waren *Adel in den konservativen Parteien* die Polen, deren Vertretung nach der Reichsgründung zunächst fast durchweg, seit den 1890er Jahren dann nur noch zu 30–50% in den Händen von polnischen Adligen lag. Unter den Freikonservativen sank der Adelsanteil seit den neunziger Jahren von 33% auf 18% . Das Zentrum hatte zwar im Abgeordnetenhaus, verständlicherweise, eine deutlich höhere Adelsquote als im Reichstag (1874 = 27%), doch war auch hier der Einbruch der Adelsmandate nicht zu vermeiden (1894 = 20%; 1913 = 13,6%). Und ähnlich schmolz schließlich auch die kleine Schar adliger Abgeordneten der früh an Einfluß verlierenden Nationalliberalen dahin (1883 = 13 von 69; 1914 = 5 von 73).

Herrenhäuser und Erste Kammern

In den Herrenhäusern und Ersten Kammern blieb das zahlenmäßige Übergewicht des Adels weitgehend unangetastet. Zwar blieb hier der Honoratiorenstil erhalten; doch bedeutete dies keineswegs politische Erstarrung in lebensferner Reaktion. Eine detaillierte Untersuchung des preußischen Herrenhauses, dem Thomas NIPPERDEY eine „verfassungsrechtlich wie real sehr starke Stellung" attestiert hat, zeichnete jüngst eher das Bild eines müder und schwächer werdenden adelskonservativen Entscheidungszentrums, das aber – vor allem in einer (allerdings recht kleinen) Gruppe schlesischen und westelbischen vermögenden Adels – ein durchaus bedeutendes Maß an Kritik an den herrschenden Gesellschaftsverhältnissen und an Reformbereitschaft in sich barg [82: SPENKUCH, Herrenhaus, 304].

Einbruch in Weimarer Republik

Mit Revolution und Republik war die starke Präsenz des Adels in den Parlamenten langfristig dahin. Der Einfluß im Lokalen löste sich auf; die Massenlenkung von oben verstanden andere besser. Nur bei äußerst aufmerksamem Zählen findet man im Reichstag und in den Landtagen nach 1918 ab und zu noch einmal einige wenige adlige Abgeordnete. Im Reichstag wie im preußischen Landtag pendelte sich der Adelsanteil schließlich auf ca. 4% ein (Reichstag 1932/I: DNVP = 7, NSDAP = 15; 1932/II: DNVP = 9, NSDAP = 12; 1933: NSDAP = 15; preußischer Landtag 1932: DNVP = 7; NSDAP = 10 [vgl. 48: HOYNINGEN-HUENE, Adel, 195ff., 207ff.]). Kopfzahlwahlrecht und Massenparteien hatten die parlamentarische Karriere des Adels, des ehemals ersten politischen Standes, endgültig auf ein „Normalmaß" zurückgeführt.

Die Selektionsmechanismen des zu Beginn des 19. Jahrhunderts umfassend modernisierten Laufbahnsystems rückten adlige und bürgerliche Beamte als Teile einer modernen Herrschaftselite zweifellos näher aneinander, da sie in (zumeist mittlerem) Vermögen, Fachausbildung, Bildung und Mentalität relativ homogen waren. Aus der Perspektive Berlins, dessen Zentralbehörden einen relativ begrenzten Kreis von höheren Beamten beschäftigten – um 1900 etwa 400 Männer in den preußischen Ministerien und Reichsämtern [236: ROEHL, Kaiser, 241; 181: MORSEY, Die oberste Reichsverwaltung, 250] –, mag Otto HINTZES Befund einer „adlig-bürgerlichen Amtsaristokratie" zutreffen und MAX WEBERS Angst vor einer adlig-bürgerlichen Gutsbesitzergruppe, die sich auf der Grundlage umfassenden Fideikommißbesitzes (des effektivsten „Sustentationsnachweises") der „Staatskrippe" bemächtigte, zumindest nachvollziehbar sein. Die Zentralbeamtenschaft besaß in der Tat viele gemeinsame, nicht zuletzt auch von Adelstraditionen geprägte Züge: Die Auffassung vom persönlichen Dienst für den Monarchen, das Selbstverständnis als allgemeiner Stand, die Ablehnung eines Verständnisses ihres Amtes als Brotberuf, die Bildung von Dynastien und Clans in Militär und höherer Verwaltung, die Vorliebe für elitäre studentische Korps, die Normalerwartung von Nobilitierung, Hofzugang und adlig-bürgerlicher Salongeselligkeit unter den bürgerlichen Amtsinhabern, dazu Persönlichkeitskult, Ablehnung von Spezialistentum und offener Profitorientierung, Verweigerung weiterer Parlamentarisierung und vieles andere mehr.

„adlig-bürgerliche Amtsaristokratie" O. Hintzes

Doch sollte andererseits der Adelseinfluß – das legen die gleichzeitigen Entwicklungen im Militär nahe – auch im Beamtenwesen nicht überzeichnet werden. Auch hier hat eine Folge von Professionalisierungsschüben und Stellenexpansionen die Leitbilder schrittweise pluralisiert. Die unterschiedlichen inhaltlichen Ausprägungen der Ämter, insbesondere der Landratsämter in den verschiedenen Provinzen (die für den Adel zahlenmäßig weit bedeutender waren als die Stellen in Berlin) und in den Ländern weisen entschieden in diese Richtung. Und da der „Militär- und Verwaltungsadel in Preußen/Deutschland" nach einer These von W. Mosse überwiegend (gemessen am schnell sich entwickelnden plutokratischen Reichtum der Kaiserzeit) relativ „mittellos" war und sich „aus gleich mittellosen ... Gesellschaftsschichten" ergänzte [61: MOSSE, Adel, 301], dürfen die den Adel umformenden Zwänge moderner Berufswelten auch im Beamtenbereich nicht gering veranschlagt werden.

Professionalisierung und neue Leitbilder

4. Stabilisierung im „Land" – Adliger und bäuerlicher Grundbesitz im 19./20. Jahrhundert

Der Adel erweiterte fast überall in Deutschland seinen Grundbesitz beträchtlich. Die dazu von der älteren Agrarstatistik (J. CONRAD, TH. HÄBICH u.a.) erarbeiteten Daten sind noch kaum ausgewertet. Latifundienbesitz, d.h. Güter über 5000 ha, gab es 1925 in fast allen deutschen Ländern. Am stärksten prägte er das agrarische Ostelbien, insbesondere Schlesien, wo 53 Güter über 5000, 23 sogar über 10000 ha erreichten. Dann folgten Ostpreußen, Brandenburg, Pommern und Mecklenburg. Die großen Güter Schleswig-Holsteins, Hannovers, Oldenburgs und Sachsens (Königreich wie preußische Provinz) wiesen demgegenüber Durchschnittsgrößen auf, die zwar weit über 1000 ha lagen, aber nur recht vereinzelt in den Latifundienbereich hineinragten. Natürlich gab es in den eindeutig von Großgütern geprägten Ländern und Provinzen, nicht zuletzt in Schlesien und Ostpreußen, auch zahlreiche kleinere Güter (1933 in Ostpreußen 1262 Rittergüter zwischen 200 und 500 ha; in Schlesien 1443, in Sachsen 677, in Bayern 726). Aber sie gewannen hier keine prägende Bedeutung. Je weiter man dagegen nach Westen kam, desto kleiner wurden die Durchschnittsgrößen: z.B. in Thüringen und Anhalt, Hessen und Bayern, Rheinland und – mit auffälligen Ausnahmen – Westfalen. Insofern gilt auch für 1925 noch immer der strukturelle Befund: Die ostelbische Gutsherrschaft hinterließ dem 19. Jahrhundert die großen, geschlossenen Güter; die Rentengrundherrschaft des Westens mit ihren um 1800 relativ kleinen adligen Eigenwirtschaften verwandelte sich dagegen in ein Ensemble von Gütern und zahlreichen Höfen, die der Adel auf kürzere oder längere Zeit verpachtete. In Süd- und Westdeutschland lag der Anteil des verpachteten adligen Grundbesitzes bei 60 – 80%; nur die Wälder bildeten hier in der Regel große geschlossene Eigenbetriebe. In Mitteldeutschland lag die Quote bei ca. 50%, in Nordwestdeutschland bei 30 – 50%, und im ostelbischen Preußen (einschließlich Mecklenburg) schließlich nur bei 18 – 27%.

Doch sind an diesem noch relativ groben Überblick einige wichtige Korrekturen anzubringen: Zunächst fällt die große Zahl der Adelsfamilien auf, die 1925 auch im Westen über 1000 ha an Grundbesitz zusammengebracht hatten; auf dieser Ebene schmolz der Unterschied zwischen grundbesitzreichem ostelbischen und relativ grundbesitzarmen westelbischem Adel im 19. Jahrhundert offensichtlich ein Stück weit dahin [130: HESS, Junker, 44f.]. Auch im Westen und Südwesten gab es Latifundien, die sich selbst mit den größten Gütern des Ostens messen konnten: Diese waren allerdings überwiegend im Besitz der Standesherren, deren Güter im 19. Jahrhundert besonders schnell expandierten. Schließlich brachten es auch im Westen einige Vertreter des landsässigen, niederen Adels im Laufe der Zeit zu Latifundienbesitz; unter diesen dominierte mit mehreren Vertretern nicht unerwartet der ehemalige Stiftsadel Westfalens.

4. Stabilisierung im „Land" 91

Insgesamt zählte Th. HÄBICH 1925 in Deutschland, trotz der erheblichen Landverluste im Gefolge des Versailler Vertrages, 152 adlige Gutsbesitzer mit Gütern über 5000 ha, davon 49 mit über 10000 ha. 53 dieser 152 und 23 dieser 49 Güter lagen allein, die Sonderrolle dieses Landes bestätigend, in Schlesien, der Adelslandschaft der Magnaten (13/6 in Brandenburg, 14/5 in Ostpreußen, 5/3 in Westfalen). Der Herzog von Pleß verfügte z. B. um 1900 über die ungeheure Fläche von 70100 ha. Das waren Besitzgrößen, an welche selbst die Mitte der 1920er Jahre entschädigten Hohenzollern und andere regierende Fürsten nur mit Mühe heranreichten. Im Westen und Südwesten, aber auch im übrigen Preußen, konnten mit diesem Landreichtum nur die Mächtigsten unter den Standesherren mithalten, z.B. der Fürst zu Solms-Baruth (Brandenburg und Oberschlesien) mit 39000 ha, oder der Herzog von Aremberg (Westfalen, Rheinland etc.) mit 30000 ha. Diesen standesherrlichen Großgrundbesitzern wiederum kamen mit einigem Abstand (zusammen mit den Magnaten die Grenze zwischen Hoch- und Niederadel verwischend) einige weitere glänzende Familien des landsässigen Adels mit großem Landreichtum gleich, z.B. die Fürsten Putbus (Pommern) mit 20000 ha, die Grafen Finck v. Finckenstein (Ostpreußen) mit 21000 ha oder die mecklenburgischen von Bassewitz und v. Maltzahn, die schon 1882 über 14000 ha besaßen [118: BUCHSTEINER, Großgrundbesitz, 366 ff.].

Schwerpunkte des „Latifundien"-Besitzes

schlesische Magnaten

west- und süddeutsche Standesherren

weitere „landsässige" Latifundienbesitzer

Die zeitgenössische politische Diskussion und die agrar- wie sozialwissenschaftliche Forschung ( ) haben zu Recht hinter diesen Erfolgen in der Sicherung und Erweiterung des Landbesitzes die traditionellen Besitzsicherungsstrategien des Adels am Werke gesehen und scharf kritisiert. Im Kampf gegen die „Latifundien" richteten sie ihr Hauptaugenmerk auf ein besonders auffälliges Relikt des Feudalzeitalters: das Fideikommiß. Bis heute sind diese Mechanismen der Besitzsicherung ein bevorzugtes Feld der Adelsforschung geblieben [228: MÜLLER, Feudale und bürgerliche Eigentumsformen, 2 f.; 30: DIPPER, Der rheinische Adel, 106 f.; 208: ECKERT, Der Kampf]. Die Fürsten fixierten das Fideikommiß in ihren Hausgesetzen und hielten es als Standesherren des 19. Jahrhunderts bei. Der vermögende Adel des Westens und Südwestens, Westfalens, Rheinlands, Bayerns und Oberschwabens, aber auch Hannovers und Schleswig-Holsteins schlossen sich seit dem Ende des 16. Jahrhunderts sukzessiv an. Bis zum Ende des Alten Reichs hatte sich dieses Institut hier wohl etabliert. Im Fürstbistum Münster z. B. waren die Güter des Stiftsadels zu Beginn des 19. Jahrhunderts zu etwa der Hälfte fideikommissarisch gebunden. In den folgenden hundert Jahren hat sich daran kaum etwas geändert [51: KEINEMANN, Vom

Kritik an Latifundien und Fideikomissen

Vorsprung westlich der Elbe

Krummstab, 184]. Östlich der Elbe, insbesondere in Preußen und Sachsen, hatte dagegen das Fideikommiß noch kaum Fuß gefaßt. Nur das katholische Schlesien galt als ein Land der fideikommissarisch gebundenen Großgüter. Die Lehnsbindung, die in den protestantischen Ländern als Äquivalent zum Fideikommiß wirkte, konnte letztlich nicht die gleiche Sicherheit bieten. Friedrich der Große empfahl 1763 seinem im Krieg geschwächten Adel deshalb die Einführung des Fideikommiß, allerdings ohne nennenswerte Erfolge. Man blieb trotz steigender Verschuldung beim Lehnssystem „zur gesamten Hand", das alle Söhne in den Staatsdienst zwang und das Lehnsgut mit den (zersplitterten) Ansprüchen aller Agnaten, das Allod mit den Anteilen bzw. Abfindungen aller Kinder, auch der Töchter, belasteten. Die „Landschaften" und ihre großzügigen Kredite, die schließlich an Stelle der Fideikommisse als Stützungsmaßnahme eingeführt wurden, haben dagegen den altpreußischen Adel in die Güterspekulation und, bei Einbruch der günstigen Konjunktur, in weitere Verschuldung und in die Zwangsversteigerungskrise der 1820er Jahre geführt.

wenige Fideikomisse im Ostelbischen

In den preußischen und rheinbündischen Reformen geriet das Fideikommiß als adelsständisches Relikt ins Visier der Reformbeamten, wurde abgeschafft, wieder eingeführt, umdefiniert, an Besitzgrößen gebunden, mit Steuern beschwert, teils auf den Adel beschränkt, teils Adel wie Bürgern erlaubt, in der Revolution 1848/49 wieder aufgehoben und schon kurz darauf, in Preußen z.B. 1852, wieder eingeführt. 1851 bestanden, relativ unbeeinflußt von diesem Hin und Her, in den preußischen Westprovinzen, vor allem in ihren katholischen Teilen, 291 fideikommissarisch gebundene Güter, in den viel größeren, an Gütern um ein Vielfaches zahlreicheren Ostprovinzen dagegen nur 225 im wesentlichen wohl schlesische Fideikommisse.

Abschaffung und Wiederkehr des Fideikommiß

Nach der Jahrhundertmitte kehrte sich dieser Trend allerdings um. Der ostelbisch-protestantische Adel zog nach. Der Angriff der Revolution auf die Fideikommisse fand seine reaktionäre Antwort. Bis 1895 stieg die Zahl der preußischen Fideikommisse auf 1045, bis 1919 schließlich auf 1338. Allein zwischen 1851 und 1860 gab es 400 Fideikommiß-Stiftungen. Der Anteil der westlichen Güter an diesem rasanten Wachstum fiel mit 175 Gütern (bis 1910) recht bescheiden aus. Motor dieser Gründungswelle war, vom Monarchen unterstützt, der altpreußische Adel. 1875 fiel endgültig der Kern des bisherigen defizienten Sicherungssystems: die Lehnsbindung der Güter. Die agrarischen Einkommen gerieten unter den Druck des Weltmarkts. Im Bürgertum entstanden innerhalb kürzester Zeit neue große Vermögen. Die „Landflucht" vom agrarischen Osten in den industriestädtischen Westen evo-

Trendwende Mitte des 19. Jahrhunderts

Ursachen der verstärkten Fideikommißgründung

4. Stabilisierung im „Land" 93

zierte das Schreckbild einer „Polonisierung des Ostens". Der Adel suchte mit Fideikommißgründungen zu kontern. Zwar beteiligten sich an dieser Bewegung auch bürgerliche Gutsbesitzer Ostelbiens, aber ihr Anteil blieb mit unter 10% doch recht gering; das Fideikommiß blieb eine Besitzsicherungsstrategie des Adels [238: STERNKIKER, Adel, 48 f.; 31: DIPPER, La noblesse, Anm. 81].

Um 1890 waren 6,8% des deutschen Staatsgebietes, über 3,2 Mill. ha, in 2314 Fideikommissen gebunden (die Zahlen für Preußen 1917 lauten: 7,3%; 2,5 Mill. ha, 1369 Fideikommisse). 1918/19 war ein Viertel bis ein Drittel des Großgrundbesitzes in Deutschland fideikommissarisch gebunden. Die höchste Quote erreichte 1903 Schlesien mit 15% gebundener Grundbesitzfläche (600 000 ha) in 200 Fideikommissen; es folgten in Preußen die Provinzen Brandenburg (320 000 ha/8%), Westfalen (160 000 ha/8%), Schleswig-Holstein (145 000 ha/8%) und Pommern (220 000 ha/7%). Beeindruckend aber war auch, weil die dortige Erholung des Adels im Laufe des 19. Jahrhunderts anzeigend, die Quote Bayerns, dessen Adel weit weniger zahlreich war als der der meisten ostelbischen Provinzen Preußens, das aber gleichwohl mit 202 Fideikommissen gut 240 000 ha band, immerhin 7% der deutschen Fideikommißfläche. Das war im Vergleich zu anderen, nicht-ostelbischen Ländern viel (Westfalen 5%, Schleswig-Holstein 4,5%), im Vergleich zu altpreußischen Regionen wie Schlesien (19%) oder Brandenburg (10%) aber relativ wenig. Württemberg (128 000 ha, 141 Fideikommisse) und Baden (96 000 ha/84 Fideikommisse) erreichten mit einem zahlenmäßig noch einmal wesentlich geringeren Adel ebenfalls beachtliche Quoten.

Unterschiede nach Ländern

Kritische Konsequenzen ergaben sich aus der neuen Fideikommißgründungswelle aber nicht im relativ adels- und güterarmen Westen, sondern in Ostelbien, das an Adel wie Gütern sehr reich war: In 6 altpreußischen Kreisen überschritt die fideikommissarisch gebundene Fläche 40%, in 33 Kreisen 20% der Gesamtfläche. Hier lag der Grund für die am Ende des 19. Jahrhunderts aufflammende Diskussion um das Problem der „Latifundien". Die großen Güter des Osten lösten sich vom System der seßhaften Landarbeiter und beschäftigten billigere Saisonarbeiter, die zunehmend aus polnischen Gebieten kamen. Zugleich horteten und blockierten die „Junker" Land, das die „Innere Kolonisation", die die Bauernsiedlung im Osten voranzubringen suchte, dringend benötigte. In zweifacher Weise wurde damit, so die wachsende Kritik am Adel, der „Polonisierung des Ostens" zugearbeitet. Zwar wurden die Fideikommisse in der Weimarer Verfassung aufgehoben; real zog sich ihre Auflösung aber bis in die späten 1930er Jahre hin.

Ursachen der Latifundiendiskussion

Aufhebung der Fideikommisse

Der beträchtliche Anstieg des adligen Bodeneigentums, trotz stetiger Schrumpfung der Zahl der Adelsfamilien, hatte vielfältige Ursachen. Ganz entscheidend war aber, daß die große Mehrzahl der adligen Gutsbesitzer ihre wachsenden Einkünfte soweit wie möglich wieder in Land anzulegen suchten. Zwar floß ein Teil des Agrarprofits und der Ablösungszahlungen – jenseits von Schuldentilgung, Landkauf und landwirtschaftlicher Modernisierung, jenseits auch der traditionellen Geldanlage in sicheren Staatsschuldverschreibungen – in Eisenbahn- und Industrieaktien. Aber die meisten Adelsfamilien, selbst die reichen Standesherren, die 1836 und noch einmal 1849 riesige Entschädigungssummen erhielten, bevorzugten die Investition in Land und Wald. Die Zusammenbrüche industrieller Unternehmen im Vormärz, in den 1850er und – besonders gravierend – nach dem „Gründerboom" in den späten 1870er Jahren, bestärkten vor allem die mittleren und kleineren adligen Gutsbesitzer in ihrem Mißtrauen gegenüber den risikoreichen modernen Kapitalanlagen [148: WINKEL, Kapitalquellen, 292 f.; 39: GOLLWITZER, Die Standesherren, 257–259; 240: WEBER, Die Fürsten, 243]. Das Gros des Adels in Deutschland trat mit seinem Kapital nur äußerst zögernd aus dem engeren ländlichen Bereich heraus. Als Schiene, auf der dieses letztendlich doch, zumeist unmerklich, nur im Falle der Magnaten auffällig und dramatisch, gelang, erwiesen sich die gutswirtschaftlichen Nebenbetriebe: Brennereien, Brauereien, Steinbrüche, Lehm- und Kalkgruben, Ziegeleien und Zementwerke, Sägewerke und Papierfabriken, Kali-, Erz- und Kohlegruben. Der Adel finanzierte seine eigene ländliche Industrialisierung. Aus zahlreichen kleinen Nebenbetrieben entwickelten sich im Laufe der Zeit – vor allem in Schlesien, aber auch in Sachsen, Rheinland/Westfalen und Südwestdeutschland – veritable mittelgroße Fabriken und zuweilen sogar Großbetriebe.

Die ältere Forschung zur Agrarreform hat, konzentriert auf das preußische Ostelbien, den „Landverlust" dramatisiert, den die Bauern durch die (hier mögliche) Entschädigung der Gutsherren mit Land erlitten. Neuere Untersuchungen haben hier mit genauen Zahlen teilweise für Entwarnung gesorgt. Während die zahlreichen klein- und kleinstbäuerlichen Existenzen häufig ihre Selbständigkeit aufgeben mußten, blieb die Zahl der Bauern, die durch die Agrarreformen Haus und Hof verloren und ins schnell wachsende Heer der Landarbeiter gedrängt wurden, relativ gering. Auch die Vollblutbauern profitierten von den Agrarreformen.

Der Adel erweiterte zwar im 19. Jahrhundert seinen Landbesitz beträchtlich. Aber die Landverteilung zwischen Adel und Bauern hat

4. Stabilisierung im „Land" 95

sich durch diese Adelserfolge letztlich kaum verändert [42: HARNISCH, Probleme, 106, 108, 116]. Dazu war der ökonomisch erfolgreiche Adel, zumal im Westen, zu wenig zahlreich. Nach HÄBICH besaß der Adel 1925 etwa 13% der Gesamtfläche des Reiches (in Bayern z. B. 3%; Baden 3,3%; Württemberg 7,5%; Westfalen 12,1% (!); Hannover 5,9%; Sachsen 12,8%; Schleswig-Holstein 12,7%; Brandenburg 22,3%; Mecklenburg 26,7%; Pommern 27,8% und Schlesien 30,8%). Im Westen und Südwesten Deutschlands war der Adel weniger zahlreich, seine Rittergüter im Durchschnitt kleiner, die fürstlichen Domänen häufiger; vor allem aber bestimmten die Bauerngüter hier das Bild des Landbesitzes, nicht aber, wie im Norden und Osten, die großen Güter. In ostelbischen Ländern wie Schlesien oder Mecklenburg gab es z. B. an Zahl drei- bis viermal so viele, und im Durchschnitt wesentlich umfangreichere Rittergüter als Bayern oder Westfalen. In Mecklenburg nahmen die großen Güter (über 100 ha) kurz vor dem Ersten Weltkrieg 54% der landwirtschaftlichen Nutzfläche ein, in Ostpreußen 1871 etwa 42% (im Königreich Sachsen dagegen nur 14%). Bauerndominanz westlich der Elbe

In Pommern wie Posen besaßen um 1900 adlige und bürgerliche Gutsbesitzer zusammen über 50% des Bodens. Im pommerschen Regierungsbezirk Stettin waren es „nur" 40,7%, aber in zwei Kreisen Vorpommerns lag die Quote jeweils über 70%; im ostpreußischen Regierungsbezirk Königsberg schließlich erreichte man 46,1% [132: JATZLAUK, Agrarstatistische Untersuchungen, 36; 118: BUCHSTEINER, Großgrundbesitz, 129–136]. Zwar dominierten inzwischen zahlenmäßig die bürgerlichen Gutsbesitzer; aber die Konzentration gerade der größeren Güter beim Adel sorgte wohl dafür, daß bürgerliche und adlige Gutsbesitzflächen sich in etwa die Waage hielten, der Adel hier also noch immer über 20 bis 30% der landwirtschaftlichen Nutzfläche verfügte. Die wenigen Zahlen, die uns für die Zeit um 1800 zur Verfügung stehen – z. B. nahmen die Rittergüter in der Kurmark damals ca. 50% des Landes ein [78: SCHISSLER, Preußische Agrargesellschaft, 75, 78–86] –, legen die Vermutung nahe, daß sich das Verhältnis von Guts- und Bauernland, trotz der beachtlichen Flächenexpansion der Rittergüter, im Osten kaum verschoben hat. Das gleiche gilt erst recht für den Westen und Südwesten Deutschlands. Von der großen Bodenmobilisierung durch Säkularisation, Ablösungen und Gemeinheitsteilungen scheinen Adel und Bauern auch hier auf lange Sicht etwa gleich stark profitiert zu haben. Der Adel Bayerns besaß um 1800, Eigenwirtschaft und feudales Obereigentum zusammengenommen, zwar 20 bis 25% des Landes [57: LIEVEN, Abschied, 49], aber 1825 nur 2,3% der landwirtschaftlichen Gesamtfläche als Individualbesitz [142: STEITZ, Feudalwesen, kaum Verschiebungen zwischen Guts- und Bauernland im Osten

und im Westen

81]; bis 1925 hat sich dieser Anteil, trotz erheblichen Anstiegs der Durchschnittsgröße der Adelsgüter, lediglich auf 3% gesteigert: Letztlich ein großer Sieg der Bauern im langfristigen Wettbewerb um das Land, um Acker wie Wald (der allerdings auch auf Kosten der kleinbäuerlichen Existenzen erfolgte). Im Rheinland besaß der linksrheinisch enteignete, wenig zahlreiche Adel 1815 ca. 6%, 1860 nur noch 4% der landwirtschaftlichen Nutzfläche; 1925 hatte man dann gerade erst wieder eine Quote von 6,6% erreicht. In Westfalen, wo unter französischer Herrschaft ebenfalls eine für den Adel relativ ungünstige Agrarregulierung durchgeführt worden war, besaßen die (ganz überwiegend adligen) Gutsbesitzer in den 1820er Jahren ca. 5%, 1860 dann 6%, kurz vor dem Ersten Weltkrieg 6 bis 8% der Nutzfläche. Auch in Württemberg (1856 = 5,4%), Baden und Hessen (Kurhessen: 1863 ca. 7%) scheinen die Relationen ähnlich gewesen zu sein. In vielen südwestdeutschen Regierungsbezirken lag der Anteil der großen Güter am gesamten bewirtschafteten Boden um 1900 kaum über 2%.

5. Die „Krise" der Landwirtschaft und des adligen Großgrundbesitzes in Kaiserreich und Weimarer Republik

die „Agrarkrise"

Die kaiserzeitliche liberale Kritik, die nur wenig erweitert in das Sonderwegskonzept Eingang fand, sah die adligen Junker als Folge einer schweren, anhaltenden „Agrarkrise" im „Todeskampf", agrarwirtschaftlich rückständig, unfähig zur Anpassung an die neuen Marktbedingungen, bedenkenlos betriebswirtschaftliche Stagnation mit aggressiver Einforderung staatlicher Stützung und Steuerhinterziehung kombinierend. Auch neuere Untersuchungen betonen bisweilen noch generell die in den 1870er Jahren sichtbar werdende „Ineffizienz der Junker" (D. LIEVEN). Die für das Rosenbergsche Junker-Bild zentrale Prämisse einer Agrarkrise in den 1870er bis 1890er Jahren, die lange Zeit breite Zustimmung gefunden hat, ist in den letzten Jahren von Vertretern einer konsequent wirtschaftsgeschichtlich ausgerichteten Agrargeschichte aber massiv in Zweifel gezogen worden [112: ACHILLES, Die Wechselbeziehungen, 97–101; 131: HESS, Zur wirtschaftlichen Lage, 157f.]. K. HESS hat jüngst die Existenz einer strukturellen oder tendenziellen Agrarkrise mit guten Gründen und einer detaillierten statistischen Analyse ebenso ins Reich der Fabel zu verweisen gesucht wie die Vorstellung einer existenzgefährdenden Überschuldung (durch über-

Zweifel an der Existenz der „Agrarkrise"

5. Die „Krise" der Landwirtschaft

triebenen Luxuskonsum, behäbige Rentnermentalität und übermäßige Absenz vom Gut zugunsten von Hof-, Militär- und Stadtleben). Die politisch-sozialgeschichtliche Junkerforschung scheint auch hier die Wirklichkeit eher verzerrt als aufgeklärt zu haben. Bestenfalls, so HESS, habe es „subjektive Krisenempfindungen" gegeben. HESS neigt allerdings seinerseits dazu, die sozialen und psychischen Dimensionen dieser „Krise" zu unterschätzen. Gegen die bisher als Krisenbelege angeführten Indikatoren – stagnierende, zeitweise rückläufige Agarpreise, steigende Landarbeiterlöhne, hohe Verschuldungsquoten, häufige Zwangsversteigerungen und Besitzwechsel, zu schnell steigende Verkehrswerte der Güter – werden in einer Art betriebswirtschaftlicher Gesamtrechnung bedeutende Ertragssteigerungen gestellt. HESS konstatiert einen „insgesamt durchgehenden Aufschwung", der nach der Jahrhundertwende zeitweise sogar Züge eines „Booms" annahm. In der Tat scheint sich in der nationalistischen Krisenargumentation der Großagrarier eher der säkulare, um 1900 aber spürbar beschleunigte Übergang vom „Agrar- zum Industriestaat", der volkswirtschaftliche Bedeutungsverlust der Landwirtschaft gegenüber der Industrie, des agrarischen Ostens gegenüber dem industriellen Westen, der relative Reichtumsverlust des gutsbesitzenden Adels gegenüber dem finanz- und industriekapitalistischen Bürgertum artikuliert zu haben als die Erfahrung existenzieller Gefährdung. Doch sei hinzugefügt, daß diese Argumentation der „Junker" damals die breiteste Unterstützung auch bürgerlicher Bewegungen, selbst großer Teile der bürgerlichen Sozialreform fand. Daneben wird dann zweifellos auch im Adel die frustrierende Einsicht am Werke gewesen sein, daß die Konkurrenz nach mehr als fünfzig guten Jahren härter, die Märkte flexibler, die Anpassungszwänge entsprechend größer geworden waren, daß sicherer Ertrag also künftig nur noch durch aktives, zeitaufwendiges, permanent innovatives Selbstwirtschaften, durch „Landwirtschaft als Beruf" möglich war.

<small>Krise des „Agrarstaats"</small>

Ob diese völlige Umkehrung der bisher gängigen Beurteilung der Lage der ostelbischen Gutswirtschaft im Kaiserreich Bestand haben wird, bleibt abzuwarten. Unter der Perspektive der Adelsgeschichte ist zu fragen, wie die adligen Gutsbesitzer in dieser zollgeschützten Blütezeit ihre Güter konkret bewirtschaftet haben. Neuere Studien [118: BUCHSTEINER, Großgrundbesitz; 68: REIF, Ostelbische Agrargesellschaft] haben dargelegt, daß die adligen Rittergutsbesitzer unter dem schützenden Schirm staatlicher Stützung ihre Dynamik keineswegs verloren haben. Die Intensivierungs- und Modernisierungsfortschritte waren weiterhin beträchtlich. Auch dürfen die Standortnachteile der ostelbischen Landwirtschaft (sandige Böden, rauhes Klima, große

<small>Anzeichen für Modernisierung der Gutswirtschaft</small>

räumliche Distanz zu den bedeutenden Absatzzentren, ungünstige Transportbedingungen etc.), die enorme Rentabilitätsunterschiede zu anderen Agrarregionen schufen und auch der schon zeitgenössisch geforderten Umstellung auf Veredlungswirtschaft Grenzen setzte, nicht unterschlagen werden. Gleichwohl bleiben offensichtliche strukturelle Schwächen bestehen: Grenzen der Intensivierung, der Marktanpassung, der Organisation genossenschaftlicher Selbsthilfe und, in der sich wandelnden Massennachfrage der zwanziger Jahre, erhebliche Defizite in der Vermarktung. Dynamik und Stagnation hatten so ihre je eigenen Sektoren betriebswirtschaftlichen Handelns. Ein integriertes Konzept marktadäquater Anpassung bildete sich nicht aus. Ein Rest des Stereotyps von der Rückständigkeit der adligen Junker bleibt somit erhalten.

Wichtiger ist allerdings, daß sich in diesem Modernisierungsprozeß die Großagrarier schnell weiter ausdifferenzierten [118: BUCHSTEINER, Großgrundbesitz, 302–305; 314: NABERT, Agrarkonservative Konzeptionen, 83]. Wieder begann sich Spreu vom Weizen zu trennen. Wie I. BUCHSTEINER für Pommern gezeigt hat, wirtschafteten die bürgerlichen Gutsbesitzer auf ihren im Durchschnitt kleineren Gütern wahrscheinlich intensiver und effektiver als ihre adligen Nachbarn. Die Mehrzahl der adligen Großgrundbesitzer befand sich noch im Übergang, verkörperte noch keineswegs den Typus des modernen agrarkapitalistischen Unternehmers. Der moderne selbstwirtschaftende adlige Vollblutagrarier war selbst kurz vor 1914 eher die Ausnahme. Ob es in der Forstwirtschaft günstiger aussah, ist noch nicht hinreichend geklärt. Zweifellos gab es aber nicht unerhebliche adelsspezifische Widerstände gegen die Transformation des adligen Gutsbesitzers zum Agrarkapitalisten. Unterhalb der Gemeinsamkeit stiftenden agrarkonservativen Abwehrideologien und Stützungsforderungen wuchsen so Schritt für Schritt die Erfolgs- und Interessenunterschiede, die Abstände zwischen fort- und rückschrittlichen Landwirten, Vertretern eher ökonomischer und eher politischer Konzeptionen des Obenbleibens, auch zwischen adligen und bürgerlichen Großgrundbesitzern. Als in den späten 1920er Jahren dann wirklich eine schwere Agrarkrise aufkam, trat diese interne Fraktionierung, den politischen Grundkonsens der „Junker" endgültig auflösend, offen zutage. Ein Drittel der landwirtschaftlichen Großbetriebe Ostelbiens galt kurz vor 1933 selbst wohlwollenden fortschrittlichen Großagrariern als nicht mehr sanierungsfähig; und man kann vermuten, daß Adlige in diesem Drittel eindeutig dominierten, weil ihnen der Übergang von der Landwirtschaft als ständischer Lebensform zur Landwirtschaft als Beruf schwerer fiel als ihren bürgerlichen Nachbarn, für die Landwirtschaft niemals historisch tiefgegründete Lebensform gewesen war. Für den adligen Gutsbesitzer blieb das Konzept des Jammerns und Drohens, statt des mühseligen Wirtschaftens, deshalb im Gegensatz zum bürgerlichen „Junker" stets eine verführerische Ausweichmöglichkeit und Alternative.

Im Kampf der adligen Gutsbesitzer um die Mittel der Osthilfe, der sich Anfang der 1930er Jahre zum „Osthilfeskandal" erweiterte und unmittelbar zum Sturz Brünings beitrug, schlug diese adlige Defensivstrategie ein letztes Mal in reaktionäre, jetzt sogar zerstörerische Politik um [28: CARSTEN, Junker, 166].

Da sich die Interessenpolitik des Adels, zumal in der Weimarer Republik, zunehmend auf Großgrundbesitzerinteressen verengte, zerbrach in dieser Zeit auch die so lange stabil gebliebene Defensivgemeinschaft mit den Bauern. Seit den Adelsreformdiskussionen um 1800 galt der Bauer dem Adel als wichtigster, schützenswerter Bündnispartner im Kampf gegen Liberalismus und Moderne. Die Pazifizierung des Verhältnisses Adel-Bauern gelang schnell. Die adlige „Führung des Landes" stabilisierte sich in der zweiten Hälfte des 19. Jahrhunderts noch einmal, angesichts des sich ankündigenden Umschlags vom Agrar- zum Industriestaat. Die Politik der vom Adel geführten DKP und des BDL verteidigte vehement „agrarische Interessen". Doch zerstörte die enge Interessenpolitik vor allem der ostelbischen Großgrundbesitzer die Glaubwürdigkeit der nationalen, patriarchalischen und berufständischen Legitimationsformeln, mit welchen der Adel seine „Führung des Landes" begründet hatte. Mit der „Osthilfe"-Politik der Großgrundbesitzer kam dieser schleichende Vertrauensverlust an sein Ende. Die Bauern suchten eine neue Führung und fanden diese im Nationalsozialismus.

6. Adel und Politik im 19. und 20. Jahrhundert

6.1. Adelskritik, Adelsreform

Neben Kirche und „Volk" wurde auch der Adel schon früh vor den „Richterstuhl der Vernunft" gezogen. Vor allem die dezidierte Adelsschutzpolitik Friedrichs des Großen nach dem Ende des Siebenjährigen Krieges wurde in der diskutierenden Aufklärungsöffentlichkeit als Provokation empfunden. Ziel dieser Politik war es, den Adel durch eine bessere Familienorganisation, Sicherung des Gutsbesitzes und – nicht zuletzt – durch Ämtervorrechte zu restabilisieren und damit die vom Großen Kurfürsten begonnene Umformung des preußischen Adels von

friderizianische Adelsschutzpolitik

einem feudalen Herrschaftsstand zu einem absolutistischen Funktions-
explizite Adels- stand zum Abschluß zu bringen [105: SCHILLER, Edelleute, 261]. Der
vorrechte erste Adelsparagraph des Preußischen Allgemeinen Landrechts (ALR)
von 1794 hat die Funktion des Adels als erster Staatsstand noch einmal
provozierend offen hervorgehoben. Diese Politik ermutigte den zahlreichen grundbesitzlosen, „armen" Adel, eine zeitgenössisch stark diskutierte Problemgruppe [104: MARTINY, Die Adelsfrage, 67–71], dazu, verstärkt staatliche Ämter anzustreben, auf adlige Vorrechte zu pochen und damit den Aufstieg bürgerlicher Ämterkandidaten zu blockieren [264: BUES, Adelskritik, 97; 337: SCHULTZE, Die Auseinandersetzungen, 111]. Inwieweit sich in diesem von der bürgerlichen Adelskritik entworfenen Szenario reale Verlusterfahrungen mit eingebildeten Verlustängsten mischten, bleibt noch zu erforschen. Die Adelskritik stili-
aufklärerische sierte den Adel entweder zur ökonomisch „nutzlosen Klasse" (C.F.
Adelskritik Bahrdt, 1789) oder konfrontierte ihn mit der „Botschaft der Tugend"
(W. MARTENS) und des „Verdienstes". Nur in ganz seltenen Fällen wurde der Adel in konkreter politischer (statt in methaphysischer, prinzipieller) Argumentation als schädlich und deshalb abzuschaffen dargestellt [258: BIRTSCH, Zur sozialen und politischen Rolle, 82].

Daß ein Teil des Adels aktiv an der Aufklärungsbewegung (und
Hoffnung auf „Ver- auch am frühen Nationalismus) teilnahm, begründete die bürgerliche
edlung" des Adels Hoffnung, der Adel werde sich insgesamt Schritt für Schritt „veredeln" und das Angebot akzeptieren, aus Adel und höherem, gebildetem Bürgertum eine neue Elite, die man „neuen Adel" nannte, zu bilden [311: MÖLLER, Aufklärung, 2; 324: REIF, Adelserneuerung]. In den antiabsolutistisch-reichspatriotisch motivierten Adelsreformplänen der Göttinger Bürger Justus Möser (1785) und August W. Rehberg (1803) lassen sich bei aller Kritik am zu zahlreichen grundbesitzlosen Adel und der adligen Monopolisierung aller leitenden Staatsämter letztlich doch zugleich auch sehr viel Verständnis für den Reichtum historischen Adelserbes und die politische Bedeutung adliger Lebensart, viel Anerkennung bleibenden Adelsvorrangs, viel Relativierung des „Verdienstes" ohne Grundbesitz, deutliche Worte zur politischen (und nicht moralischen) Führungsaufgabe des grundbesitzenden Adels finden [270: FEHRENBACH, August Wilhelm Rehbergs, 159 f.].

Das Modell des offenen, staatliche Ämter und Großgrundbesitz
napoleonischer verbindenden napoleonischen Notabelnadels hat die beiden wichtigsten
Notabelnadel Konzepte einer Adelsreform zu Beginn des 19. Jahrhunderts nachhaltig geprägt. Doch konzentrierte sich der Freiherr v. Stein im Reformstaat
Stein vs. Montgelas Preußen, inspiriert auch vom englischen Adel, mehr auf einen „neuen Adel" als erweiterte politische Klasse adliger und (in begrenztem Maße

6. Adel und Politik im 19. und 20. Jahrhundert

auch) bürgerlicher Großgrundbesitzer, die dem Interesse des Landes, insbesondere dem Schutz des Thrones verpflichtet waren und in – zunehmend wieder ständisch gedeuteter – relativer Unabhängigkeit von den bürokratisch-absolutistischen Regierungen handelten. Montgelas im Reformstaat Bayern und die anderen rheinbündischen Adelsreformer setzten dagegen, wesentlich näher an Napoleon orientiert, auf die Schaffung eines adlig-bürgerlichen, staatsloyalen, „verdienstvollen" Beamtenadels mit oder ohne Grundbesitz, eine Konzeption, die Bürgerlichen weitaus mehr Chancen eines Aufstiegs in den Adel einräumte als in Preußen [111: WUNDER, Personaladel, 503 f.] Während diese Reformvarianten zweier Staatsmänner den bürgerlichen Hoffnungen auf Öffnung und Erweiterung des Adelsstandes, auf Bildung eines Notabeln- oder Beamtenadels, mehr oder weniger weit entgegenkamen, entstand gleichzeitig innerhalb des Adels eine starke Bewegung, die nicht mehr, wie die reformstaatliche Adelspolitik, in der Öffnung zum Bürgertum, sondern in Selbstkritik, Selbstbesinnung und Selbstreform auf altständischer Grundlage das Problem mangelnder Adelslegitimität zu lösen suchte. Die von der Aufklärung angemahnten moralischen Qualitäten wurden in dieser Bewegung dem altständischen Adelsselbstverständnis hinzugefügt („veredelter Adel"), Gesinnung und Familiensolidarität – nicht zuletzt durch eine neue, „erweckte" Religiosität – neu fundiert, das Ansehen des Adels durch intensive „Wiederverzauberung" des Adelslebens gesteigert. Adel ist Verehrung, heißt es z. B. bei dem Adelsromantiker Achim von Arnim. Der Adel lehnte das Angebot der Aufklärung und des Liberalismus, sich als Teil einer neuen Elite, als gutsbesitzender, gebildeter und tugendhafter Bürger zu verstehen, konsequent ab. Man war nicht bereit, die politische und gesellschaftliche Macht mit dem Bürgertum zu teilen. Adelsreform wurde seit den 1820er Jahren nur noch als Selbstreform des Adels diskutiert, war also faktisch früh gescheitert [324: REIF, Adelserneuerung, 228].

Öffnung vs. Selbstreform

Die frühe Abwehr aller auf Öffnung zum Bürgertum zielenden Adelsreformpolitik war im wesentlichen ein Defensivreflex auf die umfassende Entfeudalisierung, die den Adel in vielfältigen Lebensbereichen, vom Grundbesitz bis zur Berufswahl, von der Familienorganisation bis zu seiner Lebensführung hart traf. Die Ebene, auf der die Abwehrpolitik des Adels einsetzte, variiert von Adelslandschaft zu Adelslandschaft. Im altpreußisch-ostelbischen Adel formierte sich diese Defensivbewegung in der kritischen Wendung gegen die Agrar- und Verwaltungsreformen [55: KOSELLECK, Preußen, 189, 507; 346: VETTER, Kurmärkischer Adel, 82, 106]. Für West- und Südwestdeutschland wirkte der Kampf um die Wiedererringung alter Rechte auf dem Wie-

Abwehrpolitik in West und Ost

ner Kongreß als Initialzündung. Die depossedierten Fürsten, die späteren „Standesherren", der Stiftsadel, vor allem aber die Reichsritter agierten in Wien noch einmal mit Energie und Phantasie.

Reichsritter Ökonomisch war diese unterste Gruppe des Reichsadels kaum mehr bedeutend; viele Familien waren verarmt [103: KOLLMER, Lage, 300 f.]. Aber politisch steckte in diesem „Petrefakt älterer Verfassungszustände" noch erhebliche Energie. Zusammen mit den späteren Standesherren konnten sich die Reichsritter auf dem Wiener Kongreß zahlreiche Vorzugsrechte sichern (Artikel XIV der Deutschen Bundesakte), diese gegen Landesherren und Beamte der südwestdeutschen Mittelstaaten verteidigen und so ihren – jahrhundertealten – Sonderstatus ins 19. Jahrhundert hinüberretten [307: MANGOLD, Reichsritterschaft, 107].

6.2. Adel zwischen Konservatismus und Liberalismus

Adelskonservatismus Die konservative Bewegung wurde in Deutschland bis weit in die zweite Hälfte des 19. Jahrhunderts hinein vom Adelskonservatismus geprägt. P. KONDYLIS hat überzeugend argumentiert, daß dieser Adelskonservatismus mit seiner Grundvorstellung des Staates als einer *societas civilis*, einer Gesellschaft der „Hausväter", sich in einer longue dureé, in der Auseinandersetzung mit dem aufkommenden zentralisierten Flächenstaat entwickelt hat [53: KONDYLIS, Konservativismus, 80]. Andererseits kann aber auch kein Zweifel daran bestehen, daß dieser Adelskonservatismus erst durch die Erfahrung der Französischen Revolution seine eigentliche Dynamik gewonnen hat. In Preußen entwickelte sich der Adelskonservatismus, im Zusammenwirken mit historisierenden und romantisierenden „Intellektuellen" in Salons, Zirkeln, Kreisen und Zeitschriften zur Weltanschauung und zum festen Bestandteil eines stark ländlich-kirchlich geprägten konservativen politischen Milieus [21: BERDAHL, Politics, 163, 246; 299: KRAUS, E. L. v. Gerlach, 74 ff.]. Gegen die künstlichen, abstrakten Konstruktionen von Aufklärung und Liberalismus und gegen das mechanische, blutleere Verfahren der „Maschine" Bürokratie setzte das konservative Denk- und Deutungsmuster provozierend die Totalität des Lebens, die Komplexität der persönlichen Beziehungen und die Unerforschlichkeit der Geschichte. Zwar gewann der so gewonnene Vorrat an Orientierungsbeständen und Argumenten nur wenig Dichte und Niveau. Doch er reichte aus, die politischen Feinde zu identifizieren – Reformbeamte, Finanzkapital, Juden, Nationalbewegung und Liberale –, eine hellsichtige Kritik der Moderne, insbesondere der Bürokratie zu formulieren,

6. Adel und Politik im 19. und 20. Jahrhundert

konservative Gesinnung im Adel und auf dem Land zu verbreiten, konkrete Politikfelder zu erschließen und zu politischem Handeln anzuleiten.

Der katholische Adel hatte mit der Reichskirche und dem Kaiser seine organisatorischen Fixpunkte verloren und den Übergang ins 19. Jahrhundert als gewaltsamen, verlustreichen Umbruch in legalem Gewande erfahren [261: BLICKLE, Katholizismus, 368–371; 51: KEINEMANN, Vom Krummstab, 62], während der ostelbisch altpreußische Adel um 1800 nur die nächste Stufe einer staatlich gelenkten Umformung zum ersten Funktionsstand durchlief und sogar als „der wahre Gewinner der liberalen Reformen" gilt (R. KOSELLECK). In den westlichen Provinzen Preußens und weniger stark auch im rheinbündischen Südwestdeutschland, in Baden, Württemberg und selbst in Bayern, wurde der Adel nach 1815 sehr schnell mit umfassenden staatskirchlichen Ansprüchen der Reformbürokratien konfrontiert, wodurch sich nahezu zwangsläufig eine Defensivallianz von Adel, erneuerter Geistlichkeit und „Kirchenvolk" ausbildete. Im altständischen Hochkonservatismus Preußens gab es diese Defensivlage zwar auch. Aber dort vollzog sich die adlige „Erweckung" nicht, wie in den katholischen Adelsgebieten – nach der überall zu beobachtenden Zurückdrängung der liberal orientierten Geistlichen – im Kern der Amtskirche, sondern – als pietistische Konventikel- und Missionsbewegung – an deren Rand, in permanenter Spannungslage zur dominierend bleibenden staatstreuen Geistlichkeit [268: CLARK, The Politics, 44–49].

Die Konsequenzen dieser unterschiedlichen Entstehungskonstellation für die Ausbildung eines adligen Konservatismus waren erheblich. Zwar okkupierte man in beiden konservativen Lagern die gleichen Politikfelder – Kritik an Staatsbürokratie und Kapitalismus, Engagement in der Sozialpolitik, Verteidigung von Kirchenfreiheit und regionalen Interessen –, zwar schloß man die gleichen Defensivallianzen – mit der Monarchie, mit der Kirche, mit den Bauern und dem alten Mittelstand –; aber das Verhältnis der katholischen Adelskonservativen zu den Monarchen und Fürsten, zumal den protestantischen, blieb prekär, von der Verlusterfahrung der Jahre 1803/15, vom Erleiden weiterer staatlicher Gewalt im Kirchenstreit 1837, im preußisch-österreichischen „Bruderkrieg" mit nachfolgendem Kronenraub 1866, im Kulturkampf und nicht zuletzt auch von der in Preußen fast permanenten Staatsstreichdrohung geprägt. Der Papst, der die Stellung der Monarchen und Fürsten relativierte, stieg im Laufe des Jahrhunderts für große Teile des katholischen Adels zu einer Art „Ersatzkaiser" auf [348: WEBER, Papsttum 629f.].

Kirche und Adelskonservatismus

Staatskirche vs. „Kirchenvolk"

frühe Spaltung des Adelskonservatismus

Die Verteidigung der Kirchenfreiheit bedurfte der Landtage und Parlamente, des Verbleibens im Parlament, der schrittweisen Verwandlung patriarchalisch-karitativer Traditionen in moderne Sozialpolitik. Die Mittlermetapher gewann deshalb im katholisch-konservativen Milieu wesentlich mehr Realität als im altpreußischen Adelskonservatismus. Dort ging der Trend, nachdem die liberale Beamtenschaft ausgeschaltet, der König ins konservative Lager zurückgeholt war, zügig zum Adel als „Bollwerk vor dem Thron", der sich zudem fast uneingeschränkt auf den protestantischen „Altar" verlassen konnte. Der bevorzugte Zugang zum Fürsten schien hier, wie die wachsende Gruppe gouvernementaler Adelskonservativer zeigt, Landtage und Parlamente entbehrlich zu machen; und die Sozialpolitik konnte im Kaiserreich in der Sicht dieses Adelskonservatismus sogar zu einer Sache „für den Staatsanwalt" (v. Heydebrand u. d. Lasa) degenerieren. Die konfessionellen Divergenzen wurden, je später, desto mehr, unüberbrückbar. Alle Versuche, einen überkonfessionellen deutschen Konservatismus zu organisieren, scheiterten. Abgesehen von einigen kleineren Adelsgruppen, die im Kaiserreich als Hof-, Staats- und Rechtskatholiken etikettiert wurden, hat das katholische Milieu seine Adligen bis in die Weimarer Republik hinein festgehalten und damit den deutschen Adelskonservatismus auf Dauer gespalten [326: REIF, Der katholische Adel, 123 f.; 282: GRÜNDER, Rechtskatholizismus, 107].

Obwohl die ständischen Traditionen westlich der Elbe bis zum Umbruch um 1800 lebendiger geblieben waren und der Adel hier größere Distanz zum reformierenden Staat hielt, wird – nach anfänglich eher optimistischen Einschätzungen – inzwischen wieder bezweifelt, daß diese ständische Libertät ein Weg zur modernen Liberalität war (vgl. [35: FEHRENBACH, Adel, 25 f.; 263: BRANDT, Adel, 82; 318: PRESS, Landtage, 101 f.]). Im Ostelbischen, vor allem in Ostpreußen, das ebenfalls besonders starke ständische Traditionen besaß, läßt sich vor 1848 ein durchaus beachtlicher Adelsliberalismus nachweisen, während westlich der Elbe eher die großen liberalen Einzelnen, die „deutschen Whigs" (H. GOLLWITZER) das Bild bestimmen. Zwar läßt sich bei genauerem Hinsehen auch hier durchaus ein liberaler landsässiger Adel erkennen, doch blieb dem westelbischen Adel als Ganzem der Liberalismus eher fremd. Die antiliberale Abwehrfront des Adels war hier massiver. Die tiefgreifenden, relativ unvorbereitet auftretenden Verlusterfahrungen, die historisch tiefer gegründete soziale Homogenität dieses Adels und das im Westen weitaus stärkere Bürgertum, das den Liberalismus für sich reklamierte, dürften die wesentlichen Ursachen für diese Distanzierung gewesen sein. Die ost- und westpreußische

6. Adel und Politik im 19. und 20. Jahrhundert

konservativ-liberale Adelsbewegung wird in der Forschung zumeist als Sonderfall eingestuft; doch zerschneidet eine solche Einschätzung zu sehr die weite Vernetzung einzelner, kleinerer Gruppen von Adligen mit liberalen Positionen, die alle Provinzen Altpreußens übergriff. Im ostelbisch-altpreußischen Adel läßt sich kurz vor 1848 durchaus die weit verbreitete Einschätzung nachweisen, daß die am Hofe, in der Regierungsbürokratie und auf den meisten Provinziallandtagen dominierenden, konservativ-restaurativen Kräfte selbst das Minimum nötiger Reformen versäumt hätten.

Nach W. NEUGEBAUER wurden in Ostpreußen schon Ende des 18. Jahrhunderts durch stark regional begrenzte Entwicklungen die wesentlichen Grundlagen zu einer vom Adel selbst bestimmten ständischen Reorganisation und zur Einsicht in die Notwendigkeit von Verfassungsreformen gelegt: durch den Übergang zum Fernhandel mit England, durch eine zügige Kommerzialisierung der Gutswirtschaft, die Mobilisierung des Gutsbesitzes und das Eindringen einer großen Zahl reicher Bürgerlicher in den Kreis der Rittergutsbesitzer [315: NEUGEBAUER, Politischer Wandel, 152 ff.; 338: SCHUPPAN, Ostpreußischer Junkerliberalismus, 76, 82 f.]. Die meisten anderen Autoren sehen diesen Adelsliberalismus erst nach der Reformzeit aufkommen, stärker durch äußeren Druck erzwungen: Im Laufe des Vormärz, als sich Konjunktureinbrüche, Desintegration in Folge der Agrar- und Gewerbereformen und akute Noterfahrungen zur Krise verdichteten, auf welche die Regierungsbürokratien keine Antwort zu geben wußten, übernahm ein Teil dieses vermögenden, zum Teil sogar reichen, offenen, am ehesten noch „englischen" Adels die Reforminitiative [316: OBENAUS, Gutsbesitzerliberalismus, 320]. Dies war relativ ungefährlich, weil es hier ein gebildetes und vermögendes, liberales Bürgertum als Elitenkonkurrenz nicht gab [269: DIPPER, Adelsliberalismus, 188 f.]. Als weitere Faktoren einer Liberalisierung des Adels werden darüber hinaus von der Forschung hervorgehoben: idealistisch-humanistische Bildung an reformierten Universitäten, Teilnahme an der Burschenschaftsbewegung, am Krieg gegen Napoleon, am frühen Nationalismus und an adlig-bürgerlichen Geselligkeitskreisen, die persönliche Betroffenheit durch die Reaktion, insbesondere deren Zensur- und Verfolgungsmaßnahmen, nicht zuletzt aber auch der Zorn darüber, daß Fürsten und Monarchen in ihren Ländern und im Deutschen Bund den Weg zu Verfassungen, zur Bundesreform und zu stärkerer deutscher Einheit blokkierten. Weitaus geringere Bedeutung wird dagegen, wenn überhaupt, dem Kontakt zur wachsenden Zahl bürgerlicher Rittergutsbesitzer beigemessen, der wohl – zumindest im Ostelbischen – nur selten als „Fer-

Entstehungsursachen

Entstehungszeit

vielfältige weitere Gründe

ment der Liberalisierung" (R. KOSELLECK) wirkte. Als konservativ-liberale Adlige wie v. Bülow-Cummerow in Pommern und v. Schön in Ostpreußen im Vormärz eine Öffnung des Korpus der Rittergutsbesitzer forderten, ging es ihnen, wie ihren Standesgenossen vor 1800 und wie auch Friedrich Wilhelm IV. mit seinen gleichzeitigen Adelsreformplänen, nicht um eine neue Elitenbildung auf der Grundlage rein ökonomischer Kriterien, sondern – in Anlehnung an die Pläne des Freiherrn v. Stein und vorsichtiger Annäherung an das „englische Modell" – um eine Milderung der Aufstiegsblockade, d.h. um eine begrenzte Ergänzung der bisherigen Ritterschaft, die seit 1823 personell so gut wie nicht erweitert worden war, durch großen, (auch) im Grundbesitz befestigten bürgerlichen Reichtum. Die häufig aus dem Bauern- und Pächterstand aufgestiegenen Gutsbesitzer „von nebenan" waren mit solchen Reformvorschlägen in der Regel nicht gemeint. Zugleich zielten diese Reformen ein letztes Mal vergeblich auch darauf, den Gutsadel endgültig vom Ballast des verarmten Adels ohne Grundbesitz und Vermögen, dem „Ferment der Feudalisierung" zu befreien [35: FEHRENBACH, Adel, 4 f.; 327: REIF, Friedrich Wilhelm IV., 1098].

„englische" Adelsreform

Im westlichen und – nochmals um einiges schwächer – auch im südlichen Deutschland läßt sich durchaus die aus dem Ancien Régime stammende „ständische Libertät" als Motor der Liberalisierung des Adels nachweisen. Nicht alle Adligen gaben hier ihre Kritik an bürokratischem Absolutismus und Staatssouveränität, an bevormundender Reformbürokratie und Reaktionspolitik auf, weil sie die Nähe solcher Argumente zum bürgerlichen Liberalismus fürchteten. In Bayern und Kurhessen bezog diese libertäre Opposition sogar noch einmal zusätzliche Impulse aus der Ablehnung von Regierungswillkür, Günstlings- und Mätressenwirtschaft der jeweiligen Landesfürsten [64: PEDLOW, The Survival, 224].

„Libertät" und Liberalismus im Westen

Neben den Adligen, die ihre ständisch-libertären Adelstraditionen sukzessiv modernisierten, dürfen schließlich die weniger zahlreichen, aber durchaus bedeutenden Adelsliberalen nicht unerwähnt bleiben, die, wie z. B. der westfälische Oberpräsident v. Vincke, den Beamtenliberalismus der Reformzeit langfristig bewahrten. Schließlich entwickelte sich, vorwiegend im deutschen Südwesten und in Schlesien, auch der genuin standesherrliche und magnatische Liberalismus der „deutschen Whigs" weiter. Die standesherrlich-kritische Distanz zu den Landesfürsten und ein betont internationaler Lebensstil begründeten hier persönliche Souveränität und eine gleichsam vorparlamentarische, unideologische Liberalität. Aus der am Beispiel Englands gewonnenen Zuversicht, daß man auch unter parlamentarischen Verhältnissen, über

adliger Beamtenliberalismus

Liberalismus der Magnaten/ Standesherrn

6. Adel und Politik im 19. und 20. Jahrhundert

Pairsstatus und Oberhaus, führend bleiben könne, und aus der Hoffnung heraus, daß ein neues Reich ihnen ein adäquates politisches Handlungsfeld eröffnen werde, setzten sie sich für die Reichseinigung, für Konstitution und Rechtsstaatlichkeit und einen großen Teil der in Frankfurt 1848 diskutierten Grundrechte aktiv ein, ohne allerdings die Prinzipien von Monarchie, Adel und politischer Ungleichheit in Frage zu stellen. Den meisten Standesherren blieb allerdings der Parlamentarismus fremd, weil sie weiterhin den Verlust ihrer Landeshoheit betrauerten und eine Stellung weit über allen Parteien und Faktionen beanspruchten [39: GOLLWITZER, Die Standesherren, 309; 269: DIPPER, Adelsliberalismus, 180–182].

Zahl und Namen der adligen Liberalen in der Paulskirche sind zwar beeindruckend; aber die standesherrlichen Liberalen blieben ein „Generalstab ohne Heer" (CHR. DIPPER); die landsässigen Adligen versanken letztlich, an Zahl zu gering, in den von Bürgerlichen dominierten konstitutionellen Vereinen. Weitaus erfolgreicher waren ihre Standesgenossen in den beiden konservativen Massenbewegungen der Zeit: dem politischen Katholizismus und dem protestantischen, ländlichen, militärischen und monarchischen Konservatismus. Hier entwickelte sich der Adel in vorpolitischen Netzwerken „sozialmoralischer Milieus", die nicht nur ihn, sondern Kirche, Militär, Beamtenschaft und „Land" integrierten und die langfristigen Orientierungen und Weltanschauungen der konservativen wie der Zentrumspartei geprägt haben [339: SCHWENTKER, Konservative Vereine, 167; 345: TROX, Militärischer Konservativismus, 178]. Der Adel akzeptierte über diese Bewegungen erstmals die neuen, modernen politischen Organisations- und Kommunikationsstrukturen: Vereine, Zeitungen, Lexika und öffentliche Programatik. Vor diesem Hintergrund sind zwei Erscheinungen einer adligen Politik von oben in ihrem Gewicht zu relativieren. Der Einfluß der höfisch-militärischen sog. „Kamarilla" auf Friedrich Wilhelm IV. war nur Teil einer weit umfassenderen gegenrevolutionären Bewegung und blieb zeitlich auf wenige Monate begrenzt [299: KRAUS, E. L. v. Gerlach, 443]. Und das sog. „Junkerparlament" vom Juli 1848, an welchem, wie am nachfolgenden „Verein zum Schutze des Eigentums..." Adlige aus Preußens Osten wie Westen teilnahmen, erwies sich schon bald als eine Sackgasse, zeigte auf, daß der Adel nur verlieren konnte, wenn er sich, kaum verdeckt, als Partei seiner engen materiellen Interessen organisierte.

Adel in konservativen Massenbewegungen

Relativierung der „Kamarilla"

und des „Junkerparlaments"

Andererseits hatte die „Adelsdebatte" in der Paulskirche gezeigt, daß im liberalen Bürgertum letztlich nur wenig Klassenhaß existierte, dagegen aber viel Adelsnostalgie und Ehrfurcht vor dem Eigenrecht

„Adelsdebatte" in der Paulskirche

des historisch Gewachsenen, viel Gemeinsamkeit im Beharren auf der Heiligkeit des Eigentums, in der Ablehnung von Gleichheit (z. B. des gleichen Wahlrechts) und der Volks- wie Massensouveränität, viel tiefsitzende Angst vor den sozialrevolutionären Forderungen und der Gewalt der ländlichen wie städtischen Unterschichten. Man hatte das bürgerliche Angebot der Machtteilung und des Elitenkompromisses erneut abgelehnt; die Bürger hatten dennoch nicht mit einer breiten Radikalisierung geantwortet, sondern sich wieder auf ihre Gewißheit, langfristig mit dem Fortschritt im Bunde zu sein, zurückgezogen.

Ein Teil des Bürgertums hatte, am massivsten im ehemals rheinbündischen Südwestdeutschland, die Existenz des Adels in Frage gestellt und die sofortige, uneingeschränkte Aufhebung des Adels beantragt. Und mehrere Parlamente, z. B. die in Frankfurt, Berlin, aber auch Dessau, waren diesen Anträgen nachgekommen [351: WENDE, Die Adelsdebatte, 37 f.; 340: SIEMANN, Die Adelskrise, 235]. Doch schon unmittelbar jenseits der akuten Revolutionsphase gewann in den oberen Schichten des Bürgertums wieder die Einschätzung das Übergewicht, daß der Adel für die künftige Elitenbildung unentbehrlich sei. Diese beschrieb man bis zur Jahrhundertmitte stets als Bildung „neuen Adels", danach auch als Bildung einer neuen „Aristokratie" – mit einem erneuerten Grundadel als Kern, dem Bildungs- und Geldadel als Ergänzungsreservoiren – zur Übernahme „nationaler Aufgaben" der Einigung und Repräsentation Deutschlands, aber auch zur Mäßigung oder gar Verhinderung künftiger demokratischer Entwicklung.

Konzept „Aristokratie" nach 1848

6.3. Der Weg in die Parteien und Verbände

Für die weitere Parlamentarisierung Deutschlands war die Einrichtung des preußischen Herrenhauses 1854 zweifellos die wichtigste Weichenstellung der Restaurationspolitik nach 1848/49. Die relativ fortschrittliche, auf Vermögen gegründete Erste Kammer der Revidierten Verfassung von 1849 wurde aufgehoben. Alle Pläne einer Pairskammer aus hohem und reichem niederen Adel (einschließlich der nobilitierten Bürger) scheiterten zugunsten eines Modells, das den altpreußischen Gutsadel als „alten und befestigten Grundbesitz" (von 100, später dann 50 Jahren Besitzdauer) ins Zentrum des Herrenhauses rückte. Mit der Verleihung eines Präsentationsrechts wurden innerhalb des Standes der Rittergutsbesitzer der Adel und innerhalb des Adels noch einmal der Adel mit Gutsbesitzkontinuität hervorgehoben und mit zusätzlichem Rang ausgezeichnet. Diese Gruppe, Kern des altpreußischen Adelsstands, vergab aus ihrem Kreis heraus die dem Adel verliehenen Le-

das Preußische Herrenhaus

„alter, befestigter Grundbesitz"

benszeitstellen. Zusammen mit den erblichen Mitgliedern aus dem hohen Adel, der zweitgrößten Gruppe, dem Adel der Grafenverbände, den ebenfalls durchweg adligen Inhabern der alten königlichen Ehrenämter und den Adligen unter den „Vertrauenspairs", die der König persönlich berief, stellte der alte landsässige Adel bis 1918 stets die ganz überwiegende Mehrheit des Herrenhauses. Ständisch-altpreußische Tradition und monarchische Prärogative prägten damit das Gesicht dieser Institution. Dies führte zu einer Politik, die die vom König erwartete Funktion eines Bollwerks vor dem Thron, die schon im Heeres- und Verfassungskonflikt 1862 erstmals praktizierte Blockade aller Versuche, die Verfassung zu liberalisieren und die Parlamentarisierung voranzubringen, erfüllte, ohne aber ganz auf frondierende Attacken auf den Monarchen und seine Regierung zu verzichten, was diese sogar zweimal, beim Grundsteuergesetzentwurf 1861 und bei der Kreisreform 1872, zum Pairsschub zwang. Alle schon mit der altliberalen „Neuen Ära" einsetzenden Versuche, die Zusammensetzung dieses Hauses spürbar zu verändern, den Einfluß des „alten und befestigten Grundbesitzes" zu beschneiden, die Präsenz vermögenden und gebildeten Bürgertums dagegen, Abgeordneten- und gesellschaftliche Machtstruktur synchronisierend, deutlich zu steigern, scheiterten am hartnäckigen Widerstand der Vertreter des niederen Adels, der allerdings bewußt seine vermögenden, weniger radikalen, eher „diskret" Politik treibenden Standesgenossen in dieses Haus schickte. Die bürgerlichen Vertrauenspairs, die der Monarch auswählte, konnten dieses Ungleichgewicht schon aus rein zahlenmäßigen Gründen nie ausgleichen [82: SPENKUCH, Herrenhaus, 419, 429].

„Bollwerk vor dem Thron"

Die Standesherren, die im Herrenhaus, aber auch in den Ersten Kammern der deutschen Mittelstaaten saßen, sind nach ihrer kurzen Phase gesamtdeutscher Euphorie in den späten 1850er und frühen 1860er Jahren, die 1863 zur Gründung des „Vereins deutscher Standesherren" führte, weitgehend wieder zum aufkommenden Parlamentarismus auf Distanz gegangen. Für die große Mehrzahl von ihnen blieb das fürstliche Regieren, und damit eine rückwärts gerichtete Utopie, das dominierende Leitbild. Die Übernahme politischer Aufgaben in Parlamenten und Parteien erschien ihnen demgegenüber, bei aller verlockenden Aussicht, die Macht der glücklicheren, weiterhin regierenden Fürsten zu schwächen, letztlich doch als rangmindernd und „verunreinigend" (H. GOLLWITZER).

bleibende Parlamentsdistanz der Standesherrn

Eine Aufwertung parlamentarischen Engagements des Adels im Reichstag, in Abgeordnetenhäusern und zweiten Kammern ging vom Adel im preußischen Herrenhaus kaum aus, im Gegenteil: Da die Führungsfiguren der konservativen Partei aus diesem Hause kamen, hat ihr distanzierter Honoratiorenstil die Herausbildung eines professionellen, an der aufkommenden Massenpolitik orientierten Adelspolitikers zweifellos erheblich behindert. Dies gilt auch für Bayern, wo die erste Kammer der Reichsräte nach 1848/49 ihre im Vormärz noch sehr aktive Politik weitgehend aufgab [305: LÖFFLER, Die ersten Kammern, 565]. Ob die Adelsvertreter in den Ersten Kammern der anderen ehemals rheinbündischen Mittelstaaten eine entgegengesetzte Entwicklung nahmen, ist derzeit eine noch offene Frage.

Blockade des professionellen Adelspolitikers

Für den Weg des Adels in den Parlamentarismus wurden somit weniger die Adligen des Herrenhauses und der Ersten Kammern als ihre Standesgenossen im preußischen Abgeordnetenhaus und in den Zweiten Kammern entscheidend. Diese fanden ihre politische Heimat ganz überwiegend in den konservativen Parteien und in den katholischen Fraktionen, im späteren Zentrum.

Für die konservative Partei hatte F.J. Stahl eine „nichtliberale Form von Konstitutionalismus" (P. KONDYLIS) entworfen, d. h. ein konstitutionelles System, dessen Dynamik nicht zur parlamentarischen Demokratie tendierte, sondern diese gezielt zu verhindern suchte: Der starke Monarch als Garant einer christlichen Lebensführung auf der Grundlage des autoritären Rechtsstaates („christlicher Staat", „Autorität statt Majorität") und der Adel als der bevorzugte Träger christlicher Werte, als Bollwerk vor der christlich gezähmten Monarchie; diese Aufgabe schien es wert, weitere ständische Vorrechte aufzugeben und sich als konservative Partei in den Kampf um die öffentliche Meinung, in die „pöbelhafte Politik" (*E. L. v. Gerlach*) einzumischen. Dieses im Kern völlig unversöhnliche Konzept einer Anpassung an den Konstitutionalismus enthielt schon „das spätere Umschlagen des gegenrevolutionären Konservatismus in Reaktion und Diktatur in nuce" [53: KONDYLIS, Konservativismus, 84, 246–248; 21: Berdahl, Politics, 370].

Stahls „Modernisierung" der konservativen Partei

Jenseits der altständisch-hochkonservativen und der gouvernementalen Strömung des Adelskonservatismus etablierte sich nach 1848/49 noch eine dritte, eine konservativ-liberale, „altliberale" Richtung, außenpolitisch am Westen und an Machtstaatspolitik orientiert, innenpolitisch auf Reichseinheit, Versöhnung der Eliten in neuer Aristokratiebildung, Zähmung der Militärpartei, religiöse Toleranz und vorsichtige Verfassungsrevision ausgerichtet. Letztere wurde getragen von hochgebildeten adligen Diplomaten, mächtigen Standesherren und Magnaten, aber auch von höheren Beamten und Militärs vorwiegend West- und Süddeutschlands.

„altliberaler" Adel

6. Adel und Politik im 19. und 20. Jahrhundert 111

Der Adel im katholischen Westen und Süden hatte nach der Revolution zunächst zwar auch seine Hoffnungen auf eine Wiederkehr des Ständischen gesetzt, konnte diese aber, an Zahl weitaus schwächer als der protestantisch-konservative Adel, im schnell expandierenden politischen Katholizismus nicht realisieren. Kirchenfreiheit und Parität der katholischen Regionen waren in Preußen wie in Württemberg nicht zu sichern ohne eine Akzeptanz der nichtkorporativ konstituierten Parlamente. Der „veredelte Adel", die „katholischen Edelleute" konnten aus ihrer konfessionellen und regionalen Defensiv- und Minderheitensituation heraus eine verkappte „königliche Diktatur" (*B. v. Schorlemmer*) und ein politisches Denken in Kategorien des Staatsstreichs und der politischen Gewalt auf keinen Fall akzeptieren. Es war insofern nicht zuletzt auch die west- und süddeutsche Tradition der katholischen Edelleute, die dem ständig virulenten Ernstfalldenken des altpreußischen Adels bis 1914 immer wieder Schranken gesetzt hat. Die naturrechtlich abgesicherte berufsständische Konzeption der katholischen Soziallehre öffnete diesem Adel den Weg in Konstitutionalismus und parlamentarische Laufbahnen, ohne sich ideologisch zu verbiegen, und stattete diese Arbeit zudem mit einem Prestige aus, das der ostelbisch-protestantische konservative Adelspolitiker entbehren mußte. Als Verteidiger der Kirchenfreiheit und ihrer Region gewannen die katholischen Edelleute als Adelspolitiker, die in ihrem Milieu schon bald wieder hochanerkannt waren, wichtige Führungspositionen im politischen Katholizismus, insbesondere in der katholischen Laienbewegung, in den christlichen Bauernvereinen und in der Zentrumspartei, blieben dort aber gleichwohl – wiederum im Unterschied zum Adel in der protestantisch-konservativen Bewegung – stets deutlich in der Minderheit, d. h. ständigem Anpassungs- und Demokratisierungsdruck ausgesetzt. Den Einstieg in die repräsentativen Institutionen konnte man mit dem beruhigenden Argument begründen, dies sei nur eine „Zwischenphase", nach welcher die angestrebte berufsständische Verfassung, ein neues, korporativ gegliedertes Parlament eingerichtet werde, das die Minderheiten, die preußischen Katholiken vor den Protestanten, die Landwirtschaft vor der Industrie, die wenigen Adligen vor dem verhaßten Kopfzahlwahlrecht schützen würde [51: KEINEMANN, Vom Krummstab, 303 ff.].

Dieser Adel bewahrte – zumindest bis zum Ende des 19. Jahrhunderts – seine ständisch, katholisch und regionalistisch fundierte Distanz zum Staat, die sich nach 1866/71 in massive Vorbehalte gegenüber einer borussischen Reichs- und protestantischen Kulturhegenomie verwandelte, was z. B. an der lange anhaltenden Distanz zum Militarismus und gegenüber Duellen zu erkennen ist. Er blieb ein Ferment der Be-

Marginalien: katholische Adelsparlamentarier; Naturrecht und Berufsstandskonzept; „volksnahe" politische Führung

II. Grundprobleme und Tendenzen der Forschung

wahrung und Fortbildung einer eigenständigen westlichen Adelskultur. Man blieb in der großen Mehrzahl bei der aktiven, Radikalisierung einebnenden Mitarbeit im „reichsfeindlichen" Zentrum, der katholischen Volkspartei, und vermochte nicht zuletzt dadurch zum völkischen Radikalismus wie zum Nationalsozialismus kritische Distanz zu halten [33: DORNHEIM, Adel, 295; 245: v. ARETIN, Der bayerische Adel, 539–542, 565 f.]. Selbst der bayerische Monarchismus behielt so, im Gegensatz zum altpreußischen, in der Weimarer Republik nicht nur seine Massenbasis, sondern auch ein stabiles, gemäßigtes Politikkonzept, das der braunen Barbarei innerlich und – mit verständlicherweise begrenzter Wirkung – auch äußerlich widerstand [286: HILLER V. GAERTRINGEN, Zur Beurteilung, 163].

stark bleibende Zentrums-Bindung

6.4. Republik oder Diktatur? Adelspolitik in Weimarer Republik und Nationalsozialismus

Die Revolution hat den Adel geschockt und desorientiert, aber letztlich weder seine ökonomischen Grundlagen noch sein ständisches Überlegenheitsbewußtsein zerstört [328: ROGALLA V. BIEBERSTEIN, Adel, 254]. Es gab gravierende Verluste, aber viele der ärgsten Drohungen, insbesondere Sozialisierung oder Bodenreform, wurden nicht realisiert. Seine Handlungsfähigkeit blieb erhalten, und diese zeigte sogar zunächst, gemessen an der Endphase der Republik, eine aus der Abwehr geborene, relativ große Einheitlichkeit. Am Anfang stand, wie schon so oft, die Erneuerung der Standesorganisation. Die Mitgliederzahl der DAG explodierte. Die spannungsvolle Mischung von landbesitzendem und landlosem, verarmtem Adel Nord- und Ostdeutschlands blieb dabei bestehen; doch dehnte sich der Verein nun auch stärker westlich der Elbe aus. Parallel dazu wuchsen die Mitgliederzahlen auch in den Vereinen katholischer Edelleute. Von dieser ständischen Sammlungsbasis aus, die letztlich weit über 50% der erwachsenen Adligen erfaßte, gelangen früh und schnell auch die Teilnahme an den reorganisierten, konservativen Bewegungen der Zeit sowie der erneute, alles in allem sehr begrenzt bleibende Einflußgewinn in Parteien und Verbänden, aber auch in dem neu entstehenden, weitgespannten Geflecht von Bünden, Gesellschaften, Klubs und Konventikeln der Neuen Rechten.

Revolution 1918

Expansion der DAG

Der agrarisch-ostelbische Adelskonservatismus, durch die Kriegsniederlage massiv desavouiert, fand 1919 seinen Platz in der neuen, regional und interessemäßig breitgefächerten neuen rechten Sammlungspartei, der DNVP, die in ihr Programm die Wiederherstellung der Monarchie aufnahm. Und als Anfang 1921 der aus revolutio-

neue „Heimat", DNVP und RLB

6. Adel und Politik im 19. und 20. Jahrhundert

nären Wurzeln entstandene „Deutsche Landbund" der Bauern mit dem alten BDL zum – nun allerdings stark dezentralisierten – Reichslandbund fusionierte, schien mit dem Kampf gegen die Zwangswirtschaft auch die Führung auf dem Lande wieder gewonnen zu sein. Gleichwohl war nichts mehr so wie früher. Generationenkonflikte schwächten die Kontinuität des Adelskonservatismus; die „Jungen" warfen der älteren Generation Versagen vor und kritisierten die Feigheit von Kaiser und Fürsten. Der Monarchismus blieb durch dieses Versagen des Kaisers und anderer Mitglieder des Hohenzollernhauses im Preußischen bleibend geschwächt. Im Unterschied zu Bayern vermochte der preußische Monarchismus kaum die eigenen Standesgenossen zu mobilisieren, von Massen ganz zu schweigen. Der ländliche Militarismus wandte sich den nationalrevolutionären, den paramilitärischen und den völkischen Verbänden zu. Und die Bauern (wie zunehmend auch die Landarbeiter) verlangten, je länger, desto entschiedener, eine enge selbstbewußt-interessegebundene Politik der konkreten Vorteile, eine Folge zum einen der eigenständigen bäuerlichen Ideologiebildung, die in den zwanziger Jahren einsetzte, zum anderen eine Konsequenz aus der immer unverhohlener am Großgrundbesitz orientierten Interessenpolitik des ostelbischen Adels mit dem „Osthilfeskandal" als unrühmlichem Höhepunkt. Zwischen den Polen einer ideologisierten, ökonomische Vorteile einfordernden Bauernschaft und radikalisierten Standesgenossen, die gleichzeitig Unterstützung für die Landwirtschaft und Beseitigung der Republik forderten, verschlissen sich die Integrationskräfte der Adelspolitiker in DNVP und Reichslandbund, verschlissen sich zuletzt aber auch die Integrationsmöglichkeiten dieser konservativen Parteien und Verbände insgesamt [354: ZOLLITSCH, Adel, 254f.; 317: POMP, Brandenburgischer Landadel, 212–217; 274: FLEMMING, Konservatismus, 323–327; 322: PYTA, Dorfgemeinschaft, 203 ff.; 309: MERKENICH, Grüne Front, 142 ff.]. Unter dem Druck einer fortschreitend flüssiger und radikaler werdenden Basis driftete der ostelbische Adelskonservatismus der DNVP und der Agrarverbände in immer schnellerem Wechsel zwischen systemimmanenter Mitarbeit und fundamental-systemoppositioneller Verweigerung in interne Fraktionierung und politische Marginalität. Die „Führung des Landes" ging verloren. Die langfristig gewachsenen adligen Grundorientierungen, die in Südwestdeutschland, insbesondere in Bayern, der braunen autoritären Verführung widerstanden, schmolzen hinweg in der sich beschleunigt ausbreitenden Desorientierung. In der Kontroverse um die Wiederwahl des enttäuschenden „Ersatzmonarchen" v. Hindenburg 1931/32 offenbarten sich noch einmal wie unter einem Brennglas die weit fortge-

Generationskonflikte

Zerfall des ostelbischen Konservatismus

Verschleiß der Integrationskräfte

Desorientierung des Adelskonservatismus

schrittene Auflösung des machtlos gewordenen alten, milieugebunden, agrarischen Adelskonservatismus und das Scheitern der DNVP als konservativer Volkspartei kurz vor dem Ende der Partei (DNVP und Stahlhelm pro Duesterberg, RLB pro Duesterberg oder Hitler).

Rechtsruck des katholischen Adels

Die Revolution 1918, die Wende des Zentrums zur Republik und der wachsende Einfluß des Arbeiterflügels auf Kosten der Bauern im katholischen Milieu ließen den Adel, der im Zentrum wie in den christlichen Bauernvereinen seit den 1890er Jahren und in der Weimarer Republik noch einmal verstärkt Positionen und Einfluß verlor, auf Distanz zum politischen Katholizismus gehen. Nach den „Hof- und Staatskatholiken" der Kaiserzeit driftete eine weitere Gruppe von katholischen Adligen nach rechts, dieses Mal in die republikfeindliche DNVP ab.

Verselbständigung des bäuerlichen Interesses

Die seit den 1890er Jahren virulenten Tendenzen zur Herauslösung der agrarischen Interessen aus der mäßigenden katholisch-volksparteilichen Einbindung erhielten nach 1918 ebenfalls weiteren Auftrieb. Schon vor dem Ersten Weltkrieg hatte diese Protestbewegung mit eigenständigen Bauernkandidaturen, Plänen einer Bauernpartei und – kurz vor 1914 – sogar eines einheitlichen, interkonfessionellen Bauernverbandes das Zentrumsmilieu erschüttert, und zwar unter Führung adliger Verbandsfunktionäre [136: MOELLER, Peasants, 147]. Doch blieben solche Fluchten aus dem katholischen Milieu heraus damals noch Episoden. Die große Mehrzahl der Adligen blieb weiterhin in das dicht gewebte Milieu von Kirche, Zentrum und Bauernverbänden eingebunden, obwohl sie unübersehbar am „Sozialismus" der „Mönchen-Gladbacher Richtung" litten. Nach 1928 haben die reaktionäre Wende des Zentrums zum Führerprinzip, die nicht zuletzt auf die instabil gewordene Loyalität des Adels ausgerichtet war, und die mit Beginn der Agrarkrise 1927/28 schärfer werdende Republikkritik der christlichen Bauernvereine dieses Leiden wieder gemildert. Gleichwohl entschloß

Wende zur Diktatur sich ein erheblicher Teil auch des katholischen Adels – zumindest im Rheinland und in Westfalen – schon vor 1933 zur Abkehr vom Parlamentarismus, zur Akzeptanz völkischer Diktaturpläne und zum Teil sogar zum Anschluß an den nichtchristlichen Nationalsozialismus [51: KEINEMANN, Vom Krummstab, 415; zurückhaltender: 282: GRÜNDER, Rechtskatholizismus, 152–155].

eigener Weg Bayerns

In Bayern, wo ein mitgliederstarker Monarchismus und der politische Katholizismus als doppeltes Antidot gegen den Nationalsozialismus wirkten, wurde bezeichnenderweise die Rückkehr der Monarchie, in Abstimmung mit dem Thronprätendenten, bewußt als offensive Strategie gegen eine Machtübernahme Hitlers geplant (was allerdings an der dafür doch nicht ausreichenden Massenbasis scheiterte),

6. Adel und Politik im 19. und 20. Jahrhundert 115

während die nur wenig in der Bevölkerung verankerten protestantisch-altpreußischen Monarchisten, von den entmachteten Hohenzollern unterstützt, eher auf die mehr als vage Chance setzten, nach italienischem Vorbild über die Zwischenstufe einer Diktatur Hitlers, durch eine Kombination von Diktatur und Monarchie, ihren Kaiser zurückzuerhalten [245: v. ARETIN, Der bayerische Adel, 531; 246: ders., Die bayerische Regierung, 224–237; 286: HILLER V. GAERTRINGEN, Zur Beurteilung, 171; 334: SCHREYER, Monarchismus, 318; 257: Berndt, Organisationen, 22].

Schon lange vor 1914 waren auch im Adel, in der Auseinandersetzung mit den Massen und der Notwendigkeit politischer Massenlenkung, verschiedene Konzepte des Führers und neuer politischer Führungseliten thematisiert worden. Nach der Revolution 1918/19 entstanden schnell und in großer Zahl Vereine und private Gesprächskreise, die das im 19. Jahrhundert wiederholt intensiv diskutierte und mehrfach gescheiterte Projekt offener Elitenbildung wieder aufnahmen [343: STRUVE, Elites, 330–344]. Kriegsniederlage und Revolution wurden auf die defizitäre Elitenbildung des Kaiserreichs, insbesondere auf ein zu starkes Übergewicht des Militärischen und des Adels zurückgeführt. Eine leistungsfähige politische Elite, politische Bildung, erschien als das Gebot der Stunde. In ihrem Haupttrend entwickelte sich diese Vereinsbewegung – exemplarisch dafür ist der sog. „Herrenklub" – zu einer spezifischen Variante der Neuen Rechten. Der autoritäre Staat, die kaiserzeitlichen Machteliten und die Tradition der Reform und Lenkung von oben blieben hier die orientierenden Fixpunkte. Für Parlamentarismus und Parteien blieb zumeist nur Verachtung. Die neuen Führer sollten sich durch überlegene Sachkompetenz, Fähigkeit zu „selbstlosem Dienst" am Allgemeinwohl, Entschiedenheit und Tatkraft für beamtete und berufsständische Lenkungspositionen legitimieren. Die Rechtfertigung durch romantisch-völkische oder gar rassistische Argumente des Blutes blieb demgegenüber eher schwach entwickelt. Die Verbindung der Führer zum Volk war locker konzipiert. Identitätsphilosophische, neuidealistische, sozialharmonisch-organizistische Ideologien mußten die fehlende politische Überzeugungsarbeit in der milieufragmentierten Bevölkerung ersetzen. Da die Massenbasis fehlte, war man zur politischen Einflußnahme auf persönliche Querverbindungen zu Parlamentariern und Regierungsangehörigen angewiesen. Ansonsten diskutierte man im relativ luftleeren Raum und wartete auf den Diktator. Die im 19. Jahrhundert noch intensiv erörterte Alternative einer adlig-bürgerlichen parlamentarischen Elite nach englischem Vorbild, auf der Grundlage von Großgrundbesitz, Reichtum und

adliger „Führer" – Diskurs

neue Elitenbildung – Konzepte

Verbindung Führer – Volk

politischer Erfahrung, die man in der lokalen wie regionalen Selbstverwaltung gewonnen hatte, war für diese Elite *in statu nascendi* endgültig passé.

diffus bleibende Konzepte

Der Kreis der Erwählten war relativ eng gezogen. Adelskritische und kulturkritisch-antibürgerliche Affekte gehörten zum Grundkonsens. In den „neuen Adel" – noch immer bevorzugte man diesen Begriff – sollten weiterhin große Teile des alten Adels einfließen, jedoch nicht diejenigen, die individualistisch und egoistisch geworden waren und dadurch das Vertrauen des Volkes verloren hatten. Mit ähnlichen Kriterien wurden auch die bürgerlichen Gebildeten und Reichen gesiebt. Wohin man nach der Zerstörung der Republik „führen" wollte, blieb diffus (Berufsstände, Volksgemeinschaft). Noch ein letztes Mal wiederholte sich hier das Orientierungsdilemma der kaiserzeitlichen Machteliten.

der „Deutsche Herrenklub"

In diesen Vereinen und Zirkeln dominierten an Zahl zwar zumeist die Bildungsbürger, Literaten und Intellektuellen, die seit den 1870er Jahren in antiliberaler, kulturkritischer Wende den großen Zeiten des deutschen Bildungsbürgertums nachhingen. Aber im Berliner „Deutschen Herrenklub" und den damit assoziierten Herrenklubs Nordost- und Westdeutschlands gewann im Verlauf der Weimarer Republik zunehmend der Adel das Übergewicht, und auch das finanz- wie industriekapitalistische Bürgertum wurde stärker [287: ISHIDA, Jungkonservative, 72–77]. Mit der Wahl v. Hindenburgs 1925 und mit den Präsidialkabinetten seit 1930 kam Hoffnung auf, schon bald wieder wirkungsvoll Politik von oben betreiben zu können. Aber letztlich mußte man noch bis zum Krisenjahr 1932 warten, bis der alte, stark bedrängte Präsident wirklich Handlungsspielräume freigab, die man dann allerdings „entschieden und tatkräftig" nutzte. Die Tatkraft dieser rechten Führer reichte gerade aus, durch Papens „Kabinett der Barone", das im Grunde eine Repräsentation des Herrenklubs, ergänzt um die radikalisierten DNVP-Adligen war, in günstiger Situation die Macht zu gewinnen und die Republik zu beseitigen. Schon zur Zähmung des Trommlers, der ihnen die Massen zugeführt hatte, fehlte dieser Gruppe die Kraft, ganz zu schweigen von einer neuen gestaltenden rechten Politik.

das „Kabinett der Barone"

„völkischer" Adel

Eine andere „Führer"-Variante entwickelte sich im völkischen Lager: Bereits vor dem Krieg waren zahlreiche, überwiegend protestantische Adlige ins nationalistisch-völkische Milieu übergegangen. Die antisemitisch-völkische Argumentation, der sozialreformerische Impetus der Christlich-Sozialen, Polonisierungsfurcht und Siedlungsbewegung im Osten, auch das Interesse an kolonialen Gewinn- wie Karrierechan-

6. Adel und Politik im 19. und 20. Jahrhundert 117

cen hatten dabei den Weg vorgezeichnet. Niederlage und Revolution verwiesen den Adel nun dringender denn je darauf, den Bund mit dem Volke zu erneuern, auch und gerade durch eine außerparlamentarische Führer-Bewährung in der völkischen Bewegung, die nach 1918 mit erstaunlicher Geschwindigkeit expandierte. Die Impulse zur Umformung der DAG in einen völkischen Kampfbund gingen von Adligen in der Vaterlandspartei, im Alldeutschen Verband und im 1919 gegründeten Deutschvölkischen Schutz- und Trutzbund aus.

Die völkischen Adligen träumten von einem neuen Volksadel, suchten eine Organisation und glaubten, sie in der DAG gefunden zu haben. Die stark expandierende DAG, die 1920 eigentlich nur eine Satzungsänderung zur Kontrolle der um sich greifenden Adelsanmaßungen vorbereitete, wurde von dieser im Adel geradezu explosiv sich weiter ausbreitenden völkischen Dynamik erfaßt und akzeptierte, gegen erheblichen internen Widerspruch, die schnell voranschreitende Politisierung der Standesorganisation. Die völkische Kritik am „verjudeten Adel", die von 1912 bis 1914 mit dem Semi-Gotha des „jüdisch versippten" Adels erstmals in eine weitere Öffentlichkeit getragen wurde, setzte sich fort in einer vorwiegend vom nordostdeutschen Adel geforderten rassischen Adelsreform. Die DAG führte unter diesem Druck 1920 einen strengen Arierparagraphen (rein „arische" Ahnen seit mindestens 1800) ein; 1921 zogen der überwiegend in Süd- und Westdeutschland beheimatete „Verein deutscher Standesherren" und weitere Adelsorganisationen nach. Gleichzeitig etablierte sich in personell enger Verbindung neben der DAG das „Eiserne Buch des Deutschen Adels Deutscher Art" (EDDA), das alle Mitgliederfamilien zur Ablegung der neuen, rassistisch konzipierten Ahnenprobe aufforderte und die eingereichten Stammbäume dann publizierte. Vor allem der katholische Adel Süddeutschlands hielt zu diesen völkischen Tendenzen, zur Idee der DAG als völkischer Kampfbund wie auch später zum Nationalsozialismus kritische Distanz. Die Vereine katholischer Edelleute lehnten einen Arierparagraphen entschieden ab. Aber auch in der protestantischen Mitgliedschaft der DAG gab es, wie der begrenzt bleibende Erfolg des EDDA zeigt, starke dauerhafte Vorbehalte gegen den völkischen Trend. Als 1928 die DNVP mit Hugenberg wieder auf strikt systemoppositionellen Kurs ging und damit eng an die außerparlamentarisch agierenden Deutsch-Völkischen heranrückte, unternahm die völkische Mitgliedschaft der DAG, überwiegend Vertreter der jungen Generation, noch einmal einen entschiedenen Versuch, den Kampfbundcharakter dieses Adelsverbandes durchzusetzen, was aber aufgrund erheblichen altkonservativen Widerstands noch nicht gelang.

Marginalien:
- weitere Politisierung der DAG
- vom Semi-Gotha zum EDDA
- Resistenz, v.a. im süddeutschen Adel
- Grenzen der „völkischen" Umformung

Erst 1932 war dieses Ziel erreicht. Die entschieden völkischen Adligen wechselten spätestens jetzt ins nationalsozialistische Lager, während die erneuerte DAG-Spitze auf eine devote Politik der Anbiederung an den Führer Adolf Hitler umschaltete [295: KLEINE, Adelsgenossenschaft, 115; 354: ZOLLITSCH, Adel, 244 f.].

Wie dem Adel der „plebejische" Nationalsozialismus im Grunde fremd blieb, so feindlich betrachtete auch ein großer Teil der Nationalsozialisten diesen neuen Trend des Adels. Die Vertreter einer „zweiten Revolution" im NS sahen seine Rolle ebenso ausgespielt wie der neue Führer der Bauern R.W. Darré, der seinen „Neuadel aus Blut und Boden", auf den „verjudeten Adel" verzichtend, allein aus dem Bauernstand aufzubauen gedachte. Auch die früh zur Bewegung übergegangenen Standesgenossen griffen ihn an (v. Schaumburg-Lippe: „Wo war der Adel?"). Aber diese Angriffe der alten Kämpfer und Ideologen auf den Adel, die bald nachließen, aber nie aufhörten, bedeuteten keine grundlegende Gefährdung. Zum einen gab es in der NS-Führung auch andere Positionen, z. B. die des Adelsverehrers Himmler, in dessen SS-Orden der Adelsanteil an den Führungspositionen (nach H. HÖHNE) schon bald an die 20% heranreichte. Vor allem aber brauchte das System die alten Machteliten, beseitigte sie nicht sofort mit der Machtübernahme, sondern bevorzugte eine eher langfristige Politik der indirekten Schwächung durch den Aufbau konkurrierender Apparate und Eliten neben den etablierten Regierungs- und Militärpositionen. Erst im Laufe der Jahre wurde der fortschreitende Bedeutungsverlust des Adels im NS-System sichtbar.

Nationalsozialismus und Adel

Die Verschwörer des 20. Juli kamen, sozial relativ homogen, ganz überwiegend aus der Oberschicht und waren schon lange vorher durch gesellschaftliche Verbindungen persönlich miteinander bekannt. Sie bezogen das Gesellschaftsbild für ihre Neuordnungspläne in erheblichem Maße aus den Diskussionen der Neuen Rechten der Weimarer Republik über Masse, Führer und das harmonisch-hierarchisch und autoritär geeinte Volk, wie sie nicht zuletzt auch in den Deutschen Herrenklubs und der damit assoziierten Ring-Bewegung der Weimarer Republik geführt worden waren. Nur im Kreisauer Kreis vermochten sich Adlige wie die Grafen Moltke und Yorck, obwohl sie weiterhin in aristokratischen und antipluralistischen Kategorien dachten, weitgehend von traditionellen adligen wie bürgerlichen Ansprüchen auf legitime oder gar geborene Führung zu lösen [313: MOMMSEN, Gesellschaftsbild, 117].

Adel im Widerstand

7. Perspektiven künftiger Adelsforschung

Will man, wofür vieles spricht, die alte, viel diskutierte Frage nach den Charakteristika deutscher Geschichte auch in der Adelsforschung nicht aufgeben, so ist von der Einsicht auszugehen, daß für die Selbstbehauptung des Adels in Staat und Gesellschaft nicht nur dessen Anpassungs- und Manipulationsleistungen oder die Adelsschutzpolitik der Monarchien entscheidend waren, sondern auch die Bedürfnislagen der bürgerlichen Gesellschaft, in der sich dieser Adel bewegte, nicht zuletzt natürlich die Bedürfnislagen der – wie die jüngere Bürgertumsforschung gezeigt hat – außerordentlich vielfältigen, heterogenen Gruppen des Bürgertums. Ein Weg, die damit gegebenen zahlreichen Austauschbeziehungen und Brückenschläge, partiellen Gemeinsamkeiten und Unterschiede zwischen bürgerlichen und adligen Fraktionen als Bedingungen für das Obenbleiben des Adels im 19./20. Jahrhundert genauer zu analysieren, führt zum Konzept der Elitenbildung. Will man die Geschichte des Adels in der bürgerlichen Gesellschaft erforschen, dann braucht man Konzepte und Kategorien, die dieser Zeit und der historisch tief gegründeten Sozialformation des Adels angemessen sind. Elitenbildungsprozesse unter Einschluß des Adels haben im bürgerlichen Zeitalter Politik und Gesellschaft entscheidend geprägt. Die zu klärende Frage bleibt dann, aufgrund welcher Machtressourcen der Adel auch nach seiner politischen Entmachtung wichtige Positionen, Funktionen und Anerkennungen in Staat und Gesellschaft errang und ob (bzw. wieweit) die Herkunftsidentität adliger Positionsinhaber die Eigenrationalität ganzer Handlungsfelder, vom Militär bis zum Freizeitverhalten, mitgeprägt hat.

Austauschbeziehungen Adel – Bürgertum

Konzept Elitenbildung

Welche dynamisierenden Begegnungen, Austauschbeziehungen und Diskurse hat es zwischen adligen und bürgerlichen Gruppen, adliger und bürgerlicher Kultur gegeben, mit welchen Folgen für die gesellschaftlichen Leitbilder, Wert- und Machtstrukturen? Neben einem elaborierten Elitenkonzept gehört zu einer Beantwortung solcher Fragen auch ein Wissen über das vormoderne Substrat von Adel, das dieser in den Wandel des 19. Jahrhunderts einbrachte, ein Wissen darüber, was adlige Mentalität wie Habitus nach dem Umbruch um 1800 eigentlich noch war. Hier gibt es erste Versuche, solche historisch relativ langlebigen Kernelemente von Adel zu identifizieren [62: OEXLE, Aspekte, 21; 29: DILCHER, Der alteuropäische Adel, 59]. Und will man schließlich auf diesem Weg nicht bei dem wenig inspirierenden Befund einer aus adligen, großbürgerlichen und bildungsbürgerlichen Elementen „amalgamierten" Oberschicht stehenbleiben, dann bieten sich als

Konzept „Adligkeit"

MAX WEBERS **Erklärung fordernde Probleme** z. B. die von MAX WEBER 1918 ge-
Befunde stellte, auf Adel wie Bürgertum bezogene Frage an, warum dieses
Amalgam eine aristokratische Formkultur entwickelte, die nicht demokratisierbar war [70: REIF, La noblesse, 18–20], oder anders gewendet, die Frage, warum in Deutschland das kritische Minimum an Eliten- und gesellschaftlicher Aristokratiebildung nicht erreicht wurde, das die extremen Reaktionen, die der Modernisierungsprozeß in allen Teilen der Bevölkerung hervorrief, mäßigend unter Kontrolle hielt oder gar – wie in Großbritannien, Polen, aber auch Frankreich – die politische wie die Alltagskultur der Nation insgesamt durchdrang und prägte.

8. Entwicklung der Forschung seit 1999. Nachtrag zur 1. Auflage

Im Erscheinungsjahr dieses EdG-Bandes (1999) stand die Adelsforschung mitten in einem neuen Aufschwung. Die Gründe für diese bis heute anhaltende Dynamik sind vielfältig und zur Zeit nur zum Teil er-
Impulse von außen schlossen. Einige der wichtigsten Impulsgeber seien hier genannt: Mit dem Fall der Mauer kehrten Bodenreform und Vertreibungen ins öffentliche Gedächtnis zurück und damit die Entschädigungs- und Restitutionsfragen sowie die stark polarisiert diskutierte Vision einer „Rückkehr der Junker". Die alten Länder östlich der Elbe, von der DDR mit der Bezirksreform 1952 quasi getilgt und dem Vergessen anheim gegeben, kehrten ins Leben zurück und wurden von den Historikern als eigenständige Adelslandschaften wiederentdeckt. Nach dem Ende des Sowjetimperiums, in dessen Ländern der Adel aus ideologischen Gründen nur ein marginales Forschungsthema gewesen war, wurden bisher eher weggeschlossene Archivbestände zum Adel allgemein zugänglich, suchten und fanden die „mitteleuropäischen" Gesellschaften, vor allem Polen, Tschechien und Ungarn, *ihren* Adel und holten ihn Schritt für Schritt in ihr Geschichtsbewusstsein zurück. Mit der Osterweiterung der Europäischen Union und mit dem intensivierten Diskurs über das multi-nationale „Modell Europa" geriet verstärkt das Habsburgerreich mit seinen einst so engen Verflechtungen mit den mittel- und südosteuropäischen Staaten, aber auch mit den süd- und südwestdeutschen Reichsländern, dem „Dritten Deutschland", in den Blick. Dies bot die Chance, die Preußen- und Junkerlastigkeit der bisherigen Adelshistoriographie ein Stück weit abzubauen zu Gunsten eines stärker ausbalan-

8. Entwicklung der Forschung seit 1999. Nachtrag zur 1. Auflage 121

cierten breiteren Spektrums deutscher Adelslandschaften und deren Regionen wie Nationen übergreifenden Vernetzungen.

Die augenfälligen Steuerungsdefizite des in den letzten Jahren beschleunigten Prozesses der Globalisierung, der zunehmend unseren Alltag prägt und die Handlungsfähigkeit des Nationalstaats aushebelt, verstärkten die Suche nach dem Halt gebenden Eigenen im Fremden. Das lenkte den Blick auf Europa und das europäische Kulturerbe; und dazu gehörte unübersehbar der Adel, von den „Royals" bis zum einfachen Namensträger des „von". Wirkung entfaltete schließlich auch die fortschreitende Medialisierung unserer post-modernen Konsum-, Dienstleistungs- und Erlebnisgesellschaft, insbesondere die Sinn stiftende und Verhalten steuernde Macht der Bilder und der „Performance". Die neuen Kulturwissenschaften, die sich energisch dieser Themen annahmen, fanden so leicht zum Forschungsgegenstand Adel, dem „geborenen" Meister der Sichtbarkeit und der ästhetisierenden Körpersprache.

Stärker jedoch als diese Anstöße von außen waren die dynamisierenden Impulse, die aus der Geschichtswissenschaft selbst kamen. Nur in wenigen Forschungsfeldern hat es in den letzten Jahren so intensive Erörterungen, Diskussionen und Kontroversen über Begriffe, Methoden und analytische Forschungskonzepte gegeben wie zur Geschichte des „Adels in der Moderne". Die Erträge dieser so streitbaren wie ertragreichen Forschungsphase können hier nur holzschnittartig vorgestellt werden. *(interne Dynamisierung)*

Während in den letzten Jahren, nicht zuletzt infolge der kulturalistischen Wende in der Geschichtswissenschaft, die statistisch fundierte Forschung zu den landwirtschaftlichen Grundlagen des Adels im 19. und 20. Jahrhundert eher versandet ist, hat jenseits des Mainstreams eine konsequent politisch-rechtsgeschichtliche Studie erstmals akribisch die adeligen Besitzsicherungsstrategien im Familienbesitz zur „gesamten Hand" (vgl. S. 13 und 70) rekonstruiert und aufgewiesen, dass sich der Adel östlich und westlich der Elbe in seinen Möglichkeiten und Mitteln der Besitzsicherung fundamental voneinander unterschied. Dem altpreußisch-ostelbischen Besitzer eines Lehnsgutes oblag es nämlich in der Regel, auch die Rechtsansprüche „seines" weit gespannten Agnatenverbands gegenüber anderen Lehnsgütern wahrzunehmen. Hohe Besitzwechselquoten waren hier deshalb nicht, wie von der Forschung lange betont, gleichbedeutend mit Besitzverlusten, sondern eine Folge feudaler Sicherung des Grundbesitzes im agnatischen Lehnsverband, in dem die Güter in erheblichem Maße auch durch Zirkulation bewahrt wurden. Und da diese Familienlehen als Familienfi- *(Pionierstudie zum Erbrecht)* deikommisse in die große Welle der Fideikommissgründungen eingingen, die der Adel nordöstlich der Elbe zu seiner „Festigung" nach der Revolution 1848 auslöste, wirkte diese feudale Besitzsicherungslogik als altpreußisches Spezifikum weit über das Ende des Lehnswesens 1875 hinaus weiter nach [387: MÜLLER, Adliges Eigentumsrecht, 270 und 279].

neue Ämterstudien — Zum Adel in den Regierungsämtern sind nach 1999 mehrere neue Studien erschienen. Nach der preußischen Provinz Westfalen sind inzwischen – mit weitgehend analogen Ergebnissen – auch die Karrierewege des Adels in der preußischen Provinz Sachsen, also eines weiteren Adels, der nach 1800 unter preußische Herrschaft geriet, untersucht worden. [363: Feistauer, Aufstiegschancen. 483–488]. Zwei große Studien befassen sich umfassend und mit unterschiedlichen Konzepten wie Interpretationen mit dem Kernamt des altpreußischen Adels, das

Landräte in neuer Sicht — Landratsamt (vgl. S. 20). Christiane Eifert ging am Beispiel Brandenburgs davon aus, dass der Landrat in der ersten Hälfte des 19. Jahrhunderts nach der zeitgenössischen Denkfigur der „väterlichen Herrschaft"

„väterliche Herrschaft" — als Einheit von ständischen, professionellen und persönlichen Qualitäten neu definiert und legitimiert wurde. Das „männliche" Persönlichkeitsmerkmal der „praktischen Brauchbarkeit", die Fähigkeit zu Konfliktregulierung, Interessenausgleich und Konsensstiftung wurde, gleichsam oberhalb der fachlich-professionellen Kompetenzen angesiedelt, in diesem Karriereprofil zum entscheidenden Auswahl- und Erfolgskriterium. Im Verlauf der zweiten Jahrhunderthälfte, im „Prozess der Fundamentalpolitisierung der preußischen Gesellschaft", sei das Landratsamt dann aber zunehmend in den politischen Dienst der erstarkenden Zentrale gezwungen worden. Hauptaufgabe sei nun die Wiederherstellung einer obrigkeitsfreundlichen und königstreuen Öffentlichkeit auf dem Lande gewesen, womit die zuvor relativ selbstständige, ja autokratische Stellung des Landrats im Kreis an ihr Ende kam [362: EIFERT, Paternalismus].

Patrick Wagners Studie zu den Landräten in Ostpreußen, Westpreußen und Oberschlesien im 19. Jahrhundert konzentriert sich zum einen auf die Professionalisierung des Landratsamts im Aufstieg des – mit entwicklungspolitischen Programmen auf das ländliche Ostelbien ausgreifenden – Interventionsstaats (aus dem Landrat mit Rittergutsbesitz im Kreis wurde so der mobile, mehrere Stationen durchlaufende professionelle Karrierebeamte), zum anderen auf „Herrschaft als soziale Praxis" des Landrats in zunehmend komplexeren Interaktionsbeziehungen zwischen Staat und ländlichen Gemeinden, aber auch zwischen den zahlreicher und selbstbewusster werdenden Akteursgruppen in den Gemeinden selbst. Im Verlauf dieses Prozesses, und als Folge einer Fülle erfolgreich ausgetragener Konflikte, wurde der Landrat zum überlegenen, professionellen, vor Ort zunehmend unabhängiger agierenden „Broker", der einerseits auf dem Lande die Ziele der staatlichen Bürokratie durchsetzte, andererseits aber der Landbevölkerung die entwicklungspolitischen Ressourcen des verteilenden und umverteilenden Interventionsstaates zugänglich machte. Das war eine Leistung, die letztlich die ländlichen Eliten vom Gutsherrn bis zum Bauern überzeugte. Das Landratsamt löste sich, insbesondere nach der Kreisreform 1872, aus der einseitigen Bindung an die eingesessenen adligen Rittergutsbesitzer. In dieser Sicht wurde der auf „eigenem Recht" gegründete Rittergutsbesitzer-Landrat, der ständische „Mittler zwischen Thron und Volk", abgelöst durch den als professioneller „Broker" in zwei Richtungen Vermittlungsarbeit leistenden Karriere-Landrat, der sich kaum noch von seinem Landratskollegen westlich der Elbe unterschied [399: WAGNER, Bauern]. professioneller Broker

Dass der Adel in der Diplomatie, wegen des dort fortbestehenden Repräsentationserfordernisses, bis über 1918 hinaus erfolgreich blieb, haben neuere Studien mit weiteren statistischen Daten überzeugend nachgewiesen [vgl. die Zusammenfassung in 401: WIENFORT, Adel, 105–107]. Mehrere Autorinnen haben sich auf die neuen Berufsfelder (Haushaltswirtschaft, Krankenpflege, Journalismus etc.) konzentriert, die sich den Töchtern des Adels im Verlauf des 19. und 20. Jahrhunderts eröffnet haben, zugleich aber auch auf die hier bestehen bleibenden standesinternen Grenzen hingewiesen. Klare Wege der Berufswahl bildeten sich nicht aus. Vorstellungen „erweiterter Mütterlichkeit" setzten dieser weiterhin, bis in die 1950er Jahre hinein, relativ enge Grenzen [400: WIENFORT, Adlige Handlungsspielräume; 401: DIES., Der Adel, 132; 361: DIEMEL, Adlige Frauen]. adelige Diplomaten
neue Frauenberufe?

Der bisherige Befund, dass dem Adel der Anschluss an den Industrialisierungsprozess des 19. und 20. Jahrhunderts und damit an zentrale Reichtumsquellen des bürgerlichen Zeitalters nicht gelang, hat zu zahlreichen neuen Studien über adliges Unternehmertum angeregt, vorwiegend zu den schon stark untersuchten (Rheinland, Westfalen, Oberschlesien), aber auch zu bisher nur wenig erforschten Regionen (Mecklenburg, Sachsen, Württemberg, Franken) sowie zu weiteren Industriebereichen (Zuckerindustrie, Bäderwesen, Terrainunternehmen). Als Ergebnis kann schon jetzt das vor allem von Werner Sombart popularisierte Dogma, dass dem Adel Rechenhaftigkeit, Planungs- und Marktrationalität, kurz: alles Geldmäßige fremd gewesen sei, als widerlegt gelten. Der Adel besaß hinreichend Flexibilität, seine hergebrachten adeliges Unternehmertum kulturellen Orientierungen an die neue Wirtschaftsdynamik anzupassen. Weniger klare Ergebnisse erbrachte die ebenfalls fortgesetzte Suche nach einer eigenen „adligen Wirtschaftsrationalität": Hier blieb es bei schon bekannten Einzelbefunden, die aber zur Identifizierung einer spezifischen adligen Unternehmenskultur bisher nicht ausreichen [389: RASCH (Hg.), Adel; 356: CERMAN /VELEK (Hg.), Adel und Wirtschaft].

andere Adelslandschaften

Die von außen kommenden Impulse haben zunächst und vor allem zu zahlreichen Sammelbänden und Studien geführt, die unsere Kenntnis über die altpreußischen Adelslandschaften hinaus erweitert haben. Wir wissen so heute mehr über den Adel in Kursachsen [385: MATZERATH, Adelsprobe], in Sachsen-Weimar-Eisenach [375: KREUTZMANN, Lebenswelt], im Raum Sachsen-Anhalt [377: LABOUVIE (Hg.), Adel] und im Königreich Hannover [371: HINDERSMANN, Der ritterschaftliche Adel]. Daneben ist auch der internationale Vergleich, insbesondere des böhmischen mit dem englischen Hochadel [397: TÖNSMEYER, Adeliges Politisieren] und des deutschen mit dem italienischen Adel [357: CLEMENS (Hg.) Hochkultur] auf den Weg gekommen, erstmals sogar ein europaweiter Vergleich von Adelsgruppen [398: URBACH, European Aristocracies]. Noch stehen in den bisher erarbeiteten Befunden allerdings auffällige Gemeinsamkeiten und krasse Unterschiede in Selbstdefinition wie Verhalten weitgehend unvermittelt nebeneinander. Die Themen Vertreibung und Bodenreform hat die Adelsforschung leider, von ersten Ansätzen abgesehen, weiterhin der adligen Erinnerungsliteratur und der Biographik überlassen [395: VON THADDEN, Trieglaff; 369: HARPPRECHT, Die Gräfin]. Hier besteht, wie auch zur Geschichte des Adels in der bundesrepublikanischen Gesellschaft, weiterhin dringender Forschungsbedarf.

Forschungsdefizite: Vertreibung und Bodenreform

Forschungsberichte, neue Konzepte

Stärker als die von außen kommenden Anstöße wirkten aber die Anregungen, die sich aus der intensiven internen Diskussion über Konzepte, Begriffe und Methoden der Adelsforschung ergaben. Hierzu liegen erste Forschungsberichte vor [407: TACKE, „Es kommt also darauf an"; 406: REIF, Der Adel]. Diese Dynamik nahm ihren Ausgang von der Auseinandersetzung mit den Adelsthesen des auf Hans Rosenberg zurückgehenden Sonderwegansatzes. Eine Berliner Forschergruppe rückte den Adel in den Kontext des „Elitenwandels in der Moderne",

Elitenwandel, Elitenreservoir

begriff den Adel als „Elitenreservoir" und fragte, orientiert am Beispiel England, nach den Möglichkeiten einer die politische Kultur in Deutschland prägenden, zwischen Staat und Gesellschaft, zwischen Konservatismus und neurechtem Radikalismus mäßigend vermittelnden *composite elite* aus Adel und Bürgertum sowie nach den Gründen für deren Scheitern [390: REIF (Hg.), Adel und Bürgertum; 382: MALI-

NOWSKI, Ihr liebster Feind, 214 f.]. Der Blick richtete sich so auf den Adel als einen von mehreren Akteuren der Elitenbildung, auf seine Möglichkeiten des „Obenbleibens" (Werner Sombart), auf die vielfältigen sozialen Mischungslagen von adligen und bürgerlichen Teilgruppen in diversen Berufs- und Gesellschaftskreisen, auf die adligen Suchbewegungen, kommunikativen Brückenschläge und standes- wie klassenübergreifenden Lebensentwürfe.

Der altpreußisch-ostelbische Junkeradel erwies sich in dieser Sicht nicht als der rosenbergsche starke Lenker des Sonderwegs, sondern zunehmend nur noch als ein Konglomerat von Teilgruppen, die der beschleunigte Wandel vor sich her trieb. Zwar gab es für ihn, zum Beispiel mit der Etablierung des Herrenhauses 1854, weiterhin beachtliche, vom Monarchen gestützte Restabilisierungserfolge [393: SPENKUCH, Herrenhaus]; zwar fand man im Bereich der Landwirtschaft und des Forst- und Jagdwesens [396: THEILEMANN, Adel im grünen Rock, kontrovers dazu 394: Tacke, „Nobilitierung"], vor allem aber in bestimmten Segmenten des preußischen Offizierskorps [367: FUNCK, Meaning] tragfähige Grundlagen für die Formierung zahlenmäßig stets begrenzt bleibender adelig-bürgerlicher Funktions- und Deutungseliten. Aber dieses Obenbleiben wurde zunehmend schwerer, die Verlust- und Abstiegserfahrungen prägender, die innere Zerrissenheit größer, das Bemühen um Sicherung der Kohäsion als adlige Familie und adeliger Stand aufwändiger und zugleich unsicherer. Im oberen Adelssegment kam um 1900 zwar eine composite elite aus reichem Adel und Bürgertum ein Stück weit auf den Weg. Doch wurde diese Entwicklung durch eine Bewegung von unten ausgebremst. Denn der immer zahlreichere „arme", zunehmend gar „proletarisierte" Adel, der kaum noch Bindungen zum Land und zum Grundbesitz besaß, schlug seine Brücken eher zur mittel- und kleinbürgerlich geprägten „völkischen" Neuen Rechten und entfaltete eine Radikalisierungsdynamik, die nicht nur ihn, sondern auch zahlreiche vermögende Adelige, nicht zuletzt auch Hochadlige, in die Nähe und in beträchtlichem Umfang auch in die NSDAP hinein führten [380: MALINOWSKI, König]. Ein Schock, der diese Wende beschleunigte, ging schließlich kurz vor 1933 von der Erfahrung aus, dass dem Adel letztlich sogar die sicher geglaubte Führung des Landes an radikalisierte Bauernverbände und Bauernpolitiker verloren gegangen war [388: POMP, Landbund].

Die Studie Malinowskis hat zu weiterer Beschäftigung mit der Rolle des Adels im Nationalsozialismus angeregt. Inzwischen sind dazu mehrere Aufsätze und Sammelbände erschienen [381: MALINOWSKI/REICHARDT, Die Reihen; 360: CONZE, Adel unter dem Toten-

Korrektur der „Junkerthese"

„Machtverlust, Verarmung"

Adel und NS

kopf]. Für ein Resümee dieses ambivalenten Verhältnisses reicht aber das bisher Erarbeitete noch nicht aus. Zweifellos war der Nationalsozialismus für einige noch weiter einzugrenzende Teilgruppen des Adels attraktiv; eine mehrheitliche Identifikation des Adels mit dieser Bewegung ist aber zur Zeit noch nicht erkennbar.

Die Entdeckung des bis in die Kaiserzeit zurückreichenden Führerdiskurses hat auch der Erforschung der Monarchien des Reiches neue Impulse verliehen. Für Wilhelm II. wurde gezeigt, wie sich der konservative Führerdiskurs zunächst auf diesen Hoffnungsträger konzentrierte, dann aber, mit dessen fortschreitender massenmedialer Entzauberung, über die Brückenstation eines „vagierenden Monarchismus", vom Kaiser ablöste und die Führererwartungen und -sehnsüchte letztlich auf einen nichtmonarchischen „Kommenden" projiziert wurden [374: KOHLRAUSCH, Monarch]. Als gleichermaßen ungeeignet für die in diesem Diskurs imaginierte Führerrolle erwiesen sich auch die anderen regierenden Fürsten der Kaiserzeit. Entsprechend geräuschlos verlief ihr Rückzug nach der Revolution 1918 [379: MACHTAN, Abdankung]

Monarchien im Führerdiskurs

Eine Forschergruppe in Halle/Leipzig hat aus der Perspektive der „mitteleuropäischen" Länder heraus die Fragestellungen und Leitbegriffe des Konzepts Elitenwandel aufgenommen, von der Fixierung auf den deutschen Kulturbruch 1933, aber auch von der dualen Engführung des Konzepts der adlig-bürgerlichen Elitenkompromisse gelöst und den Ansatz insgesamt produktiv weiterentwickelt. Eine Selbstbehauptung des Adels, genauer: von Teilen des Adels, über solche Elitenkompromisse und die Allianz mit einem starken Staat war zum Beispiel in Polen gar nicht möglich, weil hier, in einer noch ganz überwiegend agrarischen Gesellschaft, ein starkes Bürgertum, erst recht aber ein starker eigener Staat nicht vorhanden waren. Wollte der Adel hier oben bleiben, dann musste er ganz andere Wege gehen als in Preußen-Deutschland. Der eine, einheitliche Strom zur Moderne löste sich in dieser Sicht auf in eine Vielzahl von Strömungen und Gegenströmungen, von Optionen und disparaten Adelswegen, von Gewinn- und Verlusterfahrungen, die nicht selten die Identität der Adeligen als Adel insgesamt infrage stellten [386: MÜLLER, Landbürger]. In der Folge wurde dieser Ansatz auf den Adel in Europa angewandt: Die vom gesellschaftlichen Wandel eröffneten Chancen auf Elitenzugehörigkeit wurden in der Begegnung von Akteuren unterschiedlicher sozialer Herkunft in der Begegnung, in „Arenen der Elitenvergesellschaftung" realisiert, in Aushandlungsprozessen an Orten mit jeweils eigener Erfolgslogik. Damit rückten neben den alten, hergebrachten (Höfe, Offizierskorps, Ritter-

Elitenwandel in „Mitteleuropa"

Elitenkompromisse

Arenen der Elitenvergesellschaftung

güter, staatliche Repräsentationsorte) ganz neue, moderne Orte adligen Machtgewinns in den Blick (kommunale Selbstverwaltung, Wirtschaftsverbände, Medien), die im Verlauf des 19. und 20. Jahrhunderts zunehmend mit- und neubestimmten, wo in der modernen Gesellschaft „oben" war [372: HOLSTE u. a. (Hg.), Aufsteigen].

Die elitengesellschaftlichen Ansätze führten letztlich beide zu dem Befund, dass die zunehmende funktionale Ausdifferenzierung der Gesellschaft die stratifikatorischen Ordnungen der ständischen Welt Schritt für Schritt auflöste und zentrifugale Kräfte entband, die den Adel im Verlauf des 19. und frühen 20. Jahrhunderts als Stand zerrissen und seine Angehörigen in eine Vielzahl neuer Berufswelten und „Arenen" einband. Sie lösten den einzelnen Adligen mehr oder weniger stark aus seiner eigenen Adelswelt heraus, isolierten ihn letztlich von Stand und Familie, fragmentierten den Adel als Stand vielleicht sogar derart, dass in bestimmten Fällen, zum Beispiel für Polen, ernsthaft die Frage aufgekommen ist, ob man hier wissenschaftlich überhaupt noch sinnvoll mit der Kategorie Adel arbeiten könne.

Zeitgleich konstatierte eine andere Forschungsrichtung in Anknüpfung an Reinhard Kosellecks Modell der „Sattelzeit", eine ähnliche Zerrissenheit, allerdings nur für eine Übergangsperiode zwischen 1770/ 1790 und 1850/1880. Diese habe als Phase der „entsicherten Ständegesellschaft" dem Adel nicht nur Verlusterfahrungen vermittelt, sondern ihm zugleich ein relativ offenes Feld von Möglichkeiten eröffnet, nach einem adelsgemäßen Weg in eine nachständische Gesellschaft zu suchen, zu einer Zeit, in der noch nicht erkennbar war, dass die künftige Gesellschaft auf den „Grundlagen des Gleichheitsgedankens und der Modernität" (Ewald Frie) beruhen werde.

entsicherte Ständegesellschaft

Während die ältere, politikgeschichtlich ausgerichtete Forschung das frühe, spätestens mit dem Revolutionsjahr 1830 unumkehrbare Einschwenken des Adels in einen verengt defensiven Konservatismus akzentuierte (vgl. S. 42), hat der Blick auf die „entsicherte Ständegesellschaft" eine Fülle adeliger Suchbewegungen erschlossen, in denen neue Adelsentwürfe und soziale wie kulturelle Hierarchien der nachständischen Gesellschaft entworfen wurden, sei es, dass dieses Neue, wie für den keineswegs reaktionär-konservativen Friedrich August Ludwig von der Marwitz, in der Sprache der ständischen Vergangenheit daherkam – die scheinbare Wiederkehr des Alten war hier in Wirklichkeit das Neue [364: FRIE, Marwitz] –, sei es, dass man in neuer, zukunftszugewandter literarischer oder politisch-programmatischer Sprache, einem reformierten Adel das Potenzial attestierte, zur Übernahme auch der neuen öffentlichen Funktionen und Aufgaben in Staat und Ge-

Marwitz als Adelskonstrukt

sellschaft befähigt zu sein [370: HEINICKEL, Adelsidentität]. Erst am Ende dieses adligen „Laboratoriums der Moderne" (Ewald Frie), spätestens aber seit den 1880er Jahren, sei der Adel dann in einen engen, antimodernen Konservatismus eingeschwenkt und damit in der weiteren Dynamik der Moderne zum Relikt geworden.

Kulturmodell Adeligkeit

In engem Zusammenhang mit dem Konzept Elitenwandel entwickelte sich ein weiterer, bis heute intensiv diskutierter Forschungsansatz: „Adeligkeit". Da der Adel seit dem Umbruch um 1800 zunehmend seine rechtlichen Vorzüge, seine Verankerung in den staatlichen und kirchlichen Institutionen und in erheblichem Maße auch seine materiellen Grundlagen verlor, so dass er nur noch an seiner Selbstorganisation und seiner Lebensführung zu erkennen war, lag es nahe, ihn von seiner Kultur ausgehend zu entschlüsseln. Nachdem mehrere Studien auf die fortschreitende interne Zersplitterung des Adels, die enorm verschiedenen Formen des Wirtschaftsverhaltens, der politischen Orientierung und der Lebensentwürfe aufmerksam gemacht hatten, die bis in die einzelnen Familien hinein reichten, stellte sich notwendig die Frage, was diesen Adel auf dem Weg in die Moderne eigentlich noch zusammengehalten habe. Die Antwort lautete: ein eigenes Kulturmodell, seine „Adeligkeit", und eine gemeinsame Defensivlage, die Folge von Verlusterfahrungen und Angriffen einer anhaltend aggressiven Adelskritik [359: CONZE, Adel]. Parallel zur kulturwissenschaftlichen Wende in der Geschichtswissenschaft entwickelte sich dieses Konzept der Adeligkeit (eine Analogiebildung zum Begriff und Konzept „Bürgerlichkeit") in zwei Richtungen: Die eine nahm ihren Ausgang von der Wahrnehmung einer tausendjährigen Adelstradition, die sich in den Wandlungsprozessen der Jahrhunderte zwar immer wieder einmal modifiziert und erweitert hatte, aber doch bis in das 19. und 20. Jahrhundert hinein eine Kraft behielt, die weiterhin in der Lage war, den Adel in Mentalität und Habitus zu prägen. Es wurden Muster von adeligen Werten, Eigenschaften und Verhaltensweisen bereitgestellt und weitergegeben, die der Mehrzahl der Adeligen auf dem Weg in die Moderne Orientierung vermittelten, allerdings nicht allein und auch nicht so, dass Mentalität und Habitus dieses Adels unverändert blieben und alle Adeligen gleichermaßen stark prägten. Künftige Forschung wird hier die erforderlichen Differenzierungen zu erarbeiten haben. Der „Kult der Kargheit" (Stephan Malinowski) zum Beispiel war natürlich primär ein Adeligkeitsangebot an die zunehmende Zahl derjenigen Adelssöhne, deren Offizierskarriere nicht mehr durch die großzügige Unterstützung vermögender Familien gesichert waren. Die Magnaten setzten in ihrer Adeligkeit zweifellos die Schwerpunkte anders.

Varianten von Adeligkeit

Kult der Kargheit

Da die ständische Vorrangstellung des Adels seit den Krisenjahren um 1800 ihre Selbstverständlichkeit verloren hatte und der Adel sein Bemühen ums Obenbleiben nun weitaus intensiver als in der Frühen Neuzeit reflektierend begleitete, wurden die Adelstraditionen, das kulturelle Erbe des Adels, zu einem Motiv- und Bildersaal, auf den er zurückgriff, wenn es galt, die vom Wandel bereitgestellten Chancen zu Anerkennungsgewinnen, zur Herstellung neuer Distinktion, Legitimation und innerer Kohäsion zu nutzen, das heißt, sich ein Stück weit nach außen zeitadäquat zu modellieren und nach innen zu formieren. Am Beispiel der zahlreichen Adelsautobiographien, die vorwiegend zu Beginn des zwanzigsten Jahrhunderts publiziert wurden, ist diese Selbstmodellierungsarbeit am adligen Kulturmodell detailliert nachgewiesen worden [366: FUNCK/MALINOWSKI, Geschichte von oben].

Adelsautobiographien als Quelle

Hier setzte aber auch Kritik ein. Man fragte, wieweit diese Steuerung kollektiver adliger Identität durch Selbstbilder den Adel (bzw. welchen Adel) überhaupt noch erreicht und – empirisch nachweisbar – durchdrungen habe; und man kritisierte, dass hier einseitig die kulturelle Kollektivität des Adels betont werde, wodurch die komplementäre Entwicklung, die fortschreitende Individualisierung im Adel, eine Folge der beschleunigten Zunahme nichtständischer und nichtfamilial bestimmter Handlungsoptionen in der Moderne, nicht zuletzt solche adeliger Frauen, zu stark in den Schatten gerückt werde [401: WIENFORT, Adel, 24–129]. Im Anschluss an diese Kritik hat Monika Kubrova, in ihrer auf Autobiographien gestützten Studie über adelige Frauen des 19. Jahrhunderts, den bisher dominierenden struktur- und funktionsgeschichtlichen Analysen einen konsequent subjektgeschichtlichen Ansatz entgegengestellt, indem sie die individuellen Vorstellungen dieser Frauen von einem „guten Leben" im Bezug auf und in Differenz zu dem sie umgebenden (adels-) gesellschaftlichen Normen- und Rollenkosmos rekonstruiert hat [376: KUBROVA, Vom guten Leben].

Subjektgeschichte als Alternative

Der zweite, in gewissem Umfang alternative konzeptuelle Zugriff auf Adeligkeit sieht dagegen in dieser Selbstmodellierung eine über Jahrhunderte praktizierte, flexible Kunst der Anpassung an einen Wandel, der den Adel anhaltend unter Druck hielt, als die Anpassungskunst einer sozial nur wenig formierten, eher flüssigen Gruppe, die sich Adel nannte und von anderen als Adel akzeptiert wurde. Adeligkeit wird so tendenziell zu einem reinen Konstrukt, einer adligen Logik des Obenbleibens, welche Inhalte und Verhaltensformen nutzt, ohne diesen Selbststilisierungen innerlich verpflichtet zu sein [407: TACKE, „Es kommt also darauf an"; 401: WIENFORT, Adel, 27 und 153 ff. ; 378: LEONHARDT/WIELAND (Eds.), What Makes The Nobility Noble?]. Mit

Adeligkeit im Konstruktivismus

der Frage „Was macht den Adel adlig?" gerät die so konstruierte Adeligkeit allerdings in die Gefahr, den Adel unangemessen zu autonomisieren, das heißt: ihn zum quasi postmodern mit Inhalten und Werten spielenden Konstrukteur einer Ansehen und Macht generierenden Folge relativ kurzlebiger adeliger Bastelidentitäten zu erheben.

Während die Forschungen zur Adeligkeit in unterschiedlicher Gewichtung den engen Zusammenhang zwischen der Selbstsicht des Adels und dessen Außenwahrnehmung im Blick behielten, konzentrierte sich eine in Dresden arbeitende Forschergruppe bei ihrem Versuch, die erstaunliche Persistenz und das lange Obenbleiben (von Teilen des Adels) zu entschlüsseln, einseitig auf die Innensicht. Betont wurde hier die „permanente Anstrengung selbstdefinitorischer Arbeit", die gesteigerte Binnenkommunikation des Adels zur Sicherung seiner inneren Kohäsion, die im Wandel des 19. Jahrhunderts zunehmend gefährdet war. Der sächsische Adel wurde in dieser Sicht zu einer kohäsiven Erinnerungsgruppe. Seine Erinnerungsarbeit, seine Künste der Selbstsymbolisierung und Repräsentation, hielten den zentrifugalen Kräften der modernen Markt- und Berufsgesellschaft stand, sicherten ein Minimum an sozial formierender Einheit, reichten aber schon nicht mehr aus, ein gemeinsames, die Gruppe orientierendes und stabilisierendes politisches Verhalten zu begründen [384: MATZERATH/MARBURG (Hg.), Schritt; 405: DIES., Stand]. Auch der Hochadel scheint so, nicht zuletzt unter Nutzung der Mobilität und Kommunikation fördernden modernen Infrastruktur, die Möglichkeiten intensivierter, flexibler Binnenkommunikation zur Restabilisierung eines gemeinsamen Selbstverständnisses, einer Selbstlegitimation und inneren Kohäsion als europäische Sozialformation genutzt zu haben [383: MARBURG, Hochadel].

Schon Werner Conze [54: KOSELLECK u. a., Adel, 47 f.] hat in einer begriffsgeschichtlichen Analyse darauf verwiesen, dass mit dem „Einmünden des deutschen Adels in den Nationalstaat 1871 ... die Begriffe ‚Adel' und ‚Aristokratie' einem fortschreitenden Bedeutungsschwund" unterlagen. Daran anknüpfend haben sich mehrere Studien auf die Außensicht von Adel, genauer: auf die Prozesse der fortschreitenden Entsubstanzialisierung, Entkonkretisierung und Metaphorisierung des Adelsbegriffs seit Ende des 19. Jahrhunderts, konzentriert [385: MATZERATH, Adelsprobe]. Auf der Grundlage des analytisch ergiebigen Begriffs der „vagabundierenden Adeligkeit" ist jüngst darauf aufmerksam gemacht worden, dass der Begriff Adel im Verlauf des 19. Jahrhunderts zunehmend von Nichtadeligen okkupiert und mit neuen Bedeutungen überschrieben wurde, und zwar eingebunden in die Suche vor allem bürgerlicher Intellektueller nach einer antibürgerlichen Bürgerlichkeit, nach einem Selbstbild als „neuer Adel" und „neue Aristokratie" [368: GERSTNER, Neuer Adel]. Unter dem Deckmantel dieser beiden Suchbegriffe entstanden so völlig neue Entwürfe von Adeligkeit: Visionen eines Dritten Wegs zwischen Kapitalismus und Sozialismus, einer neuen Elite jenseits von Adel und Bürgertum, eines „neuen Menschen" und einer „neuen Gesellschaft". Adel und Aristokratie wurden nun wirklich zu „ahistorischen Konstrukten". Aus solchen „Aristokratien" ging dann letztlich das Konzept der Führerelite, aus solchem Adel Richard Walther Darrés rassereiner, aus imaginierten „Erbhofbauern" zusammengebastelter „Neuadel aus Blut und Boden" und Heinrich Himmlers SS-Adel hervor.

„neuer Adel"

Die methodische und konzeptionelle Dynamik der Adelsforschung hat sich, wie dieser kurze Überblick gezeigt hat, als außerordentlich ergiebig und anregend erwiesen. Das Interesse am Thema Adel hält ungebrochen an. Neben der Vielzahl noch offener Fragen dürfte dazu beigetragen haben, dass der bisher erreichte Forschungsstand zahlreiche widersprüchliche Befunde aufweist, die teils der Vielgestaltigkeit des Gegenstands, teils aber auch der entschieden methodisch und konzeptuell variabel ausgerichteten Adelsforschung geschuldet ist. Nur einige Widersprüche und offene Fragen seien hier angeführt: Welche Qualität, welche innere Einheit hatte der Adel in Deutschland als Sozialgruppe im 19. und 20. Jahrhundert? War er in den Zeiten „entsicherter Ständegesellschaft" nur noch eine flüssige Agglomeration von Such- und Reformbewegungen, die erst im späten 19. Jahrhundert gegenüber der bürgerlich geprägten Moderne wieder Handlungsfähigkeit gewann? Oder trieb er in einer das ganze Jahrhundert hindurch anhaltenden inneren Zersplitterung unaufhaltsam seinem Ende als Sozialformation entgegen? Oder hat er, umgekehrt, durch die öffentlichen Angriffe, seine Verlusterfahrungen und seine Kämpfe ums Obenbleiben, aber auch durch seine selbstdefinitorischen wie selbstorganisatorischen Leistungen, seine Einheit und Handlungsfähigkeit erst in diesem Jahrhundert gewonnen, und zwar als Defensiv- und Schutzgemeinschaft? Alle drei Positionen werden gegenwärtig vertreten. Vielleicht war der Adel aber auch, wie jüngst Historiker der Frühen Neuzeit im Bemühen um eine Einebnung des Bruchs zwischen Vormoderne und Moderne argumentieren, schon seit seinem Aufkommen im Mittelalter einem permanenten Wandel, dauernden Auf- und Abstiegen, Ein- und Ausschlüssen sowie ständiger sozialer wie bewusstseinsmäßiger Veränderung ausgesetzt, womit die Suche nach einer Einheit des Adels in der longue dureé gänzlich obsolet zu werden scheint und die Adelsgeschichte einer völlig neuen Periodisierung bedürfen würde?

widersprüchliche Befunde

offene Fragen

Weiterer Bearbeitung bedarf auch die damit eng verbundene Frage, wie zu erklären ist, dass der Adel trotz aller rechtlichen und materiellen Verluste, trotz fortschreitender innerer Fragmentierung, funktionaler „Entadelung" in der modernen Berufswelt und fortschreitender „Verarmung" des Großteils seiner Angehörigen bis in unsere Zeit hinein überlebt hat und von der heutigen Gesellschaft als Adel erkannt und weithin auch anerkannt wird. Selbst wenn man davon ausgeht, dass diesbezüglich das relationale Erklärungskonzept inzwischen allgemeiner Konsens ist, nämlich die Einsicht, dass dieser Vorgang nur durch ein Bündel von Wirkungsfaktoren, insbesondere durch intensivierte adlige Binnenkommunikation, Binnenorganisation und Selbstsymbolisierung einerseits und auf den Adel bezogene Wahrnehmungs-, Deutungs- und Entscheidungsprozesse andererseits zu entschlüsseln ist, bleibt immer noch die Aufgabe, für dessen jeweilige Schritte in die Moderne die Mischungslage dieser beiden Wirkungsfaktoren, ihr Gewicht und damit ihre anteiligen Beiträge zum Überleben und Obenbleiben, zumindest aber zum Dabeibleiben von Adel oder Adelsgruppen so genau wie möglich zu bestimmen. Nur so kann letztlich auch nur das Verhältnis des adeligen Kulturmodells zum konkreten empirischem Verhalten des Adels, oder besser *im* Adel, das Maß an Übereinstimmung und Auseinandertreten dieser beiden Wirklichkeiten für die einzelnen Zeitphasen zuverlässig bestimmt werden.

Es ist angesichts der Schwierigkeiten, das Obenbleiben des Adels im 19. und 20. Jahrhundert präzise zu bestimmen und überzeugend zu erklären, angeregt worden, die Adelsgeschichte, wie es bezogen auf 1933 schon erfolgreich geschehen ist, künftig eher „von unten" zu entschlüsseln (Stephan Malinowski). Ein solcher, noch unverbrauchter Blick verspricht zweifellos wichtige neue Ergebnisse. Er würde insbesondere die Aufmerksamkeit auf das in der Tat erklärenswerte Phänomen lenken, dass der vermögende Adel, auf der Ebene der Familien wie des „Standes", die Solidarität mit seinen in prekäre Lagen geratenen Standesgenossen, sei es durch „Verarmung", Vertreibung, Enteignung oder Vernichtung, in unserem Untersuchungszeitraum nie aufgegeben hat. Zur Erklärung des Obenbleibens dieses Adels in der gesellschaftlichen Anerkennungshierarchie scheint dieser Befund aber nur bedingt beizutragen. Hier scheint der Ansatz, den Adel als Elitenreservoir zu untersuchen, letztlich weiterhin vielversprechender zu sein; und zwar im Sinne eines Hinweises von David Cannadine, dass der Adel in der Moderne zwar ständig Machtpositionen einbüßte, dass sich ihm zugleich aber immer wieder neue Einflusschancen eröffneten. Allerdings hätte die Elitenforschung sich hier, zumal für das 20. Jahrhundert, nicht mehr auf politische Eliten im weitesten Sinne zu konzentrieren, hier hatte der Adel seine Rolle ausgespielt, sondern vorwiegend auf neue Elitenfunktionen in der Gesellschaft, also auf Wert-, Deutungs-, Orientierungs- und Repräsentationseliten.

Letztlich geht es auf dem nun erreichten Stand der Adelsforschung um eine Überprüfung der Reichweite und Ergiebigkeit von (de-)konstruktivistischen, kulturgeschichtlichen und sozialgeschichtlichen Erklärungsansätzen. Dies könnte auch die Beantwortung einer Reihe weiterer offener Fragen erleichtern, die sich aus dem Problemkomplex „innere Einheit des Adels" ergeben haben: In welchem Maße waren die Adligen im 19. und 20. Jahrhundert überhaupt noch kollektiv geprägte, standeskonform handelnde Persönlichkeiten? Zweifellos hat die Konstituierung der adeligen Persönlichkeit in der Moderne ein höheres Maß an Individualisierung eingeschlossen als in ständischer Zeit. Eindimensional kollektiv geprägte adelige Persönlichkeiten hat es natürlich auch im Ancien Régime nicht gegeben. Doch nun stieg unübersehbar – auch dies ein Forschungsdesiderat – die Zahl adliger Nonkonformisten, Pioniere, Grenzüberschreiter und Sonderlinge. Andererseits findet sich selbst bei diesen Abweichlern höchst selten einmal eine offene und unumkehrbare Absage an das Kulturmodell Adeligkeit [373: KOCH, (Hg.), Junker]. Komplementär zur Suche nach den Bindungskräften einer bleibenden, elastischen adligen Sozialinformation bleibt aber weiterhin die Frage relevant, ob, ab wann und wodurch der Adel in Deutschland nur noch als Imagination, als Legierung von Selbst- und Fremdentwürfen oder gar nur noch als Fremdentwurf – an dem dann auch die Historiker kräftig mitgearbeitet haben – weiterexistierte.

Individuum vs. Kollektivpersönlichkeit

Die Forschung zur Adelsgeschichte seit dem Ende des 18. Jahrhunderts hat in den vergangenen zwei Dekaden solide Wissensgrundlagen erarbeitet und eine Reihe neuer Forschungsfragen aufgeworfen. Diese drängen nicht nur zu weiteren Studien, sondern bieten zugleich, wie zum Beginn des Aufschwungs in den 1990er Jahren, auch die Gewähr dafür, dass die künftigen Untersuchungen zum Weg des Adels in die Moderne weiterhin in engem Konnex mit den leitenden Forschungsproblemen unserer Fachdisziplin durchgeführt werden. Von einem Rückfall in den einstigen Status einer Sektorwissenschaft ist die Adelsforschung derzeit weit entfernt.

III. Quellen und Literatur

Außer den hier angegebenen entsprechen die Abkürzungen den Siglen der Historischen Zeitschrift.

AHR	American Historical Review
ALR	Allgemeines Landrecht für die Preußischen Staaten (1794)
ASS	Archiv für Sozialwissenschaft und Sozialpolitik
BDL	Bund der Landwirte
BVP	Bayerische Volkspartei
DAB	Deutsches Adelsblatt
DAG	Deutsche Adelsgenossenschaft
DKP	Deutschkonservative Partei
DNVP	Deutschnationale Volkspartei
DRK	Deutsches Rotes Kreuz
GR	Gesellschafts- und Sprachwissenschaftliche Reihe
JBPg	Jenaer Beiträge zur Parteiengeschichte
JNS	Jahrbücher für Nationalökonomie und Statistik
NSDAP	Nationalsozialistische Deutsche Arbeiterpartei
RLB	Reichslandbund
vs.	versus
WZ	Wissenschaftliche Zeitschrift

A. Quellen

1. Archivalische Quellen

Die Guts- und Familienarchive und die Nachlässe des Adels sind trotz erheblicher Verluste, vor allem östlich der Elbe, äußerst zahlreich und nur zum Teil wissenschaftlich erfaßt. Zum großen Teil sind sie auch heute noch Privatarchive; ein kleinerer Teil lagert als Deposita in staatlichen Archiven oder – im Rheinland und in Westfalen – in den „Landesämtern für Archivpflege" der Landschaftsverbände. Auskunft geben, neben dem Deutschen Adelsarchiv in Marburg, vor allem:

1. Archive der Bundesrepublik Deutschland, Österreich und der Schweiz, hg. v. Verband deutscher Archivare. Münster ^{15}1995, 89 ff.
2. W. MOMMSEN, Die Nachlässe in den deutschen Archiven. Boppard 1971.

2. Gedruckte Quellen

Zum Adel liegt eine Fülle von gedruckten Quellen vor; die nachstehenden Titel nennen einige grundlegende Quellennachweise und akzentuieren wichtige Quellentypen:

3. Deutsches Adelsblatt. Zeitschrift der Deutschen Adelsgenossenschaft für die Aufgaben des christlichen Adels (1883 ff.)
4. F. SCHLAWE, Die Briefsammlungen des 19. Jahrhunderts. Bibliographie der Briefausgaben und Gesamtregister der Briefeschreiber und Briefempfänger, 1815–1915, 2 Bde. Stuttgart 1962.
5. Familiengeschichtliche Bibliographie, hg. v. d. Zentralstelle für Personen- und Familiengeschichte, Institut für Genealogie Frankfurt a. M., bearb. v. Heinz F. FRIEDRICHS. Neustadt 1928 ff.
6. Gothaisches Genealogisches Taschenbuch (mehrfach verändert), 1. Fürstliche Häuser, 1763–1942; 2. Gräfliche Häuser, 1825–1942; 3. Freiherrliche Häuser, 1848–1942. 4. Adelige Häuser, 1900 ff.; fortgesetzt durch:
7. Genealogisches Handbuch des Adels, bisher 108 Bände, bearb. v. Hans F. von Ehrenkrook u. Walter von Hueck. Glücksburg 1951–1958. Limburg 1959–1998 (darin u. a.: Adelslexikon, 7 Bde. Limburg 1972–1989)
8. M. GRITZNER, Standeserhöhungen und Gnadenakte deutscher Landesfürsten während der letzten drei Jahrhunderte. Görlitz 1881.
9. Stammtafeln zur Geschichte der europäischen Staaten, hg. v. W. K. Prinz von Isenburg, 4 Bde. Marburg ^{2}1956.
10. E. H. KNESCHKE, (Hg.), Neues Allgemeines Deutsches Adels-Lexikon, 9 Bde. Hildesheim 1973.
11. Handbuch über den königlich-preußischen Hof- und Staat. 1794 ff.
12. Handbuch für das Deutsche Reich. 1874 ff.
13. General-Adressbuch der Ritterguts- und Gutsbesitzer im Deutschen Reich. Berlin 1879.
14. Handbuch des Großgrundbesitzes im Deutschen Reich. Berlin 1910.

15. A. v. Schönermarck (Hg.), Helden-Gedenkmappe des deutschen Adels. Stuttgart 1921.
16. R. VIERHAUS (Hg.), Das Tagebuch der Baronin Spitzemberg, geb. Freiin von Varnbüler. Aufzeichnungen aus der Hofgesellschaft des Hohenzollernreichs. Göttingen ³1963.
17. E. v. OLDENBURG-JANUSCHAU, Erinnerungen. Leipzig 1936.
18. Th. FONTANE, Der Stechlin. Frankfurt a. M. 1977 (Berlin 1897).

B. Literatur

0. Adel allgemein: Übersichten und Gesamtdeutungen

19. ARNIM, Hermann Graf von, Märkischer Adel. Berlin 1989.
20. BARANOWSKI, Shelley, East Elbian Landed Elites and Germany's Turn to Fascism: The Sonderweg revisited, in: EHQ 26, 1996, 209–240.
21. BERDAHL, Robert M., The Politics of the Prussian Nobility 1770–1848. Princeton 1985.
22. BESSEL, Richard, Making Sense of the Countryside: Some Recent Writing on Rural Life and Politics in Germany, in: EHQ 19, 1989, 115–128.
23. BIRKE, Adolf M. u. a. (Hg.), Bürgertum, Adel und Monarchie. Wandel der Lebensformen im Zeitalter des bürgerlichen Nationalismus. München 1989.
24. BLACKBOURN, David u. Eley, Geoff, Mythen deutscher Geschichtsschreibung. Die gescheiterte bürgerliche Revolution von 1848. Frankfurt a. M. 1980.
25. BRAUN, Rudolf, Konzeptionelle Bemerkungen zum Obenbleiben: Adel im 19. Jahrhundert, in: [90], 87–95.
26. BRUNNER, Otto, Adeliges Landleben und europäischer Geist. Leben und Werk Wolf Helmhards von Hohberg 1612–1688. Salzburg 1949.
27. BUCHSTEINER, Ilona, Zum Begriff des Junkers in der DDR-Literatur der 80er Jahre, in: JbWG 1991/92, 105–113.
28. CARSTEN, Francis L., Geschichte der preußischen Junker. Frankfurt a. M. 1988.
29. DILCHER, Gerhard, Der alteuropäische Adel, ein verfassungsgeschichtlicher Typus?, in: [90], 57–86.
30. DIPPER, Christof, Der rheinische Adel zwischen Revolution und

Restauration, in: Helmuth Feigl (Hg.), Adel im Wandel. Wien 1991, 91–116.
31. DIPPER, Christof, La noblesse allemande á l'époque de la bourgeoisie, in: Les Noblesses européennes au XIXe Siècle, hg. v.d.École Francaise de Rome. Rom 1988, 165–197.
32. DISSOW, Joachim v., Adel im Übergang. Stuttgart 1961.
33. DORNHEIM, Andreas, Adel in der bürgerlich-industrialisierten Gesellschaft. Eine sozialwissenschaftlich-historische Fallstudie über die Familie Waldburg-Zeil. Frankfurt a. M. 1993.
34. FABER, Karl Georg, Mitteleuropäischer Adel im Wandel der Neuzeit, in: GG 7, 1981, 276–296.
35. FEHRENBACH, Elisabeth, Adel und Bürgertum im deutschen Vormärz, in: HZ 258, 1994, 1–27.
36. FEHRENBACH, Elisabeth (Hg.), Adel und Bürgertum in Deutschland 1770–1848. München 1994.
37. FURTWÄNGLER, Martin, Die Standesherren in Baden (1806–1848). Frankfurt a. M. 1996.
38. GALL, Lothar, Von der ständischen zur bürgerlichen Gesellschaft. München 1993.
39. GOLLWITZER, Heinz, Die Standesherren 1815–1918. Stuttgart 1957/ Göttingen ²1964.
40. GOLLWITZER, Heinz, Graf Carl Giech 1795–1863. Eine Studie zur politischen Geschichte des fränkischen Protestantismus in Bayern, in: ZBLG 24, 1961, 102–162.
41. HARNISCH, Hartmut, Die Herrschaft Boitzenburg. Weimar 1968.
42. HARNISCH, Hartmut, Probleme junkerlicher Agrarpolitik im 19. Jahrhundert, in: WZ der Universität Rostock. GR 21, 1972, 99–117.
43. HENNING, Hansjoachim, Die unentschiedene Konkurrenz. Beobachtungen zum sozialen Verhalten des norddeutschen Adels in der zweiten Hälfte des 19. Jahrhunderts. Mainz 1994.
44. HINTZE, Otto, Die Hohenzollern und der Adel, in: HZ 112, 1914, 494–524.
45. HOFMANN, Hanns Hubert, Adelige Herrschaft und souveräner Staat. Studien über Staat und Gesellschaft in Franken und Bayern im 18. und 19. Jahrhundert. München 1962.
46. HOFMANN, Hanns Hubert, Eliten und Elitentransformation in Deutschland zwischen der französischen und der deutschen Revolution, in: ZBLG 41, 1978, 607–631.
47. HOHENDAHL, Peter Uwe u. Paul Michael Lützeler (Hg.), Legitimationskrisen des deutschen Adels 1200–1900. Stuttgart 1979.

48. HOYNINGEN-HUENE, Iris v., Adel in der Weimarer Republik. Die rechtlich-soziale Situation des reichsdeutschen Adels 1918–1933. Limburg 1992.
49. IZENBERG, Gerald N., Die „Aristokratisierung" der bürgerlichen Kultur im 19. Jahrhundert, in: [47], 233–244.
50. KAELBLE, Hartmut, Wie feudal waren die deutschen Unternehmer im Kaiserreich? Ein Zwischenbericht, in: Richard Tilly (Hg.), Beiträge zur quantitativen vergleichenden Unternehmensgeschichte. Stuttgart 1985, 148–174.
51. KEINEMANN, Friedrich, Soziale und politische Geschichte des westfälischen Adels 1815–1945. Hamm 1976 (überarbeitet: Vom Krummstab zur Republik. Westfälischer Adel unter preußischer Herrschaft 1802–1945. Bochum 1997).
52. KELLER, Katrin und Matzerath, Josef (Hg.), Geschichte des sächsischen Adels. Köln 1997.
53. KONDYLIS, Panajotis, Konservativismus. Geschichtlicher Gehalt und Untergang. Stuttgart 1986.
54. KOSELLECK, Reinhart u. a., Art.: Adel, in: Geschichtliche Grundbegriffe. Historisches Lexikon zur politisch-sozialen Sprache in Deutschland, hg. v. O. Brunner u. a., Bd. 1. Stuttgart 1972, 1–48.
55. KOSELLECK, Reinhart, Preußen zwischen Reform und Revolution 1791–1848. Stuttgart 1967 (Neudruck München ^{5}1989).
56. KÜTTLER, Wolfgang, Zu den Kriterien einer sozialen Typologie des Junkertums im System des deutschen Imperialismus vor 1917, in: ZfG 27, 1979, 721–735.
57. Lieven, Dominic, The Aristocracy in Europe, 1815–1914. New York 1993 (deutsch: Abschied von Macht und Würden. Der europäische Adel 1815–1914. Frankfurt a. M. 1995).
58. MAYER, Arno J., Adelsmacht und Bürgertum. Die Krise der europäischen Gesellschaft 1848–1914. München 1984 (New York 1981).
59. MICHELS, Robert, Zum Problem der zeitlichen Widerständigkeit des Adels, in: ders., Probleme der Sozialphilosophie. Leipzig 1914, 132–158.
60. MICHELS, Robert, Adel und Aristokratie, in: März – Eine Wochenschrift, 7. Jg., Heft 28, 60–64.
61. MOSSE, Werner, Adel und Bürgertum im Europa des 19. Jahrhunderts. Eine vergleichende Betrachtung, in: Jürgen Kocka (Hg.), Bürgertum im 19. Jahrhundert. Deutschland im europäischen Vergleich, Band 2. München 1988, 276–313.

62. OEXLE, Otto Gerhard, Aspekte der Geschichte des Adels im Mittelalter und in der Frühen Neuzeit, in: [90], 19–56.
63. PEDLOW, Gregory W., Der kurhessische Adel im 19. Jahrhundert – Eine anpassungsfähige Elite, in: [67], 271–284.
64. PEDLOW, Gregory W., The Survival of the Hessian Nobility 1770–1870. Princeton 1988.
65. PRERADOVICH, Nikolaus v., Die Führungsschichten in Österreich und Preußen (1804–1918). Wiesbaden 1955.
66. PRESS, Volker, Adel im 19. Jahrhundert. Die Führungsschichten Alteuropas im bürgerlichen Zeitalter, in: [67], 1–19.
67. REDEN-Dohna, Armgard v. u. Melville, Ralph (Hg.), Der Adel an der Schwelle des bürgerlichen Zeitalters 1780–1860. Stuttgart 1988.
68. Reif, Heinz (Hg.), Ostelbische Agrargesellschaft in Kaiserreich und Republik. Agrarkrise, junkerliche Interessenpolitik, Modernisierungsstrategien. Berlin 1994.
69. REIF, Heinz, Der Adel in der modernen Sozialgeschichte, in: Wolfgang Schieder u. Volker Sellin (Hg.), Sozialgeschichte in Deutschland IV. Göttingen 1987, 34–60.
70. REIF, Heinz, La noblesse et la formation des élites en Allemagne aux XIXe et XX siècles, in: Les élites, Bulletin du Centre Pierre Léon d'Histoire Écónomique et Sociale. Lyon 1995, Nr. 4, 13–24.
71. REIF, Heinz, Westfälischer Adel 1770–1860. Vom Herrschaftsstand zur regionalen Elite. Göttingen 1979.
72. ROGALLA V. BIEBERSTEIN, Johannes, Adelsherrschaft und Adelskultur in Deutschland. Frankfurt a. M. 1989.
73. ROSENBERG, Hans, Bureaucracy, Aristocracy and Autocracy. The Prussian Experience 1660–1815. Boston 1966.
74. ROSENBERG, Hans, Die Pseudodemokratisierung der Rittergutsbesitzerklasse, in: [75], 83–101.
75. ROSENBERG, Hans, Machteliten und Wirtschaftskonjunkturen. Studien zur neueren Sozial- und Wirtschaftsgeschichte. Göttingen 1978.
76. SCHIER, Rolf, Standesherren. Zur Auflösung der Adelsvorherrschaft in Deutschland (1815–1918). Karlsruhe 1978.
77. SCHISSLER, Hanna, Die Junker. Zur Sozialgeschichte und historischen Bedeutung der agrarischen Elite in Deutschland, in: Hans-Jürgen Puhle u. Hans-Ulrich Wehler (Hg.), Preußen im Rückblick. Göttingen 1980, 89–122.
78. SCHISSLER, Hanna, Preußische Agrargesellschaft im Wandel. Wirtschaftliche, gesellschaftliche und politische Transformationsprozesse von 1763 bis 1847. Göttingen 1978.

79. SCHUMPETER, Josef, Die sozialen Klassen im ethnisch homogenen Milieu, in: ASS 57, 1927, 1–67.
80. SCHWENTKER, Wolfgang, Die alte und die neue Aristokratie. Zum Problem von Adel und bürgerlicher Elite in den deutschen Sozialwissenschaften (1900–1930), in: Les Noblesses Européennes au XIXe siècles. Mailand 1988, 659–684.
81. SIMMEL, Georg, Exkurs über den Adel, in: ders., Soziologie. Leipzig 1908, 732–746.
82. SPENKUCH, Hartwin, Das preußische Herrenhaus. Adel und Bürgertum in der Ersten Kammer des Landtages 1854–1918. Düsseldorf 1998.
83. STEGLICH, Walter, Beitrag zur Problematik des Bündnisses zwischen Junker und Bourgeoisie in Deutschland 1870 bis 1880, in: WZ der Humboldt-Universität zu Berlin, GR 9, 1959/60, 323–340.
84. STEKL, Hannes, Österreichs Aristokratie im Vormärz. Herrschaftsstil und Lebensformen der Fürstenhäuser Liechtenstein und Schwarzenberg. München 1973.
85. STERN, Fritz, Prussia, in: David Spring, European Landed Elites in the Nineteenth Century. Baltimore 1977, 45–67.
86. STOLBERG-WERNIGERODE, Otto Graf zu, Die unentschiedene Generation. Deutschlands konservative Führungsschichten am Vorabend des Ersten Weltkrieges. München 1968.
87. TÖNNIES, Ferdinand, Deutscher Adel im neunzehnten Jahrhundert, in: Die Neue Rundschau 2, 1912, 1041–1063.
88. TRESKOW, Rüdiger v., Adel in Preußen: Anpassung und Kontinuität einer Familie 1800–1918, in: GG 17, 1991, 344–369.
89. VIERHAUS, Rudolf, Vom aufgeklärten Absolutismus zum monarchischen Konstitutionalismus. Der deutsche Adel im Spannungsfeld von Revolution, Reform und Restauration (1789–1848), in: [47], 119–136.
90. WEHLER, Hans-Ulrich (Hg.), Europäischer Adel 1750–1950. Göttingen 1990.
91. WEHLER, Hans-Ulrich, Deutsche Gesellschaftsgeschichte, Bd. 2 und 3. München 1994 u. 1995.
92. WEIS, Eberhard (Hg.), Reformen im rheinbündischen Deutschland. München 1984.
93. ZILLICH, Reinhold, „Junker" als historische Kategorie bei Karl Marx und Friedrich Engels, in: ZfG 12, 1981, 1140–1147.
94. ZORN, Wolfgang, Unternehmer und Aristokratie in Deutschland. Ein Beitrag zur Geschichte des sozialen Stils und Selbstbewußt-

seins in der Neuzeit, in: Tradition. Zeitschrift für Firmengeschichte und Unternehmerbiographie 8, 1963, 241–254.
95. ZUNKEL, Friedrich, Art.: Ehre, Reputation, in: Geschichtliche Grundbegriffe. Historisches Lexikon zur politisch-sozialen Sprache in Deutschland, Bd. 2. Stuttgart 1975, 1–63.

1. Grundzüge der Adelsstruktur zu Beginn des 19. Jahrhunderts

96. BADER, Karl Siegfried, Zur Lage und Haltung des schwäbischen Adels am Ende des alten Reiches, in: ZWLG 5, 1941, 335–389.
97. DEMEL, Walter, Adelsstruktur und Adelspolitik in der ersten Phase des Königreichs Bayern, in: [92], 213–228.
98. DEMEL, Walter, Der bayerische Adel von 1750 bis 1871, in: [90], 126–143.
99. DIPPER, Christof, Die Reichsritterschaft in napoleonischer Zeit, in: [92], 53–74.
100. FEHRENBACH, Elisabeth, Das Erbe der Rheinbundzeit: Macht- und Privilegienschwund des badischen Adels zwischen Restauration und Vormärz, in: AfS 23, 1983, 99–122.
101. FEHRENBACH, Elisabeth, Der Adel in Frankreich und Deutschland im Zeitalter der Französischen Revolution, in: Helmut Berding u. a. (Hg.), Deutschland und Frankreich im Zeitalter der Französischen Revolution. Frankfurt a. M. 1989, 177–215.
102. KOENIG-WARTHAUSEN, Wilhelm Frhr. v., Palatinat und Beamtenadel im Schwäbischen Kreis am Ende des alten Reichs, in: ZWLG 28, 1959, 125–142.
103. KOLLMER, Gert, Die wirtschaftliche und soziale Lage der Reichsritterschaft im Ritterkanton Neckar-Schwarzwald 1648–1805, in: Franz Quarthal (Hg.), Zwischen Schwarzwald und Schwäbischer Alb. Das Land am oberen Neckar. Sigmaringen 1984, 285–301.
104. MARTINY, Fritz, Die Adelsfrage in Preußen vor 1806 als politisches und soziales Problem. Stuttgart 1938.
105. SCHILLER, René, „Edelleute müssen Güther haben, Bürger müssen die Elle gebrauchen". Friderizianische Adelsschutzpolitik und die Folgen, in: Wolfgang Neugebauer u. Ralf Pröve (Hg.), Agrarische Verfassung und politische Struktur. Berlin 1998, 257–286.
106. SCHWENKE, Elsbeth, Friedrich der Große und der Adel. Diss. phil. Berlin 1911.
107. VETTER, Klaus, Der brandenburgische Adel und der Beginn der bürgerlichen Umwälzung in Deutschland, in: [67], 285–303.
108. WAECHTER, Eberhard Frhr. v., Die letzten Jahre der deutschen

Reichsritterschaft, in: Württembergische Vierteljahreshefte 40, 1934, 243–289.
109. WEITZ, Reinhold K., Die preußische Rheinprovinz als Adelslandschaft, in: RhVjbll 38, 1974, 333–353.
110. WINKELMANN-HOLZAPFEL, Brigitte, Besitzungen und Organisation der Ballwanz Reichsritterschaft im hessischen Raum am Ende des Alten Reiches, in: HessJbLG 11, 1961, 136–226.
111. WUNDER, Bernd, Der württembergische Personaladel (1806–1913), in: ZWLG 40, 1981, 494–518.

2. Landbindung, Landbesitz, Vermögen

112. ACHILLES, Walter, Die Wechselbeziehungen zwischen Industrie und Landwirtschaft, in: H. Pohl (Hg.), Sozialgeschichtliche Probleme der Industrialisierung, 57–101.
113. AUGUSTINE, Dolores L., Patricians and Parvenus. Wealth and High Society in Wilhelmine Germany. Oxford/ Providence 1994.
114. BALLWANZ (-BUCHSTEINER), Ilona, Zu den Veränderungen in der sozialökonomischen Basis der Junker zwischen 1895 und 1907, in: ZfG 27, 1979, 759–762.
115. BERDAHL, Robert M., Junker and Burgher: Conflicts Over the Purchase of Rittergüter in the Early Nineteenth Century, in: Mentalitäten und Lebensverhältnisse: Beispiele aus der Sozialgeschichte der Neuzeit. Rudolf Vierhaus zum 60. Geburtstag. Göttingen 1982, 160–172.
116. BRUCHHOLD-WAHL, Hannelore, Die Krise des Großgrundbesitzes und die Güterankäufe der Ansiedlungskommission in der Provinz Posen, in den Jahren 1886–1898. Diss. phil. Münster 1980.
117. BUCHSTEINER, Ilona, Adel und Bodeneigentum – Wandlungen im 19. Jahrhundert, in: Wolfgang Neugebauer u. Ralf Pröve (Hg.), Agrarische Verfassung und politische Struktur. Berlin 1998, 37–64.
118. BUCHSTEINER, Ilona, Großgrundbesitz in Pommern 1871–1914. Ökonomische, soziale und politische Transformation der Großgrundbesitzer. Berlin 1993.
119. BUCHSTEINER, Ilona, Wirtschaftlicher und sozialer Wandel in ostdeutschen Gutswirtschaften vor 1914, in. AfS 36, 1996, 85–109.
120. CONRAD, Johannes, Agrarstatistische Untersuchungen. Die Latifundien im preußischen Osten, in: JNS NF, Bd. 16, 1888, 121–170.
121. DEMEL, Walter, Die wirtschaftliche Lage des bayerischen Adels in den ersten Jahrzehnten des 19. Jahrhunderts, in: [67], 237–270.

122. EDDIE, Scott M., The Distribution of Landed Properties by Value and Area: A Methodological Essay based on Prussian Data, 1886–1913, in: Journal of Income Distribution 3, 1993, 101–140.
123. EICHHOLTZ, Dietrich, Junker und Bourgeoisie vor 1848 in der preußischen Eisenbahngeschichte. Berlin (DDR) 1962.
124. FLÜGEL, Axel, Der Rittergutsbesitz des Adels im Königreich Sachsen im 19. Jahrhundert, in: [52], 71–88.
125. FLÜGEL, Axel, Rittergutsbesitz und Ämterbesetzung des Adels im Königreich Sachsen im 19. Jahrhundert, in: [150], 325–344.
126. FLÜGEL, Axel, Sozialer Wandel und politische Reform in Sachsen. Rittergüter und Gutsbesitzer im Übergang von der Landeshoheit zum Konstitutionalismus 1763–1843, in: Tenfelde, Klaus u. Wehler, Hans-Ulrich (Hg.), Wege zur Geschichte des Bürgertums. Göttingen 1994, 36–56.
127. FUCHS, Konrad, Wirtschaftliche Führungsschichten in Schlesien 1850–1914, in: ders., Wirtschaftsgeschichte Oberschlesiens 1871–1945, Aufsätze. Dortmund 1981, 92–117.
128. HAGEN, William W., Working for the Junker: The Standard of Living of Manorial Laborers in Brandenburg, 1584–1810, in: JModH 58, 1986, 143–158.
129. HERZ, Hans, Zur ökonomisch-sozialen Entwicklung von Adel und Junkertum in Preußen nach der Revolution von 1848/49 bis 1870/71, in: ZfG 31, 1983, 523–537.
130. HESS, Klaus, Junker und bürgerliche Großgrundbesitzer im Kaiserreich. Landwirtschaftlicher Großbetrieb, Großgrundbesitz und Familienfideikommiß in Preußen (1867/71–1914). Stuttgart 1990.
131. HESS, Klaus, Zur wirtschaftlichen Lage der Großagrarier im ostelbischen Preußen 1867/71 bis 1914, in: [68], 157–172.
132. JATZLAUK, Manfred, Agrarstatistische Untersuchungen über die Entwicklung der landwirtschaftlichen Großbetriebe in Deutschland zwischen den beiden Weltkriegen, in: WZ der Wilhelm-Pieck-Universität Rostock, GR 38, 1989, 36–42.
133. KELLER, Michael, Entstehung und Abbau von in Lohnarbeit betriebenen adligen Gutswirtschaften in Oberhessen im 19. Jahrhundert, in: Land, Agrarwirtschaft und Gesellschaft. Zeitschrift für Land- und Agrarsoziologie 2, 1985, 313–345.
134. KLUGE, Helmut, Auswärtige Besitzungen des südwestdeutschen Hochadels im 18. und 19. Jahrhundert, in: Neue Beiträge zur südwestdeutschen Landesgeschichte. Fschr. für Max Miller. Stuttgart 1962, 309–316.

135. LAUBNER, Jürgen, Zwischen Industrie und Landwirtschaft. Die oberschlesischen Magnaten – Aristokratische Anpassungsfähigkeit und „Krisenbewältigung", in: [68], 251–266.
136. MOELLER, Robert G. (Hg.), Peasants and Lords in Modern Germany. Recent Studies in Agricultural History. Winchester, Mass. 1986.
137. Pierenkemper, Toni, Unternehmeraristokraten in Schlesien, in: [36], 129–158.
138. RISTAU, Bernd, Adlige Interessenpolitik in Konjunktur und Krise. Ein Beitrag zur Geschichte der landschaftlichen Kreditkasse Ostpreußens 1788–1835, in: Denkhorizonte und Handlungsspielräume. Historische Studien für Rudolf Vierhaus zum 70. Geburtstag. Göttingen 1992, 197–234.
139. SCHILLER, René, Vom Domänenvorwerk zum Rittergut. Die Domänenveräußerungen in der Kurmark in der ersten Hälfte des 19. Jhdts., in: JbBrandLG 47, 1996, 86–104.
140. SCHREMMER, Eckart, Agrareinkommen und Kapitalbildung im 19. Jahrhundert in Südwestdeutschland, in: JNS 176, 1964, 196–240.
141. SEIFFERT, Herbert, Die Entwicklung der Familie von Alvensleben zu Junkerindustriellen, in: JbWG 1963, 209–243.
142. STEITZ, Walter, Feudalwesen und Staatssteuersysteme, Bd. 1: Die Realbesteuerung der Landwirtschaft in den südwestdeutschen Staaten im 19. Jahrhundert. Göttingen 1976.
143. STEPINSKI, Wlodzimierz, Die Pommersche Landschaft und die Junker in der Agrarkrise der zwanziger Jahre des 19. Jahrhunderts, in: Agrargeschichte 1990, 23–33.
144. STEPINSKI, Wlodzimierz, Pommerscher Adel und die preußische Agrarreform. Zum ökonomischen und sozialen Wandel der preußischen Aristokratie im 19. Jahrhundert in: WZ der Universität Rostock, GR 39, 1990, 13–32.
145. STERN, Fritz, Gold und Eisen. Bismarck und sein Bankier Bleichröder. Frankfurt a. M. 1977.
146. STUTZER, Dietmar, Die Ertrags- und Lohnverhältnisse in den landwirtschaftlichen Betrieben der Familie von Eichendorff in Oberschlesien um 1800, in: ZfO 28, 1979, 1–27.
147. WINKEL, Harald, Die Ablösungskapitalien aus der Bauernbefreiung in West- und Süddeutschland. Höhe und Verwendung bei Standes- und Grundherren. Stuttgart 1968.
148. WINKEL, Harald, Kapitalquellen und Kapitalverwendung am Vorabend des industriellen Aufschwungs in Deutschland, in: Schmollers Jahrbuch 90, 1970, 275–301.

149. WISCHERMANN, Clemens, Zur Industrialisierung des deutschen Braugewerbes im 19. Jahrhundert. Das Beispiel der reichsgräflich zu Stolbergschen Brauerei Westheim in Westfalen 1860–1913, in: ZUG 30, 1985, 143–180.

3. Vom Amt zur Profession

150. ADAMY, Kurt u. Hübener, Kristina (Hg.), Adel und Staatsverwaltung in Brandenburg im 19. und 20. Jahrhundert. Ein historischer Vergleich. Berlin 1996.
151. ADAMY, Kurt u. Hübener, Kristina, „Ein echter Sohn der Mark!" Joachim von Winterfeldt-Menkin (1865–1945) – Landesdirektor und Kulturförderer der Provinz Brandenburg, in: JbGMOD 41, 181–195.
152. BALD, Detlef, Der deutsche Generalstab 1859–1939. München 1979.
153. BALD, Detlev, Vom Kaiserheer zur Bundeswehr. Sozialstruktur des Militärs: Politik der Rekrutierung von Offizieren und Unteroffizieren. Frankfurt a. M. 1981.
154. BEHREND, Hans-Karl, Zur Personalpolitik des preußischen Ministeriums des Innern. Die Besetzung der Landratsstellen in den östlichen Provinzen 1919–1933, in: JbGMOD 6, 1957, 173–214.
155. BLASCHKE, Karlheinz, Hof und Hofgesellschaft im Königreich Sachsen während des 19. Jahrhunderts, in: [310], 177–206.
156. BLESSING, Werner K., Zur kulturellen Bedeutung des Militärs im Bayern des 19. Jahrhunderts, in: GG 17, 1991, 459–479.
157. Bonin, Henning v., Adel und Bürgertum in der höheren Beamtenschaft der preußischen Monarchie, in: JbGMOD 15, 1966, 139–174.
158. BUCHSTEINER, Ilona, Kontinuität und Wandel in der Sozialstruktur der Landräte Pommerns zwischen Reichsgründung und Erstem Weltkrieg, in: [150], 367–388.
159. BÜSCH, Otto, Militärsystem und Sozialleben im alten Preußen 1713–1807. Die Anfänge der sozialen Militarisierung der preußisch-deutschen Gesellschaft. Berlin 1962.
160. CARSTEN, Francis L., Germany. From Scharnhorst to Schleicher: the Prussian Officer Corps in Politics, 1806–1933, in: Michael Howard (Hg.), Soldiers and Governments. Nine Studies in Civil-Military Relations. London 1957, 73–98.
161. CECIL, Lamar, The German Diplomatic Service 1871–1914. Princeton 1976.

162. DEIST, Wilhelm, Militär, Staat und Gesellschaft. Studien zur Preußisch-Deutschen Militärgeschichte. München 1991.
163. DEMETER, Karl, Das deutsche Offizierskorps in Gesellschaft und Staat 1650–1945. Frankfurt a. M. 1962.
164. DULLINGER, Stephanie, Kämpfen ums Obenbleiben. Ausbildung, Berufswege und Berufserfolg des Adels in Deutschland 1871–1914. Masch. Staatsexamensarbeit. Berlin 1996.
165. EIFERT, Christiane, Zum Wandel einer Funktionselite. Brandenburgische Landräte im 19. Jahrhundert in: [150] , 41–66.
166. ENDRES, Franz Carl, Soziologische Struktur und ihr entsprechende Ideologien des deutschen Offizierskorps vor dem Weltkriege, in: ASS 58, 1927, 282–319.
167. FÖRSTER, Stig, Alter und neuer Militarismus im Kaiserreich, in: Jost Dülffer u. Karl Holl (Hg.) Bereit zum Krieg. Göttingen 1986, 122–145.
168. FRIEDEBURG, Robert v., Adel, Staat und ländliche Gesellschaft in den neupreußischen Gebieten: Das Beispiel des ehemaligen Kurhessen (1867–1914), in: [150], 345–366.
169. GEYER, Michael, Professionals and Junkers: German Rearmament and Politics in the Weimar Republic, in: Richard Bessel u. E.J. Feuchtwanger (Hg.), Social Change and Political Development in Weimar Germany. London 1984, 77–133.
170. GEYER, Michael, The Past as Future: The German Officer Corps as Profession, in: G. Cocks u. K.H. Jarausch (Hg.), German Professions, 1800–1950. New York 1990, 183–212.
171. GILLIS, John R., The Prussian Bureaucracy in Crisis 1840–1860. Origins of an Administrative Ethos. Stanford 1971.
172. GILLIS, John R., Aristocracy and Bureaucracy in Nineteenth Century Prussia, in: P&P 41, 1968, 115–129.
173. GÖSE, Frank, Zwischen Garnison und Rittergut. Aspekte der Verknüpfung von Adelsforschung und Militärgeschichte am Beispiel Brandenburg-Preußens, in: Ralf Pröve (Hg.), Clio in Uniform? Probleme und Perspektiven einer modernen Militärgeschichte der frühen Neuzeit. Köln 1997, 109–142.
174. GRUNER, Wolf D., Das bayerische Heer 1825 bis 1864. Boppard 1972
175. HENNING, Hansjoachim, Die deutsche Beamtenschaft im 19. Jahrhundert. Stuttgart 1984.
176. HERWIG, Holger Heinrich, The German Naval Officer Corps. Hamburg 1977.

177. HOFMANN, Hanns Hubert (Hg.), Das deutsche Offizierskorps 1860 bis 1960. Boppard a.Rh. 1980.
178. KROENER, Bernhard R., Generationserfahrungen und Elitenwandel. Strukturveränderungen im deutschen Offizierskorps 1933–1945, in: [217] Bd 1., 219–234.
179. MARTIN, G., Die bürgerlichen Exellenzen. Zur Sozialgeschichte der preußischen Generalität 1812–1918. Düsseldorf 1978.
180. MESSERSCHMIDT, Manfred, Preußens Militär in seinem gesellschaftlichen Umfeld, in: Hans-Jürgen Puhle u. Hans-Ulrich Wehler (Hg.), Preußen im Rückblick, in: Geschichte und Gesellschaft, Sonderheft 6. Göttingen 1980, 43–88.
181. MORSEY, Rudolf, Die oberste Reichsverwaltung unter Bismarck 1867–1890. Münster 1957.
182. MÜLLER, Klaus-Jürgen, Armee und Drittes Reich 1933–1939. Paderborn 1987.
183. MUNCY, Lysbeth W., The Junker in the Prussian Administration under William II, 1888–1914. New York 1970.
184. MUNCY, Lysbeth W., The Junkers and the Prussian Administration from 1918 to 1939, in: RevPol 9, 1947, 482–501.
185. OSTERTAG, Heiner, Bildung, Ausbildung und Erziehung des Offizierkorps im Deutschen Kaiserreich 1871–1918. Eliteideal, Anspruch und Wirklichkeit. Frankfurt a. M. 1990.
186. RUMSCHÖTTEL, Hermann, Bildung und Herkunft der bayerischen Offiziere 1866 bis 1914. Zur Geschichte von Mentalität und Ideologie des bayerischen Offizierskorps, in: MGM 8, 1970, 81–131.
187. RUMSCHÖTTEL, Hermann, Das bayerische Offizierskorps 1866–1914. Berlin 1973.
188. RUNGE, Wolfgang, Politik und Beamtentum im Parteienstaat. Die Demokratisierung der politischen Beamten in Preußen zwischen 1918 und 1933. Stuttgart 1965.
189. Schadewitz, Gerd, Das Amt des preußischen Landesdirektors (Landeshauptmanns) in seiner historischen Entwicklung, in: [150], 121–144.
190. SCHWABE, Klaus (Hg.), Das diplomatische Korps 1871–1945. Boppard a. Rh. 1985.
191. SCHWABE, Klaus (Hg.), Die preußischen Oberpräsidenten 1815–1945. Boppard a.Rh. 1985.
192. TREICHEL, Eckhardt, Adel und Bürokratie im Herzogtum Nassau 1806–1866, in: [36], 45–66.
193. TRUMPENER, Ulrich, Junkers and Others: The Rise of Commoners

in the Prussian Army, 1871–1914, in: Can. Journal of History 14, 1979, 23–47.
194. Waldenfels, Otto Freiherr v., Die Edelknaben der Churfürstlich und Königlich Bayerischen Pagerie von 1799–1918. München 1959.
195. WUNDER, Bernd, Adel und Verwaltung. Das Beispiel Süddeutschland (1806–1914), in: [150], 241–266.

4. Der Adel in der bürgerlichen Gesellschaft

196. ACHILLES, Walter, Die Wechselbeziehungen zwischen Industrie und Landwirtschaft, in: H.Pohl (Hg.), Sozialgeschichtliche Probleme in der Zeit der Hochindustrialisierung 1870–1914. Paderborn 1979, 57–101.
197. Aretin, Karl Otmar v., Der Adel als politische Elite in: [217] Bd. 1., 33–44.
198. BERGHOFF, Hartmut, Aristokratisierung des Bürgertums? Zur Sozialgeschichte der Nobilitierung von Unternehmern in Preußen und Großbritannien 1870 bis 1918, in: VSWG 81, 1994, 178–204.
199. BOWMAN, Shearer Davis, Antebellum Planters and Vormärz Junkers in Comparative Perspective, in: AHR 85, 1980, 779–808.
200. Bramsted, Ernest K., Aristocracy and the Middle-Classes in Germany. Social Types in German Literature 1830–1900. Salzburg 1949.
201. Brunner, Max, Die Hofgesellschaft. Die führende Gesellschaftsschicht Bayerns während der Regierungszeit König Maximilians II. München 1987.
202. BRUNNER, Max, König Maximilian II. und die Standesherren, in: Haus der Bayerischen Geschichte (Hg.), König Maximilian II. von Bayern 1848–1864. Rosenheim 1988.
203. BRUNNER, Reinhold, Landadliger Alltag und primäre Sozialisation in Ostelbien am Ende des 19. Jahrhunderts, in: ZfG 39, 1991, 995–1011.
204. BUCHHOLZ, Stephan, Standesungleichheit als Ehehindernis im 19. Jahrhundert, in: Aspekte europäischer Rechtsgeschichte. Festgabe für Helmut Coing. Frankfurt a.M. 1982, 29–64.
205. CECIL, Lamar, The Creation of Nobles in Prussia, 1871–1918, in: AHR 75, 1969/70, 757–795.
206. CONRAD, Johannes, Die Fideikommisse in den östlichen Provinzen Preußens. Tübingen 1889.

207. ECKARDT, Hans Wilhelm, Herrschaftliche Jagd, bäuerliche Not und bürgerliche Kritik. Zur Geschichte der fürstlichen und adligen Jagdprivilegien vornehmlich im südwestdeutschen Raum. Göttingen 1976.
208. ECKERT, Jörn, Der Kampf um die Familienfideikommisse in Deutschland. Frankfurt a. M. 1992.
209. Eltz, E. H., Die Modernisierung einer Standesherrschaft. Karl Egon III. und das Haus Fürstenberg in den Jahren nach 1848/49. Sigmaringen 1980.
210. ENGELBRECHT, Jörg, Adlige Familienkonflikte am Ende des 18. Jahrhunderts. Das „Journal d'amour" der Luise von Hompesch aus den Jahren 1797/1798, in: RhVjbll 53, 1989, 152–177.
211. FREVERT, Ute, Bürgerlichkeit und Ehre. Zur Geschichte des Duells in England und Deutschland, in: Jürgen Kocka (Hg.), Bürgertum im 19. Jahrhundert. Deutschland im europäischen Vergleich, Bd. 3. München 1988, 101–140.
212. FREVERT, Ute, Die Ehre der Bürger im Spiegel ihrer Duelle. Ansichten des 19. Jahrhunderts, in: HZ 249, 1989, 545–582.
213. GALL, Lothar, Adel, Verein und städtisches Bürgertum, in: [36], 29–44.
214. HENNING, Hansjoachim, „Noblesse oblige?" Fragen zum ehrenamtlichen Engagement des deutschen Adels 1870–1914, in: VSWG 79, 1992, 305–340.
215. HERDT, Gisela, Der württembergische Hof im 19. Jahrhundert. Studien über das Verhältnis zwischen Königtum und Adel in der absoluten und konstitutionellen Monarchie. Diss. phil. Göttingen 1970.
216. HIRSCHMANN, Gerhard, Das Nürnberger Patriziat im Königreich Bayern 1806–1918. Eine sozialgeschichtliche Untersuchung. Nürnberg 1971.
217. HUDEMANN, Rainer, u. Soutou, Georges-H. (Hg.), Eliten in Deutschland und Frankreich im 19. und 20. Jahrhundert. Strukturen und Beziehungen, Band 1. München 1994; Bd. 2. München 1996.
218. HULL, Isabel V., The Entourage of Kaiser Wilhelm II. 1888–1918. Cambridge UP 1982.
219. KALM, Harald v., Adel und Duell im Wilhelminismus, in: AKG 76, 1994, 389–414.
220. KELL, Eva, Bürgertum und Hofgesellschaft. Zur Rolle „bürgerlicher Höflinge" an kleineren deutschen Fürstenhöfen (1780–1860), in: [36], 187–202.

221. KRAUS, Hans-Christof, Bürgerlicher Aufstieg und adliger Konservatismus. Zur Sozial- und Mentalitätsgeschichte einer preußischen Familie im 19. Jahrhundert, in: AKG 74, 1992, 191–225.
222. Matzerath, Josef, „dem Gantzen Geschlechte zum besten". Die Familienverträge des sächsischen Adels vom 16. bis zum 19. Jahrhundert, in: [52], 291–320.
223. MATZERATH, Josef, Adel im Übergang: Die gesellschaftliche Stellung des niederen sächsischen Adels vor dem Ersten Weltkrieg, in: S. Lässig u. K.H.Pohl (Hg.), Sachsen im Kaiserreich. Politik, Wirtschaft und Gesellschaft im Umbruch. Dresden 1997, 271–297.
224. MATZERATH, Josef, Sächsische Ritterschaft im 18. und 19. Jahrhundert, in: NArchSächsG 64, 1993, 61–74.
225. MC ALEER, Kevin, Dueling. The Cult of Honor in Fin de Siècle Germany. Princeton UP 1994.
226. Mecklenburg und das Reich in feudaler und bürgerlicher Gesellschaft – Agrargeschichte, Sozialgeschichte, Regionalgeschichte – Teil 2, Fschr. Gerhard Heitz zum 65. Geburtstag (= Agrargeschichte, Heft 24). Rostock 1990.
227. MÖCKL, Karl, Der deutsche Adel und die fürstlich-monarchischen Höfe 1750–1918, in: [310], 96–111.
228. MÜLLER, Dirk, Feudale und bürgerliche Eigentumsformen des adligen Grundbesitzes Brandenburgs und Pommerns im 18. und 19. Jahrhundert. Mskr. 1998.
229. MÜLLER, Hans-Heinrich, Bauern, Pächter und Adel im alten Preußen, in: JbWG 1966, 259–277.
230. MÜLLER, Hans-Heinrich, Pächter und Güterdirektoren. Zur Rolle agrarwissenschaftlicher Intelligenzgruppen in der ostelbischen Landwirtschaft des Kaiserreichs, in: [68], 267–285.
231. PALETSCHEK, Sylvia, Adlige und bürgerliche Frauen (1770–1870), in: [47], 159–186.
232. PETER, Klaus, Adel und Revolution als Thema der Romantik, in: [47], 197–218.
233. PHILIPPI, Hans, Der Hof Kaiser Wilhelms II., in: [310], 361–394.
234. REIF, Heinz, „Erhaltung adligen Stamms und Namens" – Adelsfamilie und Statussicherung im Münsterland 1770–1914, in: Neithard Bulst u.a. (Hg.), Familie zwischen Tradition und Moderne. Studien zur Geschichte der Familie in Deutschland und Frankreich vom 16. bis zum 20. Jahrhundert. Göttingen 1981, 275–309.
235. REIF, Heinz, Väterliche Gewalt und kindliche „Narretei" – Familienkonflikte im katholischen Adel Westfalens vor der Französi-

schen Revolution, in: ders.(Hg.), Die Familie in der Geschichte. Göttingen 1982, 82–113.
236. ROEHL, John C.G., Kaiser, Hof und Staat. Wilhelm II. und die deutsche Politik. München 1988.
237. STEIN, Hans-Konrad, Der preußische Geldadel des 19. Jahrhunderts. Untersuchungen zur Nobilitierungspolitik der preußischen Regierung und zur Anpassung der oberen Schichten des Bürgertums an den Adel, 2 Bde. Diss. phil. Hamburg 1982.
238. STERNKIKER, Edwin, Adel und Fideikommiß in Preußen, in: [226], 41–51.
239. ULLMANN, Hans-Peter, Nobilitierte Bankiers in Deutschland an der Wende vom 18. zum 19. Jahrhundert, in: [36], 83–94.
240. WEBER, Hartmut, Die Fürsten von Hohenlohe im Vormärz. Politische und soziale Verhaltensweisen württembergischer Standesherren in der ersten Hälfte des 19. Jahrhunderts. Schwäbisch Hall 1977.
241. WEBER, Max, Agrarstatistische und sozialpolitische Betrachtungen zur Fideikommissfrage in Preußen, in: ASS NF 19,1904, 503–574.
242. WEHKING, Sabine, Zum politischen und sozialen Selbstverständnis preußischer Junker 1871–1914, in: BlldeLG NF 121, 1985, 395–448.
243. WERNER, Karl Ferdinand (Hg.), Hof, Kultur und Politik im 19. Jahrhundert. Bonn 1985.

5. Adel und Politik im 19./20. Jahrhundert

244. ANDERSON, Margaret Lavinia, Voter, Junker, Landrat, Priest: The Old Authorities and the New Franchise in Imperial Germany, in: AHR 98, 1993, 1448–1474.
245. ARETIN, Karl Otmar v., Der bayerische Adel. Von der Monarchie zum Dritten Reich, in: Broszat, Martin u. a. (Hg.), Bayern in der NS-Zeit, Bd. III. München 1981, 513–567.
246. ARETIN, Karl Otmar v., Die bayerische Regierung und die Politik der bayerischen Monarchisten in der Krise der Weimarer Republik 1930–1933, in: Fschr. für Hermann Heimpel zum 70. Geburtstag, hg.v. d. Mitarbeitern des Max-Planck-Instituts für Geschichte, Bd. 1. Göttingen 1971, 205–237.
247. ARETIN, Karl Otmar v., Die Falle für den Grafen, in: Broszat, Martin u. a. (Hg.), Bayern in der NS-Zeit, Bd. VI. München 1983, 209–227.

248. Asmus, Helmut, Rheinpreußische Bourgeoisliberale und ostpreußische Junkerliberale in ihrer Haltung zu den werktätigen Massen am Vorabend der Revolution von 1848/49, in: JBPg 37/38, 1976, 77–91.
249. BADE, Klaus J., Politik und Ökonomie der Ausländerbeschäftigung im preußischen Osten 1885–1914, in: H. J. Puhle u. H.-U. Wehler (Hg.), Preußen im Rückblick. Göttingen 1980, 273–299.
250. BARANOWSKI, Shelley, The Sanctity of Rural Life. Nobility, Protestantism, and Nazism in Weimar Prussia. Oxford UP 1995.
251. Barclay, David E., „Anarchie und guter Wille". Friedrich Wilhelm IV. und die preußische Monarchie. Berlin 1995.
252. BARCLAY, David E., Hof und Hofgesellschaft in Preußen in der Zeit Friedrich Wilhelms IV. (1840–1857), in: [310], 321–360.
253. BARCLAY, David E., The Soldiers of an Unsolderly King: The Military Advisers of Frederick William IV., 1840–1858, in: Wilhelm Treue (Hg.), Geschichte als Aufgabe. Fschr. für Otto Büsch. Berlin 1988, 247–266.
254. BECKER, Gerhard, Die Beschlüsse des preußischen Junkerparlaments von 1848, in: ZfG 24, 1976, 889–918.
255. BERDAHL, Robert M., Conservative Politics and Aristocratic Landholders in Bismarckian Germany, in: JModH 44, 1972, 1–20.
256. BERDAHL, Robert M., Preußischer Adel: Paternalismus als Herrschaftssystem, in: Hans-Jürgen Puhle u. Hans-Ulrich Wehler (Hg.), Preußen im Rückblick. Göttingen 1980, 123–145.
257. BERNDT, Roswitha, Monarchistisch-restaurative Organisationen im Kampf gegen die bürgerlich-parlamentarische Staatsform der Weimarer Republik, in: JBPg 43, 1978, 15–27.
258. BIRTSCH, Günter, Zur sozialen und politischen Rolle des deutschen, vornehmlich preußischen Adels am Ende des 18. Jahrhunderts, in: R. Vierhaus (Hg.), Der Adel vor der Revolution. Göttingen 1971, 77–95.
259. BLEIBER, Helmut, Die Haltung von Gutsherren, Behörden und Bürgertum zur revolutionären Bewegung der schlesischen Bauern und Land-arbeiter im Frühjahr 1848 – Reaktionen und Reflexionen, in: JbG 21, 1980, 103–146.
260. BLEIBER, Helmut, u. a. (Hg.), Männer der Revolution von 1848, 2 Bde. Berlin (DDR) 1987.
261. BLICKLE, Peter, Katholizismus, Aristokratie und Bürokratie im Württemberg des Vormärz, in: HJb 88, 1968, 369–406.
262. BOTZENHART, Erich, Adelsideal und Adelsreform beim Freiherrn vom Stein, in: Westfälisches Adelsblatt, Bd. 5, 1928, 210–241.

263. BRANDT, Hartwig, Adel und Konstitutionalismus. Stationen eines Konflikts, in : [36], 69–82.
264. BUES, Adelheid, Adelskritik – Adelsreform. Ein Versuch zur Kritik der öffentlichen Meinung in den letzten beiden Jahrzehnten des 18. Jahrhunderts an Hand der politischen Journale und der Äußerungen des Freiherrn vom Stein. Diss. phil. Göttingen 1948.
265. BUTTLAR, Madelaine v., Die politischen Vorstellungen des F.A.L. v. d. Marwitz. Ein Beitrag zur Genesis und Gestalt konservativen Denkens in Preußen. Frankfurt a. M. 1980.
266. CANIS, Konrad, Ideologie und politische Taktik der junkerlich-militaristischen Reaktion bei der Vorbereitung und Durchführung des Staatsstreiches in Preußen im Herbst 1848, in: JbG 7, 1972, 459–503.
267. CHICKERING, Roger, We Men who feel most German. A Cultural Study of the Pan German League 1886–1914. Boston 1984.
268. Clark, Christopher M., The Politics of Revival: Pietists, Aristocrats, and the State Church in Early Nineteenth-Century Prussia, in: [289], 31–60.
269. Dipper, Christof, Adelsliberalismus in Deutschland, in: Dieter Langewiesche (Hg.), Liberalismus im 19. Jahrhundert. Deutschland im europäischen Vergleich. Göttingen 1988, 172–192.
270. FEHRENBACH, Elisabeth, August-Wilhelm Rehbergs Adelskritik und sein Reformbestreben im Königreich Hannover in: W. Speitkamp u. H.-P. Ullmann (Hg.), Konflikt und Reform. Fschr. für Helmut Berding. Göttingen 1997, 151–167.
271. FEHRENBACH, Elisabeth, Das Scheitern der Adelsrestauration in Baden, in: [92], 251–268.
272. FEHRENBACH, Elisabeth, Die bayerische Adelspolitik in der Verfassungsdiskussion des rheinisch-westfälischen Adelskreises um den Freiherrn vom Stein, in: D. Albrecht, u. a. (Hg.), Europa im Umbruch 1750–1850. München 1995, 267–278.
273. FLEMMING, Jens, Fremdheit und Ausbeutung. Großgrundbesitz, „Leutenot" und Wanderarbeiter im Wilhelminischen Deutschland, in: [68], 345–360.
274. FLEMMING, Jens, Konservatismus als „nationalrevolutionäre Bewegung". Konservative Kritik an der Deutschnationalen Volkspartei 1918–1933, in: D.Stegmann u. a. (Hg.), Deutscher Konservatismus im 19. und 20. Jahrhundert. Fschr. für Fritz Fischer zum 75. Geburtstag. Bonn 1983, 295–332.
275. Flemming, Jens, Landwirtschaftliche Interessen und Demokratie.

Ländliche Gesellschaft, Agrarverbände und Staat 1890–1925. Bonn 1978.
276. FENSKE, Hans, Der Landrat als Wahlmacher. Eine Fallstudie zu den Reichstagswahlen von 1881, in: Die Verwaltung 12, 1979, 433–456.
277. FRANZ, Eckhart G., Hof und Hofgesellschaft im Großherzogtum Hessen, in: [310], 157–176.
278. GEBHARDT, Manfred, Sophie von Hatzfeldt. Ein Leben mit Lasalle. Berlin 1991.
279. GOLDSCHMIDT, Hans, Moritz von Blanckenburg (1815–1888). Ein Beitrag zur Geschichte des pommerschen Konservativismus, in: BlldeLG 91, 1954, 158–181.
280. GOSSWEILER, Kurt u. Schlicht, Alfred, Junker und NSDAP 1931/32 in: ZfG 15, 1967, 644–662.
281. GOSSWEILER, Kurt, Junkertum und Faschismus, in: ders., Aufsätze zum Faschismus, Berlin 1988, 260–276.
282. GRÜNDER, Horst, Rechtskatholizismus im Kaiserreich und in der Weimarer Republik, unter besonderer Berücksichtigung der Rheinlande und Westfalens in: WestfZ 134, 1984, 107–155.
283. GUTSCHE, Willibald u. Petzold, Joachim, Das Verhältnis der Hohenzollern zum Faschismus, in: ZfG 29, 1981, 917–939.
284. GUTSCHE, Willibald, Zur Rolle von Nationalismus und Revanchismus in der Restaurationsstrategie der Hohenzollern 1919 bis 1933, in: ZfG 34, 1986, 621–632.
285. HARNISCH, Hartmut, Aus den Papieren des Grafen von Arnim-Boitzenburg. Zur Widerspiegelung der Revolution von 1848/49 im Briefnachlaß eines Junkers, in: ZfG 22, 1974, 539–555.
286. HILLER V. GAERTRINGEN, Friedrich Freiherr, Zur Beurteilung des „Monarchismus" in der Weimarer Republik, in: Gotthard Jasper (Hg.), Tradition und Reform in der deutschen Politik. Gedenkschrift für Waldemar Besson. Frankfurt a. M. 1976, 138–185.
287. ISHIDA, Yuji, Jungkonservative in der Weimarer Republik. Der Ring-Kreis 1928–1933. Frankfurt a. M. 1988
288. JATZLAUK, Manfred, Landarbeiter, Bauern und Großgrundbesitzer in der Weimarer Republik, in: ZfG 39, 1991, 887–905.
289. JONES, Larry Eugene u. Retallack, James (Hg.), Between Reform, Reaction and Resistance. Studies in the History of German Conservatism from 1789 to 1945. Providence/Oxford 1993.
290. JORDAN, Erich, Die Entstehung der konservativen Partei und die preußischen Agrarverhältnisse von 1848. München 1914.

291. JORDAN, Erich, Friedrich Wilhelm IV. und der preussische Adel bei Umwandlung der ersten Kammer in das Herrenhaus. 1850 bis 1854. Berlin 1909.
292. KALM, Harald v., Das preußische Heroldsamt (1855–1920). Adels-behörde und Adelsrecht in der preußischen Verfassungsentwicklung. Berlin 1994.
293. KIRCHER, Walter-Siegfried, Adel, Kirche und Politik in Württemberg 1830–1851. Kirchliche Bewegung, katholische Standesherren und Demokratie. Diss. phil. Tübingen 1973.
294. KIRCHER, Walter-Siegfried, Ein fürstlicher Revolutionär aus dem Allgäu. Fürst Constantin von Waldburg-Zeil 1807–1862. Kempten 1980.
295. KLEINE, Georg H., Adelsgenossenschaft und Nationalsozialismus, in: VfZG 26, 1978, 100–143.
296. KLIEM, Manfred, Die Rolle der feudaljunkerlichen Reaktion in der Revolution von 1848/49, in: ZfG 17, 1969, 310–330.
297. KOCH, Rainer, Die Agrarrevolution in Deutschland 1848. Ursachen – Verlauf – Ergebnisse, in: Dieter Langewiesche (Hg.), Die deutsche Revolution von 1848/49, Darmstadt 1983, 362–394.
298. KOEHL, Robert, Feudal Aspects of National Socialism, in: H.A. Turner (Hg.), Nazism and the Third Reich. New York 1972, 151–174.
299. KRAUS, Hans-Christof, Ernst Ludwig von Gerlach: politisches Denken und Handeln eines preußischen Altkonservativen, 2 Bde. Göttingen 1994.
300. KRAUS, Hans-Christof, Zum Verhältnis von politischer Ideen- und Sozialgeschichte. Bemerkungen zu Robert Berdahl: „The Politics of the Prussian Nobility", in: Der Staat 30, 1991, 269–278.
301. LANGEWIESCHE, Dieter, Bürgerliche Adelskritik zwischen Aufklärung und Reichsgründung in Enzyklopädien und Lexika, in: [36], 11–28. 1981.
302. LAUBNER, Jürgen, Der „personifizierte Klassenkompromiß" zwischen Adel/ Junkertum und Bourgeoisie. Die oberschlesischen Magnaten und die Auseinandersetzungen um die Zolltarife, in: Agrargeschichte 1990, 50–58.
303. LAUTENSCHLAGER, Friedrich, Die Agrarunruhen in den badischen Standes- und Grundherrschaften im Jahre 1848. Heidelberg 1976.
304. LÖFFLER, Bernhard, Die bayerische Kammer der Reichsräte 1848–1918. Grundlagen, Zusammensetzung, Politik. München 1996.
305. LÖFFLER, Bernhard, Die Ersten Kammern und der Adel in den deutschen konstitutionellen Monarchien. Aspekte eines verfas-

sungs- und sozialgeschichtlichen Problems, in: HZ 265, 1997, 29–76.
306. LOHALM, Uwe, Völkischer Radikalismus. Die Geschichte des Deutschvölkischen Schutz- und Trutz-Bundes 1919–1923. Hamburg 1970.
307. MANGOLD, Gustav, Die ehemalige Reichsritterschaft und die Adelsgesetzgebung in Baden vom Wiener Kongress bis zur Erteilung der Verfassung (1815–1818), in: ZGO NF 46, 1932, 3–108.
308. Matzerath, Josef, Landstände und Landtage in Sachsen 1438 bis 1831, in: K. Blaschke (Hg.) 700 Jahre politische Mitbestimmung in Sachsen. Dresden 1994, 17–34.
309. MERKENICH, Stephanie, Grüne Front gegen Weimar. Reichslandbund und agrarischer Lobbyismus, 1918–1933, Düsseldorf 1998.
310. MÖCKL, Karl (Hg.), Hof und Hofgesellschaft in den deutschen Staaten im 19. und beginnenden 20. Jahrhundert. Boppard a.Rh. 1990.
311. MÖLLER, Horst, Aufklärung und Adel, in: [36], 1–10.
312. MOMMSEN, Hans, Zur Verschränkung traditioneller und faschistischer Führungsgruppen in Deutschland beim Übergang von der Bewegungs- zur Systemphase, in: W. Schieder (Hg.), Faschismus als soziale Bewegung. Deutschland und Italien im Vergleich. Göttingen 1983, 157–181.
313. MOMMSEN, Hans, Gesellschaftsbild und Verfassungspläne des deutschen Widerstands, in: Der deutsche Widerstand gegen Hitler, hg. v. W. Schmitthenner u. H. Buchheim. Köln 1966, 73–167.
314. NABERT, Thomas, Agrarkonservative Konzeptionen in der Weimarer Republik in: J. Laubner (Hg.), Adel und Junkertum im 19. und 20. Jahrhundert. Halle/S. 1990, 83–94.
315. NEUGEBAUER, Wolfgang, Politischer Wandel im Osten. Ost-und Westpreußen von den alten Ständen zum Konstitutionalismus. Stuttgart 1992.
316. OBENAUS, Herbert, Gutsbesitzerliberalismus. Zur regionalen Sonderentwicklung der liberalen Partei in Ost- und Westpreußen während des Vormärz, in: GG 14, 1988, 304–328.
317. POMP, Rainer, Brandenburgischer Landadel und die Weimarer Republik. Konflikte um Oppositionstrategien und Elitenkonzepte, in: [150], 185–218.
318. PRESS, Volker, Landtage im Alten Reich und im Deutschen Bund. Voraussetzungen ständischer und konstitutioneller Entwicklungen 1750–1830, in: ZWLG 39, 1980, 100–140.

319. Puhle, Hans-Jürgen, Agrarische Interessenpolitik und preußischer Konservatismus im wilhelminischen Reich (1893–1914). Ein Beitrag zur Analyse des Nationalismus in Deutschland am Beispiel des Bundes der Landwirte und der Deutsch-Konservativen Partei. Hannover 1966.
320. PUHLE, Hans-Jürgen, Conservatism in Modern German History, in: JConH 13, 1978, 689–720.
321. PYTA, Wolfram, Besteuerung und steuerpolitische Forderungen des ostelbischen Großgrundbesitzes 1890–1933, in: [68], 361–378.
322. PYTA, Wolfram, Dorfgemeinschaft und Parteipolitik 1918–1933. Die Verschränkung von Milieu und Parteien in den protestantischen Landgebieten Deutschlands in der Weimarer Republik. Düsseldorf 1996.
323. REIF, Heinz, Adel und landwirtschaftliches Vereinswesen in Westfalen 1819 bis 1862, in: Wolfgang Köllmann und Kurt Düwell (Hg.), Rheinland und Westfalen im Industriezeitalter, Bd. 1. Wuppertal 1983, 39–60.
324. REIF, Heinz, Adelserneuerung und Adelsreform in Deutschland 1815–1874, in: [36], 203–230.
325. REIF, Heinz, Akteure und Zuschauer der Revolution I: Der Adel, in: Chr. Dipper u. U. Speck (Hg.), 1848. Revolution in Deutschland. Frankfurt a. M. 1998, 213–234.
326. Reif, Heinz, Der katholische Adel Westfalens und die Spaltung des Adelskonservatismus in Preußen während des 19. Jahrhunderts, in: Karl Teppe u. Michael Epkenhans (Hg.), Westfalen und Preußen. Integration und Regionalismus. Paderborn 1991, 107–124.
327. REIF, Heinz, Friedrich Wilhelm IV und der Adel. Der Versuch einer Adelsreform nach englischem Vorbild in Preußen 1840–1847, in: ZfG 43, 1995, 1097–1111.
328. ROGALLA V. BIEBERSTEIN, Johannes, Adel und Revolution 1918/1919, in: Mentalitäten und Lebensverhältnisse. Beispiele aus der Sozialgeschichte der Neuzeit, Rudolf Vierhaus zum 60. Geburtstag. Göttingen 1982, 243–260.
329. Rogalla v. Bieberstein, Johannes, Preußen als Deutschlands Schicksal. Ein dokumentarischer Essay über Preußen, Preußentum, Militarismus, Junkertum und Preußenfeindschaft. München 1981.
330. ROSENBERG, Hans, Zur sozialen Funktion der Agrarpolitik im Zweiten Reich, in: ders., Probleme der deutschen Sozialgeschichte. Frankfurt a. M. 1969, 51–80.

331. RÖSSLING, Udo, Der italienische Faschismus in der Sicht der deutschen Adelsgenossenschaft in den Jahren der Weimarer Republik, in: JBPg, Heft 44, 1980, 165–183.
332. SCHMIDT, Siegfried, Junkertum und Genesis des deutschen Konservativismus im 19. Jahrhundert in: ZfG 27, 1979, 1058–1072.
333. SCHOEPS, Hans-Joachim, CDU vor 75 Jahren. Die sozialpolitischen Bestrebungen des Reichsfreiherrn Friedrich Carl von Fechenbach (1836–1907), in: ZRelGG 9, 1957, 266–277.
334. SCHREYER, Hermann, Monarchismus und monarchistische Restaurationsbestrebungen in der Weimarer Republik, in: JbG 29, 1984, 291–320.
335. SCHRÖDER, Wolfgang, Junkertum und preußisch-deutsches Reich. Zur politischen Konzeption des Junkertums und zu ihrer Widerspiegelung in der Kreuz-Zeitung 1871–1873, in: Die großdeutschmilitaristische Reichsgründung 1871, Bd. 2. Berlin (DDR) 1971, 170–234.
336. SCHUBERT, Friedrich Hermann, Wilhelm von Kügelgen und das konservative Preußen, in: HJb 82, 1963, 187–218.
337. Schultze, Johanna, Die Auseinandersetzungen zwischen Adel und Bürgertum in den deutschen Zeitschriften der letzten drei Jahrzehnte des 18. Jahrhunderts 1773–1806. Berlin 1925.
338. SCHUPPAN, Peter, Ostpreußischer Junkerliberalismus und bürgerliche Opposition um 1840, in: Helmut Bleiber u.a. (Hg.), Bourgeoisie und bürgerliche Umwälzung in Deutschland 1789–1871. Berlin 1977, 65–100.
339. SCHWENTKER, Wolfgang, Konservative Vereine und Revolution in Preußen 1848/49. Die Konstituierung des Konservativismus als Partei. Düsseldorf 1988.
340. SIEMANN, Wolfram, Die Adelskrise 1848/49, in: [36], 231–246.
341. STAMM-KUHLMANN, Thomas, König in Preußens großer Zeit. Friedrich Wilhelm III. Der Melancholiker auf dem Thron. Berlin 1992.
342. STEPINSKI, Wlodzimierz, Die Pommersche Landwirtschaft und die Junker in der Agrarkrise der 20er Jahre des 19. Jahrhunderts in: [68], 23–33.
343. STRUVE, Walter, Elites against Democracy. Princeton 1973.
344. THOSS, Bruno, Nationale Rechte, militärische Führung und Diktaturfrage in Deutschland 1913–1923, in: MGM 42, 1987, 27–76.
345. TROX, Eckhard, Militärischer Konservativismus. Kriegervereine und „Militärpartei" in Preußen zwischen 1815 und 1848/49. Stuttgart 1990.

346. VETTER, Klaus, Kurmärkischer Adel und preußische Reformen. Weimar 1979.
347. VOLKMANN, Hans-Erich, Deutsche Agrareliten auf Revisions- und Expansionskurs, in: Martin Broszat u. Klaus Schwabe (Hg.), Die deutschen Eliten und der Weg in den Zweiten Weltkrieg. München 1989, 334–388.
348. WEBER, Christoph, Papsttum und Adel im 19. Jahrhundert, in: Les Noblesses Européennes au XIXe siécles. Mailand 1988, 607–657.
349. WEBER, Rolf, Die Revolution in Sachsen 1848/49. Berlin (DDR) 1970.
350. WEITZ, Reinhold K., Der niederrheinische und westfälische Adel im ersten preußischen Verfassungskampf 1815–1823/24. Die verfassungs- und gesellschaftspolitischen Vorstellungen des Adelskreises um den Freiherrn vom Stein. Diss. phil. Bonn 1970.
351. WENDE, Peter, Die Adelsdebatte der Paulskirche, in: Adolf M. Birke u. a. (Hg.), Bürgertum, Adel und Monarchie. Wandel der Lebensformen im Zeitalter des bürgerlichen Nationalismus. München 1989, 37–52.
352. WIENFORT, Monika, Ostpreußischer Gutsbesitzerliberalismus und märkischer „Adelskonservatismus". Politische Perspektiven des preußischen Adels in der Lokalverwaltung im Vormärz in: [150], 305–324.
353. WITT, Peter-Christian, Der preußische Landrat als Steuerbeamter 1891–1918. Bemerkungen zur politischen und sozialen Funktion des deutschen Beamtentums, in: Imanuel Geiss u. Bernd Jürgen Wendt (Hg.), Deutschland in der Weltpolitik des 19. und 20. Jahrhunderts. Fschr. für Fritz Fischer zum 65. Geburtstag. Düsseldorf 1973, 205–219.
354. ZOLLITSCH, Wolfgang, Adel und adlige Machteliten in der Endphase der Weimarer Republik. Standespolitik und agrarische Interessen, in: H.A. Winkler (Hg.), Die deutsche Staatskrise 1930–1933. Handlungsspiel-räume und Alternativen. München 1992, 239–256.
355. ZUBER, K.H., Der „Fürst Proletarier" Ludwig von Oettingen-Wallerstein (1791–1870). München 1978.

6. Nachtrag 2012

6.1 Monographien, Sammelbände, Aufsätze

356. CERMAN, Ivo/VELEK, Lubos (Hg.), Adel und Wirtschaft. Lebensunterhalt der Adeligen in der Moderne. München 2009.
357. CLEMENS, Gabriele B. (Hg.), Hochkultur als Herrschaftselement. Italienischer und deutscher Adel im langen 19. Jahrhundert. Berlin 2011.
358. CONZE, Eckart/WIENFORT, Monika (Hg.), Adel und Moderne. Deutschland im europäischen Vergleich im 19. und 20. Jahrhundert. Köln u. a. 2004.
359. CONZE, Eckart, Von deutschem Adel. Die Grafen von Bernstorff im 20. Jahrhundert. Stuttgart/München 2000.
360. CONZE, Eckart, Adel unter dem Totenkopf. Die Idee eines Neuadels in den Gesellschaftsvorstellungen der SS, in: 358: 151–176.
361. DIEMEL, Christa, Adelige Frauen im bürgerlichen Jahrhundert. Hofdamen, Stiftsdamen, Salondamen 1800–1870, Frankfurt a. M. 1998.
362. EIFERT, Christiane, Paternalismus und Politik. Preußische Landräte im 19. Jahrhundert. Münster 2003.
363. FEISTAUER, Daniela, Aufstiegschancen des Adels der preußischen Provinz Sachsen in Staat und Militär 1815–1871. Frankfurt a. M. u. a. 2005.
364. FRIE, Ewald, Friedrich August Ludwig von der Marwitz 1777–1837. Biographien eines Preußen. Paderborn 2001.
365. FRIE, Ewald, Adel um 1800. Oben bleiben?, in: Zeitenblicke 4, 2005, Nr. 3 (13. 12. 2005), www.zeitenblicke.de/2005/3/Frie/index_html.
366. FUNCK, Marcus/MALINOWSKI, Stephan, Geschichte von oben. Autobiographien als Quellen einer Sozial- und Kulturgeschichte des deutschen Kaiserreichs und der Weimarer Republik, in: Historische Anthropologie 7, 1999, 236–270.
367. FUNCK, Marcus, The Meaning of Dying. East Elbian Noble Families as „Warrior Tribes" in the Nineteenth and Twentieth Centuries, in: Eghigian, Greg and Berg, Matthew P. (Eds.), Sacrifice and National Belonging in Twentieth Century Germany, Texas 1999, 26–63.
368. GERSTNER, Alexandra, Neuer Adel. Aristokratische Elitekonzeptionen zwischen Jahrhundertwende und Nationalsozialismus. Darmstadt 2008.

369. HARPPRECHT, Klaus, Die Gräfin. Marion Dönhoff. Eine Biographie. Reinbek bei Hamburg 2008.
370. HEINICKEL, Gunter, Adelsidentität nach der Ständegesellschaft. Der preußische Adel in adelspolitischen Bildern und Vorschlägen um 1840, in: 390: I, 29–49.
371. HINDERSMANN, Ulrike, Der ritterschaftliche Adel im Königreich Hannover 1814–1866. Hannover 2001.
372. HOLSTE, Karsten u. a. (Hg.), Aufsteigen und Obenbleiben in europäischen Gesellschaften des 19. Jahrhunderts. Akteure – Arenen – Aushandlungsprozesse. Berlin 2009.
373. KOCH, Christoph (Hg.), Vom Junker zum Bürger. Hellmut von Gerlach – Demokrat und Pazifist in Kaiserreich und Republik. München 2009.
374. KOHLRAUSCH, Martin, Der Monarch im Skandal. Die Logik der Massenmedien und die Transformation der wilhelminischen Monarchie. Berlin 2005.
375. KREUTZMANN, Marko, Zwischen ständischer und bürgerlicher Lebenswelt. Adel in Sachsen-Weimar-Eisenach 1770 bis 1830. Köln u. a. 2008.
376. KUBROVA, Monika, Vom guten Leben. Adelige Frauen im 19. Jahrhundert. Berlin 2011.
377. LABOUVIE, Eva (Hg.), Adel in Sachsen-Anhalt. Höfische Kultur zwischen Repräsentation, Unternehmertum und Familie. Köln u. a. 2007.
378. LEONHARD, Jörn/WIELAND, Christian (Eds.), What Makes the Nobility Noble? Comparative Perspectives from the Sixteenth to the Twentieth Century. Göttingen 2011.
379. MACHTAN, Lothar, Die Abdankung. Wie Deutschlands gekrönte Häupter aus der Geschichte fielen. Berlin 2008.
380. MALINOWSKI, Stephan, Vom König zum Führer. Sozialer Niedergang und politische Radikalisierung im deutschen Adel zwischen Kaiserreich und NS-Staat. Berlin 2003.
381. MALINOWSKI, Stephan/REICHARDT, Sven, Die Reihen fast geschlossen? Adelige im Führerkorps der SA, in: 358: 119–150.
382. MALINOWSKI, Stephan, Ihr liebster Feind. Die deutsche Sozialgeschichte und der preußische Adel, in: Müller, Sven O./Torp, Cornelius (Hg.), Das Kaiserreich in der Kontroverse. Göttingen 2009, 203–218.
383. MARBURG, Silke, Europäischer Hochadel. König Johann von Sachsen (1801–1873) und die Binnenkommunikation einer Sozialformation. Berlin 2008.

384. MATZERATH, Josef/MARBURG, Silke (Hg.), Der Schritt in die Moderne. Sächsischer Adel zwischen 1763 und 1918. Köln u. a. 2001.
385. MATZERATH, Josef, Adelsprobe an der Moderne. Sächsischer Adel 1763–1866. Entkonkretisierung einer traditionalen Sozialformation. Stuttgart 2006.
386. MÜLLER, Michael G., „Landbürger". Elitenkonzepte des polnischen Adels im 19. Jahrhundert, in: 358: 87–105.
387. MÜLLER, Dirk H., Adeliges Eigentumsrecht und Landesverfassung. Die Auseinandersetzungen um die eigentumsrechtlichen Privilegien des Adels im 18. und 19. Jahrhundert am Beispiel Brandenburgs und Pommerns. Berlin 2011.
388. POMP, Rainer, Bauern und Großgrundbesitzer auf ihrem Weg ins Dritte Reich. Der brandenburgische Landbund 1919–1933, Berlin 2011.
389. RASCH, Manfred (Hg.), Adel als Unternehmer im bürgerlichen Zeitalter. Münster 2006.
390. REIF, Heinz (Hg.), Adel und Bürgertum in Deutschland. Entwicklungslinien und Wendepunkte im 19. und 20. Jahrhundert I und II. Berlin 2000/2001.
391. REIF, Heinz, Die Junker, in: Francois, Etienne/Schulze, Hagen (Hg.), Deutsche Erinnerungsorte I. München 2001, 520–536.
392. SCHULZ, Günther/DENZEL, Markus A. (Hg.), Deutscher Adel im 19. und 20. Jahrhundert. St. Katharinen 2004.
393. SPENKUCH, Hartwin, Das preußische Herrenhaus. Adel und Bürgertum in der Ersten Kammer des Landtages 1854–1918. Düsseldorf 1998.
394. TACKE, Charlotte, Die ‚Nobilitierung' von Rehbock und Fasan. Jagd, ‚Adel' und ‚Adligkeit' in Italien und Deutschland um 1900, in: 372: 223–247.
395. THADDEN, Rudolf von, Trieglaff. Eine pommersche Lebenswelt zwischen Kirche und Politik 1807–1948. Göttingen 2010.
396. THEILEMANN, Wolfram, Adel im grünen Rock. Adliges Jägertum, Großprivatwaldbesitz und die preußische Forstbeamtenschaft 1866–1914. Berlin 2004.
397. TÖNSMEYER, Tatjana, Adeliges Politisieren vor Ort – Böhmische Gemeindevertretungen und englische Grafschaftsräte (1848–1918), in: 378:188–200.
398. URBACH, Karina, European Aristocracies and the Radical Right 1918–1939. Oxford UP 2007.
399. WAGNER, Patrick, Bauern, Junker und Beamte. Lokale Herrschaft

und Partizipation im Ostelbien des 19. Jahrhunderts. Göttingen 2005.
400. WIENFORT, Monika, Adlige Handlungsspielräume und neue Adelstypen in der „Klassischen Moderne" (1880–1930), in: Geschichte und Gesellschaft 33, 2007, 416–438.
401. WIENFORT, Monika, Der Adel in der Moderne. Göttingen 2006.

6.2 Forschungsübersichten und Aufsätze zu konzeptuellen wie methodischen Fragen

402. CONZE, Eckart/WIENFORT, Monika, Themen und Perspektiven historischer Adelsforschung zum 19. und 20. Jahrhundert, in: 358: 1–16.
403. CONZE, Eckart, Deutscher Adel im 20. Jahrhundert. Forschungsperspektiven eines zeithistorischen Feldes, in: 392: 17–34.
404. FRIE, Ewald, Adelsgeschichte des 19. Jahrhunderts ? Eine Skizze, in: Geschichte und Gesellschaft 33, 2007, 398–415.
405. MARBURG, Silke/MATZERATH, Josef, Vom Stand zur Erinnerungsgruppe. Zur Adelsgeschichte des 18. und 19. Jahrhunderts, in: 384: 5–15.
406. REIF, Heinz, Der Adel im „langen 19. Jahrhundert". Alte und neue Wege der Adelsforschung, in: 357: 19–37.
407. TACKE, Charlotte, „Es kommt also darauf an, den Kurzschluss von der Begriffssprache auf die politische Geschichte zu vermeiden". ‚Adel' und ‚Adligkeit' in der modernen Gesellschaft, in: Neue Politische Literatur 52, 2007, 91–123.

Register

Personenregister

ACHILLES, Walter 96
Aremberg, v. 3, 72, 91
ARETIN, Karl Ottmar v. 112, 115
AUGUSTINE, Dolores L. 62

BADER, Karl Siegfried 415, 67
Bahrdt, C. F. 100
BALD, Detlef 79
Ballestrem, v. 6
BARCLAY, David E. 83 f.
Bassewitz, v. 91
BERDAHL, Robert M 102
BERGHOFF, Hartmut 64, 66
BERNDT, Roswitha 115
BIRTSCH, Günter 42, 100
Bismarck, Otto v. 48 f.
BLASCHKE, Karlheinz 82
BLICKLE, Peter 103
Bohlen und Halbach, v. 34
BOURDIEU, P. 30, 86
Boyen, Hermann v. 17
BRANDT, Hartwig 104
BRUNNER, Otto 57
BUCHSTEINER, Ilona 58, 76, 91, 95, 97 f.
Bues, Adelheid 100
Bülow-Cummerow, Ernst v. 106

Cannadine, David 132
CARSTEN, Francis L. 99
Castell-Faber, v. 38
CECIL, Lamar 63 f., 85,
CLARK, Christopher M. 103
Clemens, Gabriele B. 124
CONRAD, Johannes 89
Conze, Eckart 125, 128
Conze, Werner 130
Croy, v. 3, 72

Darré, Richard Walther 118
DEMEL, Walter 59 f., 71–73

DEMETER, Karl 81
DILCHER, Gerhard 119
DIPPER, Christof 91, 93, 105, 107
DISSOW, Joachim v. 86
DORNHEIM, Andreas 58, 112
Dücker, v. 72
DULLINGER, Stephanie 87

ECKERT, Jörn 91
EIFERT, Christiane 20, 76, 122
Elverfeldt, v. 72

Falkenhayn, General v. 51
FEHRENBACH, Elisabeth 43, 63, 100, 104, 106
Finck v. Finkenstein, Graf 91
FISCHER, F. 63
FLEMMING, Jens 113
FLÜGEL, Axel 69, 77
FRANZ, Günther 84
FREVERT, Ute 67
Frie, Ewald 127 f.
FRIEDEBURG, Robert v. 77
Friedrich II. (der Große) 17, 92, 99
Friedrich Wilhelm IV. 26, 36, 64, 83, 106
Funck, Marcus 125, 129

GALL, Lothar 17, 59
Gerlach, Ernst Ludwig v. 102, 110
Gerlach, Leopold v. 43, 48
Gerstner, Alexandra 131
GILLIS, John R. 76
GOLLWITZER, Heinz 42, 57, 94, 104, 107, 109
GRÜNDER, Horst 104, 114
Gruner, Wolf D. 79

HARNISCH, Hartmut 95
Heinickel, Gunter 128
Henckel v. Donnersmarck 6, 73

HENNING, Hansjoachim 60, 64, 66, 74, 85, 76f.
HESS, Klaus 90, 96f.
Heydebrand u. der Lasa, v. 104
HILLER V. GAERTRINGEN, Friedrich Frhr. 112, 115
Hindenburg, Paul v. 51, 113, 116
HINTZE, Otto 23, 89
Hitler, Adolf 54, 114
Hohenlohe-Ingelfingen, v. 3
Hohenlohe-Oehringen, v. 3, 6, 73
Hohenlohe-Schillingsfürst, v. 3, 73
HOYNINGEN-HUENE, Iris v. 59, 85, 88

ISHIDA, Yuji 116

JATZLAUK, Manfred 95

KAELBLE, Hartmut 63, 67
Kant, Immanuel 40
KEINEMANN, Friedrich 68, 78, 86, 91, 103, 114, 111
KLEINE, Georg H. 118
Kohlrausch, Martin 126
KOLLMER, Gert 65, 102
KONDYLIS, Panajotis 102, 110
KOSELLECK, Reinhart 59f., 65f., 68, 101, 103, 106,
KRAUS, Hans-Christof 102,107
Krupp, Unternehmerfamilie 34
Kubrova, Monika 129

Leonhardt, Jörn 129
LIEVEN, Dominic 74, 95f.
LÖFFLER, Bernhard 72f. 110,
Ludendorff, Erich 51
Ludwig II. v. Bayern 36
Ludwig XIV. 82

Machtan, Lothar
Malinowski, Stephan 124f., 128f., 132
Maltzahn, v. 91
MANGOLD, Gustav 102
Manteuffel, v. 18, 80
Marburg, Silke 130
MARTENS, W. 100
MARTINY, Fritz Klaus 68,100
MATZERATH, Josef 59, 68, 124, 130
MAYER, Arno J. 73
MERKENICH, Stephanie 113
MESSERSCHMIDT, Manfred 18

MÖCKL, Karl 61, 66, 84
Moeller, Robert G. 114
MÖLLER, Horst 100
MOMMSEN, Hans 118
Montgelas, Graf 101
MORSEY, Rudolf 89
Möser, Justus 100
MOSSE, Werner 67, 89
MÜLLER, Dirk 70, 91, 122
Müller, Michael 126
MUNCY, Lysbeth W. 74

NABERT, Thomas 98
Napoleon I. 5, 101, 105
NEUGEBAUER, Wolfgang 105
NIPPERDEY, Th. 45, 67, 88

OBENAUS, Herbert 105
OEXLE, Otto Gerhard 119

PEDLOW, Gregory W, 59, 72, 77, 106
PHILIPPI, Hans 84
PIERENKEMPER, Toni 72
Pleß, v. 6, 73, 91
POMP, Rainer 113, 125
PRERADOVICH, Nikolaus v. 74, 76, 87
PRESS, Volker 3, 104
Preysing, v. 72
Putbus, Fürst zu 91
PYTA, Wolfram 113

Rasch, Manfred 124
Ratibor und Corvey, v. 6
Rehberg, August Wilhelm 100
REIF, Heinz 59, 64, 68f., 71, 86, 97, 101, 104, 120, 124
ROEHL, John C. G. 82, 84f., 89
ROGALLA V. BIEBERSTEIN, Johannes 112
Romberg, v. 72
ROSENBERG, Hans 71
RUMSCHÖTTEL, Hermann 79, 81

Salm, v. 3, 72
SCHADEWITZ, Gerd 76
Schaffgotsch, v. 6, 73
Schaffgotsch-Godulla, v. 38
Schaumburg-Lippe, Graf v. 118
SCHILLER, René 69, 100
Schinkel, Karl Friedrich 84
SCHISSLER, Hanna 59, 68f., 95
Schön, Theodor v. 106
Schorlemmer, Burchard v. 111
SCHREYER, Hermann 115

SCHULTZE, Johanna 100
SCHUPPAN, Peter 105
SCHWENTKER, Wolfgang 107
SEIFFERT, Herbert 72
SIEMANN, Wolfram 108
Solms-Baruth, Fürst zu 91
SOMBART, Werner 29
SPENKUCH, Hartwin 88, 109, 125
Stahl, Friedrich Julius 110
Stein, Carl Frhr. vom 100, 106
STEITZ, Walter 71, 95
STERN, Fritz 61
STERNKIKER, Edwin 93
STRUVE, Walter 115
STÜRMER, M. 63, 75

Tacke, Charlotte 125, 129
Tattenbach, v. 72
Thadden, Rudolf v. 124
Theilemann, Wolfram 125
Tiele-Winckler, v. 38
Tönsmeyer 124

Toerring, v. 72
TRESKOW, Rüdiger v. 61
TROX, Eckhard 107

VETTER, Klaus 101
Vincke, Ludwig v. 106

Wagner, Patrick 122
WEBER, Christoph 103
WEBER, Hartmut 94
WEBER, Max 15, 66, 71, 89, 120
WEHLER, Hans-Ulrich 59, 69, 75, 85 f.
WENDE, Peter 108
Westphalen, Graf v. 73
Wienfort, Monika 123, 129
Wilhelm II. 34, 36, 63, 66, 81–84,
WINKEL, Harald 15, 94
WISCHERMANN, Clemens 72
WUNDER, Bernd 22, 59, 65, 73, 77, 85,
   101

ZOLLITSCH, Wolfgang 113, 118

Ortsregister

Alt-Preußen 13, 105
Anhalt 90

Bad Ems 36
Bad Homburg 33, 36
Baden 2 f., 6, 15, 25, 28, 35, 42, 59,
   76, 93, 95 f., 103
Baden-Baden 33
Bamberg 4
Bayern 2 f., 5 f., 10, 18, 23, 25, 28, 30,
   35, 42, 52, 59 f., 70 f., 73, 76, 78–82,
   84, 87, 90 f., 93, 95, 101, 103, 106,
   110, 113 f.
Bayreuth 33, 36
Berlin 13, 21, 33, 36 ff., 49, 66 f., 83 f.,
   88 f., 108, 116
Brandenburg 8, 11, 74, 90 f., 93, 95,
   113

Dänemark 8
Dessau 108
Deutsch-Südwestafrika 86
Dresden 8, 36

England/Großbritannien 6, 8, 36,
   63 f., 83, 105 f., 120

Franken 3 f., 54
Frankfurt 45, 107 f.
Frankreich 62, 120

Hamburg 36
Hannover 2, 8 35 f., 42, 78, 90 f., 95,
   124
Hessen 2, 10, 12 f., 28, 35, 72, 74, 77,
   84, 90, 96, 106
Hildesheim 5, 7

Kiel 33, 36
Kissingen 36
Königsberg 95
Kursachsen 124

Mainz 4
Mecklenburg 7, 42, 59, 90 f., 95, 123
München 8, 36 f., 84
Münster 68, 91

Nassau 2, 28
Nordostdeutschland/
   nordostdeutsch 6, 48, 52, 117

Oberschlesien 3, 6, 72, 91, 122 f.

Osnabrück 5
Ostelbien 15, 20, 41, 50, 60, 68–71, 90, 93 f., 98, 122
Österreich 43, 48, 52, 58, 103
Ostpreußen 8, 11, 69, 71, 74, 90 f., 95, 104–106, 122

Pommern 8, 11, 20, 71, 90 f., 95, 98, 106
Posen 52, 74, 95
Preußen 2, 8 f., 11, 13 f., 17–25, 30 f., 34 f., 40–42, 44–47, 52, 59–66, 68 f., 71–84, 89–93, 95, 100–107, 111

Rheinbundstaaten 4–6, 22 f., 40–42, 46, 65, 76
Rheinland 12, 35, 41, 59, 74, 78, 90 f., 94, 96, 114, 121, 123

Sachsen 9, 13 f., 18, 25, 28, 37, 42, 59, 62, 68, 74, 77 f., 82, 84, 90, 94 f., 122 f.
Sachsen-Anhalt 124
Sachsen-Coburg-Gotha 35
Sachsen-Weimar 28, 37, 84, 124

Salzburg 5, 7
Schlesien 3, 11 f., 14, 52, 71, 73, 90–95, 106
Schleswig-Holstein 8, 59, 90 f., 93, 95
Schwaben 4, 91
Speyer 4
Stettin 95
Südwestdeutschland/
Südwestdeutsch 4, 6-8, 10, 12 f., 22, 28, 41 f., 45, 65 f., 69, 71, 76, 79, 87, 94, 96, 101–103, 108, 113

Thüringen 90
Trier 4

Westfalen 3, 10, 12 f., 35, 41, 68 f., 73 f., 90 f., 94–96, 114, 121, 122 f.
Westpreußen 74, 122
Wien 4, 8, 19, 21, 35, 102
Worms 4
Württemberg 2 f., 5 f., 15, 18, 21 f., 25, 28, 35, 59, 76, 78 f., 93, 95 f., 103, 111, 123
Würzburg 4

Sachregister

Abfindungen 13, 92
Abitur 16, 19, 80 f.
Abiturprinzip 81
Ablösungskapitalien 10, 71
Adeligkeit 128, 130, 133
Adelsarmut 27
Adelsautobiographien 129
Adelsdichte 9, 59
Adelsgenossenschaft/DAG 33, 38, 48 f., 86, 112, 117 f.
Adelskonservatismus 43 f., 52, 54, 102, 104, 110, 112 f., 114
Adelskrise 108
Adelskritik 40, 99, 100
Adelslandschaft 2, 6 f., 9, 33, 35, 38, 59 f., 91, 101
Adelsliberalismus 44, 104, 105, 107
Adelsmatrikel 32, 42
Adelspartei 87
Adelspolitik 5, 34, 40, 101, 112
Adelspolitiker 29, 52, 111, 113
Adelsproletariat 32
Adelspyramide 22, 75

Adelsreaktion 42
Adelsreform 39 f., 47, 60, 64, 99 f., 101, 106, 117
Adelstöchter 27
Adelstradition 1, 3, 18, 23, 58, 89, 106
Adelsvorrang 84, 100
Agrarkrise 12 f., 15, 31, 69, 96, 98, 114
Agrarprotektionismus 13
Agrarverbände 113
Ahnenprobe 4 f., 7, 37, 42, 117
Alldeutsche Bewegung 51, 117
Ämtererfolg 21, 24, 30, 38, 78. 122
Ämterkauf 62
Ämtertradition 26
Amtsadel 5
Amtsaristokratie 34, 89
Antisemitismus 54
Aristokratie 6, 34 f., 36 f., 38 f., 46, 62 f., 67, 83, 89, 108, 120, 131
Arrondierung 10
Avancement 80

Register

Beamtenadel 27, 32, 49, 63, 85, 101
Beharrungskraft 57
Berechtigungswesen 62
Berufsstand 16, 80
Besitzsicherungsstrategien 70, 91, 93, 121
Besitzwechsel 10, 69 f., 97
Bildungsanforderungen 80
Binnenkommunikation 130
Bodenmobilität 68
Bodenreform 52, 55, 112, 124
Briefadel 3, 5
Bund der Landwirte/BDL 50 f., 99, 113

Christlich-Soziale Bewegung 50, 116

Defensivgemeinschaft 45, 131
demographische Trends 31 f., 33
Diplomatie 4, 16, 22 f., 24 f., 82, 85, 123
Dispens 20, 80 f.
Duell 62, 67, 78, 82, 111

Ebenbürtigkeit 30
Elite 5, 16, 29 f., 34–40, 45, 49, 53 f., 60, 62 f., 65, 77, 82, 85, 88, 100 f., 105 f., 108, 110, 115 f., 118–120
Elitenbildung 29 f., 34 f., 37 f., 63, 106, 108, 115, 119, 125
Elitenformation 37
Elitenreservoir 124, 132
Elitenwandel 126, 128
Entfeudalisierung 101
Entsubstanzialisierung 130
Erbe 17, 46, 57, 70
Erbrecht 121
Erbregeln 52, 69
Erbteilung, Erbverzicht 27, 62
Erweckung 103

Familienorganisation 45, 99
Familienpolitik 7, 8
Familienverbände 48
Feudalisierung 57, 67, 101, 106
Fideikommiß 7, 10, 13, 26, 30 f., 46, 52, 69, 73, 89, 91 f., 93, 122
Forschungsberichte 124
Forstdienst 22
Frauenberufe 123
Führerdiskurs 126
Führerelite 131
Funktionsadel 8

Funktionsstand 103

Geistesaristokratie 39
Geselligkeitskreis 105
Großbürgertum 38 f., 62, 67, 83
Grundherrschaft 7, 14
Gütermobilität 10, 70
Güterspekulation 92
Güterverlust 8, 33
Gutsherrschaft 7 f., 11, 90
Gutswirtschaft 6 f., 16, 94, 97, 105

Handel 9, 11, 26, 66, 72, 75, 86
Hausgesetze 30, 52, 91
Heirat 5, 32 f., 37 f., 39, 46, 60–63, 67
Heiratsbarrieren 33
Heiratskreis 30, 33
Heiratsstrategien 60
Heiratsverbindungen 38, 49, 66 f.
Heiratsverzicht 27, 30
Herrenhaus 28, 42, 46, 88, 108, 109 f.
Heterogenität/Heterogenisierung 7, 32, 42, 67, 119
Hochadel 2 f., 46, 49, 57, 130
Hochkonservative 47 f., 49, 110
Hofadel 8, 33
Hofämter 3, 15, 84
Hofgesellschaft 35–38, 46, 82–85
Hofrang 83 f.
Hofrangordnung 53, 40, 83
Hofzugang 34 f., 37, 89
Homogenität/Homogenisierung 32 f., 104
Honoratiorenpolitiker 28, 51

Individualisierung 129, 133
Industrie 6, 8, 11–15, 26, 49 f., 51, 57 f., 61, 66, 72, 81, 86 f., 92, 94, 97, 99, 111, 116

Junker 18, 34, 55, 58, 61, 69, 74, 81, 90, 93, 96–99, 105, 107, 120
Junkerthese 125
Justizwesen 22, 24, 75 f., 77

Kadettenanstalten 80
Kaiser 2, 4 f., 49, 51 f., 53, 66, 81, 103, 113, 115
Kapp-Putsch 24, 52
Kirchenfreiheit 103 f., 111
Kolonien 26, 86
Kult der Kargheit 128

Landleben 5, 32, 57, 62, 66
Landräte 122
Latifundien 11 f., 52, 90 f., 93
Lehen 8, 10, 13, 70, 92
Leitbilder 35, 62, 89, 119
Libertät 104
Luxus 39, 97
Luxuskonkurrenz 29, 82

Magnatenadel 6, 15, 46, 49, 72 f., 91, 94, 110, 116
Majorat 7, 13, 31
Mandatsverluste 28, 48
Mediatisierung 2, 21, 40
Meritokratie 63
Militäradel 8, 18, 48, 82
Mißheiraten 60
Monarchismus 111, 113, 114

Nationalsozialismus 125
Nebenbetriebe 14, 94
Nebenlinien 11, 32, 48
neuer Adel 40
Niederadel, niederer Adel 2 f., 4, 33, 73, 91
Nobilitierte 5, 8 f., 11, 34, 49, 59, 63–67, 86, 108
Nobilitierungspolitik 40, 63, 64, 65 f., 67
Nobilitierungspraxis 34
Nonkonformisten 133
Notabelnadel 100

Offizierskorps 17 f., 21, 25, 74, 78–82
Onkel 38
Osthilfe 99, 113

Pairsadel 49
Patrizier 7
Personaladel 5–9, 21, 24, 34, 59, 65, 72, 76 f.
Positionsverluste 19, 54
Professionalisierung 18, 24, 63, 89
Prüfungen 21, 81

Re-Inventionen 33
Reichselite 49
Reichsritterschaft 4 f., 7 f., 21, 30, 33, 37, 40, 42, 59, 76, 102
Reichtum 1 f., 6 f., 9, 11–15, 30, 37, 39, 48 f., 58, 61 f., 64, 66, 68, 72 f., 83, 89, 100, 106, 115
Religiosität, Konfession 2 f., 7, 31, 44, 80, 101

Rheinbundstaaten 4 f., 6, 22 f., 40 f., 42, 46, 65
Rittergut 9 f., 11, 16, 42, 68–71
Rittergutsbesitzer 20, 38, 42, 64, 68, 70, 97, 105, 108

Saison 33, 39
Säkularisierung 2, 10, 95
Salon 27, 61, 67, 89, 102
Sammlungsbewegungen 48
Selbstbehauptung 9, 22, 25, 57 f., 68, 74, 77
Selbstbild 47, 54
Selbstlosigkeit 25 f.
Selbstmodellierung 129
Sonderweg 63, 67, 82
Stadtleben 39, 97
Ständegesellschaft, entsicherte 127
Standesherren 2 f., 6 f., 10 f., 40, 42, 46, 49, 57, 59, 71 f., 74, 76, 83, 90 f., 94, 102, 107, 109 f., 117
Standesorganisation 30, 112, 117
Standesunterschiede 81
Statussicherung 13, 31, 32, 60
Steuern 2, 92
Stiftsadel 4 f., 7, 30, 37, 71, 90, 91, 102
Subjektgeschichte 129

Tanten 38
Tantenflügel 27
Titel 2, 4, 6, 32, 40, 52, 64 f.
Titulatur 3

Unternehmertum 123

Verarmung 125, 132
Verbürgerlichung 61, 67
Verdrängung 9, 11, 14 f., 68 f., 71
Verein deutscher Standesherren 117
Verein katholischer Edelleute 33, 38
Vererbung 5, 10, 31, 46
Vergleich 124
Verlusterfahrung 7, 40, 48, 70, 100, 103
Verpachtung 11, 13, 15, 68
Verschmelzung 37, 45, 59 f., 62 f., 67

Widersprüche 131

Zeremonialformen 83
Zwangsversteigerungen 13, 69, 92, 97

Enzyklopädie deutscher Geschichte
Themen und Autoren

Mittelalter

Agrarwirtschaft, Agrarverfassung und ländliche Gesellschaft im Mittelalter (Werner Rösener) 1992. EdG 13	Gesellschaft

Adel, Rittertum und Ministerialität im Mittelalter (Werner Hechberger) 2. Aufl. 2010. EdG 72
Die Stadt im Mittelalter (Frank Hirschmann) 2009. EdG 84
Die Armen im Mittelalter (Otto Gerhard Oexle)
Frauen- und Geschlechtergeschichte des Mittelalters (N. N.)
Die Juden im mittelalterlichen Reich (Michael Toch) 2. Aufl. 2003. EdG 44

Wirtschaftlicher Wandel und Wirtschaftspolitik im Mittelalter (Michael Rothmann)	Wirtschaft
Wissen als soziales System im Frühen und Hochmittelalter (Johannes Fried) Die geistige Kultur im späteren Mittelalter (Johannes Helmrath) **Die ritterlich-höfische Kultur des Mittelalters** (Werner Paravicini) 3., um einen Nachtrag erw. Auflage 2011. EdG 32	Kultur, Alltag, Mentalitäten
Die mittelalterliche Kirche (Michael Borgolte) 2. Aufl. 2004. EdG 17 **Grundformen der Frömmigkeit im Mittelalter** (Arnold Angenendt) 2. Aufl. 2004. EdG 68	Religion und Kirche
Die Germanen (Walter Pohl) 2. Aufl. 2004. EdG 57 **Das römische Erbe und das Merowingerreich** (Reinhold Kaiser) 3., überarb. u. erw. Aufl. 2004. EdG 26 **Die Herrschaften der Karolinger 714–911** (Jörg W. Busch) 2011 EdG 88 **Die Entstehung des Deutschen Reiches** (Joachim Ehlers) 3., um einen Nachtrag erw. Aufl. 2010. EdG 31 **Königtum und Königsherrschaft im 10. und 11. Jahrhundert** (Egon Boshof) 3., aktual. und um einen Nachtrag erw. Aufl. 2010. EdG 27 **Der Investiturstreit** (Wilfried Hartmann) 3., überarb. u. erw. Aufl. 2007. EdG 21 **König und Fürsten, Kaiser und Papst nach dem Wormser Konkordat** (Bernhard Schimmelpfennig) 2. Aufl. 2010. EdG 37 **Deutschland und seine Nachbarn 1200–1500** (Dieter Berg) 1996. EdG 40 **Die kirchliche Krise des Spätmittelalters** (Heribert Müller) 2012. EdG 90 **König, Reich und Reichsreform im Spätmittelalter** (Karl-Friedrich Krieger) 2., durchges. Aufl. 2005. EdG 14 **Fürstliche Herrschaft und Territorien im späten Mittelalter** (Ernst Schubert) 2. Aufl. 2006. EdG 35	Politik, Staat, Verfassung

Frühe Neuzeit

Bevölkerungsgeschichte und historische Demographie 1500–1800 (Christian Pfister) 2. Aufl. 2007. EdG 28 Migration in der Frühen Neuzeit (Matthias Asche)	Gesellschaft

Umweltgeschichte der Frühen Neuzeit (Reinhold Reith) 2011 EdG 89
Bauern zwischen Bauernkrieg und Dreißigjährigem Krieg (André Holenstein) 1996. EdG 38
Bauern 1648–1806 (Werner Troßbach) 1992. EdG 19
Adel in der Frühen Neuzeit (Rudolf Endres) 1993. EdG 18
Der Fürstenhof in der Frühen Neuzeit (Rainer A. Müller) 2. Aufl. 2004. EdG 33
Die Stadt in der Frühen Neuzeit (Heinz Schilling) 2. Aufl. 2004. EdG 24
Armut, Unterschichten, Randgruppen in der Frühen Neuzeit (Wolfgang von Hippel) 1995. EdG 34
Unruhen in der ständischen Gesellschaft 1300–1800 (Peter Blickle) 3., aktual. u. erw. Aufl. 2012. EdG 1
Frauen- und Geschlechtergeschichte 1500–1800 (Andreas Rutz)
Die deutschen Juden vom 16. bis zum Ende des 18. Jahrhunderts (J. Friedrich Battenberg) 2001. EdG 60

Wirtschaft Die deutsche Wirtschaft im 16. Jahrhundert (Franz Mathis) 1992. EdG 11
Die Entwicklung der Wirtschaft im Zeitalter des Merkantilismus 1620–1800 (Rainer Gömmel) 1998. EdG 46
Landwirtschaft in der Frühen Neuzeit (Walter Achilles) 1991. EdG 10
Gewerbe in der Frühen Neuzeit (Wilfried Reininghaus) 1990. EdG 3
Kommunikation, Handel, Geld und Banken in der Frühen Neuzeit (Michael North) 2000. EdG 59

Kultur, Alltag, Renaissance und Humanismus (Ulrich Muhlack)
Mentalitäten Medien in der Frühen Neuzeit (Andreas Würgler) 2009. EdG 85
Bildung und Wissenschaft vom 15. bis zum 17. Jahrhundert (Notker Hammerstein) 2003. EdG 64
Bildung und Wissenschaft in der Frühen Neuzeit 1650–1800 (Anton Schindling) 2. Aufl. 1999. EdG 30
Die Aufklärung (Winfried Müller) 2002. EdG 61
Lebenswelt und Kultur des Bürgertums in der Frühen Neuzeit (Bernd Roeck) 2., um einen Nachtrag erw. Aufl. 2011. EdG 9
Lebenswelt und Kultur der unterständischen Schichten in der Frühen Neuzeit (Robert von Friedeburg) 2002. EdG 62

Religion und Die Reformation. Voraussetzungen und Durchsetzung (Olaf Mörke)
Kirche   2., aktualisierte Aufl. 2011. EdG 74
Konfessionalisierung im 16. Jahrhundert (Heinrich Richard Schmidt) 1992. EdG 12
Kirche, Staat und Gesellschaft im 17. und 18. Jahrhundert (Michael Maurer) 1999. EdG 51
Religiöse Bewegungen in der Frühen Neuzeit (Hans-Jürgen Goertz) 1993. EdG 20

Politik, Staat, Das Reich in der Frühen Neuzeit (Helmut Neuhaus) 2. Aufl. 2003. EdG 42
Verfassung Landesherrschaft, Territorien und Staat in der Frühen Neuzeit (Joachim Bahlcke) 2012. EdG 91
Die Landständische Verfassung (Kersten Krüger) 2003. EdG 67
Vom aufgeklärten Reformstaat zum bürokratischen Staatsabsolutismus (Walter Demel) 2., um einen Nachtrag erw. Aufl. 2010. EdG 23
Militärgeschichte des späten Mittelalters und der Frühen Neuzeit (Bernhard R. Kroener)

Themen und Autoren 173

Das Reich im Kampf um die Hegemonie in Europa 1521–1648 (Alfred Kohler) 1990. EdG 6 — Staatensystem, internationale Beziehungen
Altes Reich und europäische Staatenwelt 1648–1806 (Heinz Duchhardt) 1990. EdG 4

19. und 20. Jahrhundert

Bevölkerungsgeschichte und Historische Demographie 1800–2000 (Josef Ehmer) 2004. EdG 71 — Gesellschaft
Migrationen im 19. und 20. Jahrhundert (Jochen Oltmer) 2010. EdG 86
Umweltgeschichte im 19. und 20. Jahrhundert (Frank Uekötter) 2007. EdG 81
Adel im 19. und 20. Jahrhundert (Heinz Reif) 2., um einen Nachtrag erw. Aufl. 2012. EdG 55
Geschichte der Familie im 19. und 20. Jahrhundert (Andreas Gestrich) 3., um einen Nachtrag erw. Aufl. 2012. EdG 50
Urbanisierung im 19. und 20. Jahrhundert (Christoph Bernhardt)
Von der ständischen zur bürgerlichen Gesellschaft (Lothar Gall) 2., aktual. Aufl. 2012. EdG 25
Die Angestellten seit dem 19. Jahrhundert (Günter Schulz) 2000. EdG 54
Die Arbeiterschaft im 19. und 20. Jahrhundert (Gerhard Schildt) 1996. EdG 36
Frauen- und Geschlechtergeschichte im 19. und 20. Jahrhundert (Gisela Mettele)
Die Juden in Deutschland 1780–1918 (Shulamit Volkov) 2. Aufl. 2000. EdG 16
Die deutschen Juden 1914–1945 (Moshe Zimmermann) 1997. EdG 43
Pazifismus im 19. und 20. Jahrhundert (Benjamin Ziemann)

Die Industrielle Revolution in Deutschland (Hans-Werner Hahn) 3., um einen Nachtrag erw. Aufl. 2011. EdG 49 — Wirtschaft
Die deutsche Wirtschaft im 20. Jahrhundert (Wilfried Feldenkirchen) 1998. EdG 47
Ländliche Gesellschaft und Agrarwirtschaft im 19. Jahrhundert (Clemens Zimmermann)
Agrarwirtschaft und ländliche Gesellschaft im 20. Jahrhundert (Ulrich Kluge) 2005. EdG 73
Gewerbe und Industrie im 19. und 20. Jahrhundert (Toni Pierenkemper) 2., um einen Nachtrag erw. Auflage 2007. EdG 29
Handel und Verkehr im 19. Jahrhundert (Karl Heinrich Kaufhold)
Handel und Verkehr im 20. Jahrhundert (Christopher Kopper) 2002. EdG 63
Banken und Versicherungen im 19. und 20. Jahrhundert (Eckhard Wandel) 1998. EdG 45
Technik und Wirtschaft im 19. und 20. Jahrhundert (Christian Kleinschmidt) 2007. EdG 79
Unternehmensgeschichte im 19. und 20. Jahrhundert (Werner Plumpe)
Staat und Wirtschaft im 19. Jahrhundert (Rudolf Boch) 2004. EdG 70
Staat und Wirtschaft im 20. Jahrhundert (Gerold Ambrosius) 1990. EdG 7

Kultur, Bildung und Wissenschaft im 19. Jahrhundert (Hans-Christof Kraus) 2008. EdG 82 — Kultur, Alltag und Mentalitäten

Kultur, Bildung und Wissenschaft im 20. Jahrhundert (Frank-Lothar Kroll) 2003. EdG 65
Lebenswelt und Kultur des Bürgertums im 19. und 20. Jahrhundert (Andreas Schulz) 2005. EdG 75
Lebenswelt und Kultur der unterbürgerlichen Schichten im 19. und 20. Jahrhundert (Wolfgang Kaschuba) 1990. EdG 5

Religion und Kirche

Kirche, Politik und Gesellschaft im 19. Jahrhundert (Gerhard Besier) 1998. EdG 48
Kirche, Politik und Gesellschaft im 20. Jahrhundert (Gerhard Besier) 2000. EdG 56

Politik, Staat, Verfassung

Der Deutsche Bund 1815–1866 (Jürgen Müller) 2006. EdG 78
Verfassungsstaat und Nationsbildung 1815–1871 (Elisabeth Fehrenbach) 2., um einen Nachtrag erw. Aufl. 2007. EdG 22
Politik im deutschen Kaiserreich (Hans-Peter Ullmann) 2., durchges. Aufl. 2005. EdG 52
Die Weimarer Republik. Politik und Gesellschaft (Andreas Wirsching) 2., um einen Nachtrag erw. Aufl. 2008. EdG 58
Nationalsozialistische Herrschaft (Ulrich von Hehl) 2. Aufl. 2001. EdG 39
Die Bundesrepublik Deutschland. Verfassung, Parlament und Parteien (Adolf M. Birke) 2. Aufl. mit Ergänzungen von Udo Wengst 2010. EdG 41
Militär, Staat und Gesellschaft im 19. Jahrhundert (Ralf Pröve) 2006. EdG 77
Militär, Staat und Gesellschaft im 20. Jahrhundert (Bernhard R. Kroener) 2011. EdG 87
Die Sozialgeschichte der Bundesrepublik Deutschland bis 1989/90 (Axel Schildt) 2007. EdG 80
Die Sozialgeschichte der DDR (Arnd Bauerkämper) 2005. EdG 76
Die Innenpolitik der DDR (Günther Heydemann) 2003. EdG 66

Staatensystem, internationale Beziehungen

Die deutsche Frage und das europäische Staatensystem 1815–1871 (Anselm Doering-Manteuffel) 3., um einen Nachtrag erw. Aufl. 2010. EdG 15
Deutsche Außenpolitik 1871–1918 (Klaus Hildebrand) 3., überarb. und um einen Nachtrag erw. Aufl. 2009. EdG 2
Die Außenpolitik der Weimarer Republik (Gottfried Niedhart) 3., um einen Nachtrag erw. Aufl. 2012. EdG 53
Die Außenpolitik des Dritten Reiches (Marie-Luise Recker) 2., um einen Nachtrag erw. Aufl. 2009. EdG 8
Die Außenpolitik der Bundesrepublik Deutschland 1949 bis 1990 (Ulrich Lappenküper) 2008. EdG 83
Die Außenpolitik der DDR (Joachim Scholtyseck) 2003. EDG 69

Hervorgehobene Titel sind bereits erschienen.

Stand: (August 2012)

www.ingramcontent.com/pod-product-compliance
Lightning Source LLC
Chambersburg PA
CBHW020412230426
43664CB00009B/1259